本书系国家社科基金青年项目"中东欧国家转型进程中的'国家语言'建构研究"（项目批准号：17CYY012）结项成果

语言治理与国家治理研究丛书
主编◎李宇明 执行主编◎王春辉

中东欧国家转型进程中的"国家语言"建构研究

National Language Construction
in Transitioning CEE Countries

何山华 著

中国社会科学出版社

图书在版编目（CIP）数据

中东欧国家转型进程中的"国家语言"建构研究／何山华著．—北京：中国社会科学出版社，2023.10

（语言治理与国家治理研究丛书）

ISBN 978－7－5227－2877－3

Ⅰ．①中⋯　Ⅱ．①何⋯　Ⅲ．①语言政策—研究—中欧②语言政策—研究—东欧　Ⅳ．①H002

中国国家版本馆 CIP 数据核字（2023）第 241444 号

出 版 人	赵剑英
责任编辑	单　钊　彭　丽
责任校对	刘　健
责任印制	王　超

出　　版	中国社会科学出版社
社　　址	北京鼓楼西大街甲 158 号
邮　　编	100720
网　　址	http://www.csspw.cn
发 行 部	010－84083685
门 市 部	010－84029450
经　　销	新华书店及其他书店

印　　刷	北京明恒达印务有限公司
装　　订	廊坊市广阳区广增装订厂
版　　次	2023 年 10 月第 1 版
印　　次	2023 年 10 月第 1 次印刷

开　　本	710×1000　1/16
印　　张	20.5
字　　数	282 千字
定　　价	108.00 元

凡购买中国社会科学出版社图书，如有质量问题请与本社营销中心联系调换
电话：010－84083683
版权所有　侵权必究

语言治理与国家治理研究丛书

学术委员会

学术委员 陈新仁　戴曼纯　杜　敏　郭龙生　郭　熙
　　　　　黄德宽　黄少安　黄　行　李学军　梁晓波
　　　　　刘海涛　刘朋建　刘晓天　罗　骥　屈哨兵
　　　　　苏新春　孙吉胜　王立军　王　敏　文秋芳
　　　　　徐大明　徐　杰　杨尔弘　余桂林　张日培
　　　　　张治国　赵蓉晖　赵世举　赵守辉　赵小兵
　　　　　周建设　周庆生

编辑委员会

主　　编 李宇明
执行主编 王春辉
编　　委 陈丽湘　董洪杰　董　洁　杜宜阳　樊小玲
　　　　　方小兵　方　寅　韩江华　韩亚文　何山华
　　　　　赫　琳　黄立鹤　惠天罡　贾　媛　姜国权
　　　　　李秉震　李　佳　李英姿　刘楚群　马晓雷
　　　　　莫　斌　裴亚军　饶高琦　沈　骑　宋　晖
　　　　　孙学峰　完　权　王海兰　王　辉　王莉宁
　　　　　王宇波　徐欣路　禤健聪　姚　敏　俞玮奇
　　　　　袁　伟　张慧玉　张　洁　张天伟　祝晓宏
秘　　书 巩向飞　梁德惠

总序

语言治理助力国家治理
——"语言治理与国家治理研究丛书"

语言是人类表情达意与认知思维的最主要的符号系统,是人类文化最重要的创造者、负载者、阐释者和传播者。语言的运用、学习和研究构成了语言生活,语言治理就是语言生活治理。

语言治理是语言政策与规划研究的当今发展。语言治理有四个重要维度。

第一,语言规划的基本问题。如语言关系及语言地位规划,语言本体规划,语言教育、测评及语言能力规划,语言数字化及语言技术应用等。这些基本问题,有传统的也有新形势下的新发展,有国内的也有涉及国际的。

第二,领域语言生活。语言生活是分领域的,语言治理必须解决领域语言生活问题,促进领域语言生活的发展。领域的划分有粗有细,可以适时调整,在国内可以根据国家各部委的分工为参照,在国际上可以根据政府间国际组织的设置为参照。

第三,区域语言生活。语言生活不仅分领域,也分区域,语言治理也应注意解决区域语言生活问题,促进区域语言生活的发展。在国内,可以分县域、省域、跨省域等,在国际上可以分国别、跨国区域乃至全球。

第四,语言生活各主体的作用。语言治理的重要理念是鼓励语言生活各主体之间协商互动，不仅有自上而下的国家治理，也有自下而上的社会意向，还有语言生活各主体之间的横向互动。

语言生活涉及社会的方方面面，语言治理是国家治理的有机组成部分。正确认识语言治理与国家治理之间的关系十分重要。领域语言生活、区域语言生活的治理，也是领域生活、区域生活的治理，也是促进领域发展和区域进步的重要工作。语言规划的基本问题，件件都是国家事务，涉及民族团结、国家统一、公民素养、社会进步。语言生活各主体作用的充分发挥，更是离不开国家的治理状况与治理方略。从事语言治理者要胸怀家国，明了语言治理的国家意义；而国家治理也应有语言意识，甚至说应有语言觉悟，善于通过语言治理来进行国家治理。

语言生活研究、语言治理研究具有学术与实践的双重品格，研究成果既要推进语言治理的社会实践，促进语言生活的进步，也要形成中国语言规划学的学科体系、学术体系和话语体系。学界提出的语言规划六大理念，即构建和谐语言生活、促进社会沟通无障碍、提升公民和国家语言能力、全面精准开展语言服务、保护开发语言资源、发掘弘扬语言文明，便是中国语言规划学的重要成果，也是学术与实践双重品格的体现。

"语言治理与国家治理研究丛书"的编纂出版，旨在全面深入地研究语言治理的理论与实践，探讨语言治理与国家治理间的密切关系，致力于构建一个具有包容性、开放性的学术共同体，充分发挥学术"旋转门"的作用。打破学科壁垒，拆除社会藩篱，将不同学科专家的智慧和力量聚结一起，将学者、管理者、社会工作者的智慧和力量聚结一起，促进理论与实践的密切结合，促进语言治理与国家治理的密切结合。

在全球化的时代背景下，语言治理和国家治理已经超越国界。因此，需要从中国睁眼看世界，时时关注世界各国状况，汲取国际经验，为中国的发展提供借鉴；也需要让世界正眼看中国，积极与国际学术界互动，分享中国在这方面的实践和学术思考，听取他们的判断和意见；同时也应当以中外事实为对象，发展具有普遍解释力的学术体系，用学术眼光来客观地看待全世界。

李宇明
2024年2月19日
序于惧闲聊斋

中东欧四国语言、民族与国家散论
——序何山华《中东欧国家转型进程中的"国家语言"建构研究》

在历史纠葛极为复杂的欧洲地区，中东欧国家是一种特殊的存在。该地区16个国家（波兰、捷克、斯洛伐克、匈牙利、斯洛文尼亚、克罗地亚、罗马尼亚、保加利亚、塞尔维亚、黑山、北马其顿、波黑、阿尔巴尼亚、爱沙尼亚、立陶宛、拉脱维亚）历史上经历了多次重大转型，国情、民情和语情复杂，对其进行深入研究对我们理解该地区的政治和社会发展进程意义重大。何山华新著《中东欧国家转型进程中的"国家语言"建构研究》选取了其中四个具有独特案例价值的代表性国家：中欧国家斯洛伐克，东南欧国家塞尔维亚，紧邻塞尔维亚南部的北马其顿，东北欧国家拉脱维亚。这四个国家既有明显的相同点（如20世纪曾经属于社会主义国家阵营，历史上多次被外族入侵），又有不容忽视的差异性（如语言、民族构成）。

斯洛伐克在过去一千年，尤其是最近一个世纪，经历了社会、政治、经济、军事等制度的重大转变，疆域、语言、民族构成也随之多元化。斯洛伐克在10世纪曾属于匈牙利王国的一部分，16世纪开始被哈普斯堡王朝、奥匈帝国统治，直至第一次世界大战后随着奥匈帝国解体获得独立。1918年与捷克联合建立捷克斯洛伐克。二战期间被纳粹德国占领，1945年获得解放，成立捷克斯洛伐克人民民主共和国。1960年改名为捷克斯洛伐克社会主义共和国，1969年改为捷克斯洛伐克社会主义联邦共和国。1989年政局发生巨变，1990年改制为捷克斯洛伐克联邦共和国。1993年斯洛伐克与捷克分离，成为独立主权国家，2004年加入北约和欧盟。主体民族斯洛伐克人属于西斯拉夫人，占五百多万人口（543万）的81%，匈牙利族约占8%，罗姆人（吉卜赛人）约2%，其余小族群体有捷克族、卢塞尼亚族、乌克兰族、德意志族、波兰族、俄罗斯族等。官方语言为斯洛伐克语，采用拉丁字母书写。斯洛伐克语与捷克语、波兰语和索布语相近，和捷克语的高相似度使其与捷克语可以无障碍交流。

　　塞尔维亚人属于南部斯拉夫族群。塞尔维亚的历史演变比斯洛伐克更为复杂。一方面，塞尔维亚与克罗地亚之间在语言、宗教、民族诸多方面的认同有着千百年的纠葛，与周边国家在历史上分分合合。另一方面，12世纪中叶至15世纪末，这片土地上曾经建立过颇具影响的塞尔维亚帝国。15世纪末奥斯曼帝国彻底征服塞尔维亚并进行长达五个世纪的封建军事统治。语言、文化、宗教出现激烈震荡。塞尔维亚位于巴尔干火药桶腹地，第一次世界大战导火索的点火人是塞尔维亚民族主义者。此后短短二十余年，塞尔维亚又经历了被侵略、复国、共建南斯拉夫王国、再遭瓜分的磨难。1945年，在苏联帮助下，南部斯拉夫民族建立了南斯拉夫社会主义联邦共和国，塞尔维亚成为其中一员。由来已久的语言、文化、宗教诸多方面的认同问题在铁托执政时期没有得到妥善的解决，铁托逝世后的南斯拉夫内部矛盾重重。20世纪90年代初，南斯拉夫解体，塞尔维亚和黑山组建南联盟，2003年改名为塞尔维亚和黑山，联盟更加松散。2006年黑山公投独立，塞尔维亚亦宣布独立，2022年成为欧盟入盟候选国。塞尔维亚族是主要民族，约占总人口（841万）的84%，少数族裔有匈牙利族、波斯尼亚族、克罗地亚族、罗姆人及斯洛伐克族等。官方语言为塞尔维亚语（西里尔字母书写），除书写外与克罗地亚语（拉丁字母书写）几乎相同。

北马其顿位于巴尔干半岛中部，东南西北相邻国家分别为保加利亚、希腊、阿尔巴尼亚和塞尔维亚。北马其顿只是历史上的马其顿地区一部分。马其顿经历过崛起、强大、灭国、复国、分割等领土扩张、压缩的历史过程。马其顿这个名字因其历史上著名的亚历山大大帝闻名于世。历史上的马其顿王国（希腊历史上的王国，公元前808年至前168年）征服过小亚细亚、波斯、埃及等地，把希腊文化传播至中东各地。但是，马其顿式微时期先后被罗马帝国、拜占庭帝国（即希腊文化为主导的东罗马帝国，公元395—1453年）等统治。5世纪起，斯拉夫人开始进入马其顿地区，并在北马其顿定居。这片土地多次在拜占庭、保加利亚和塞尔维亚之间转手。15世纪初被奥斯曼帝国征服并统治长达五个世纪。在19世纪至20世纪初期间，希腊、保加利亚、塞尔维亚开始复国运动，1912年奥斯曼帝国因第一次巴尔干战争落败将马其顿分割给希、保、塞三国。第二年因分割问题爆发第二次巴尔干战争，希腊、塞尔维亚击败保加利亚，三国将马其顿重新瓜分。塞尔维亚得到的领土即今天的北马其顿地区，马其顿其他地区被希腊和保加利亚分割。第二次世界大战后，铁托将北马其顿地区与塞尔维亚分开，建立了马其顿社会主义共和国，并将其纳入南斯拉夫联邦人民共和国（后改为南斯拉夫社会主义联邦共和国）。1991年北马其顿独立，定名为马其顿共和国，但由于民族和历史原因这一国名不被希腊认可。2019年，马其顿议会通过宪法修正案，将国名改为"北马其顿共和国"。2022年北马其顿（213万）人口中一半以上为马其顿族（斯拉夫人），占58.4%，阿尔巴尼亚族占24.3%，其余为土耳其族、罗姆人、塞尔维亚族等。北马其顿与今天的希腊（南马其顿地区）在语言、民族、国家认同上形成鲜明对比。马其顿语是官方语言，使用人口占61.4%，但是小族语言可以作为共同官方语言使用。马其顿语实为南部斯拉夫语言分支，书写采用西里尔字母，语法结构与保加利亚语极为接近，甚至被人视为保加利亚语的方言。

拉脱维亚是人口最少（187万）的波罗的海国家，西面为波罗的海，北接爱沙尼亚，南接立陶宛，东与俄罗斯相邻，东南与白俄罗斯接壤。拉脱维亚人（自称拉特维什人，起源于古族名拉特加尔人）世居于此，虽然曾受日耳曼和沙俄帝国重度影响，但依然保持着自己的语言和文化。拉脱维亚在10世纪建立封建公国，12世纪末至16世纪中叶被日耳曼十字军侵占，16世纪末至18世纪初先后被瑞典、波兰立陶宛联邦瓜分，18世纪初至第一次世界大战结束先后被沙俄帝国和德国占领。1918年拉脱维亚宣布独立，1934年，法西斯在拉脱维亚发动政变，建立了军事独裁。1940年被苏联吞并。1941年夏，德军占领拉脱维亚。二战结束后，拉脱维亚重新并入苏联。1991年再次获得独立，经历了社会转型并成为发达资本主义国家，2004年加入北约和欧盟。主体民族为拉脱维亚人，占总人口62%，俄罗斯族约占25%，白俄罗斯族约占3%，乌克兰族约2%，波兰族约2%，其他小族还有犹太人、爱沙尼亚族等。拉脱维亚语是拉脱维亚官方语言，采用拉丁字母书写。该语言比其他印欧语言更古老，属于印欧语系波罗地语族，和立陶宛语一起系该语族硕果仅存的两门语言，但显现度不高。拉脱维亚语在德国占领期间依然得到发展，而在沙俄占领期间和苏联统治时期拉脱维亚语的发展受到限制。重获独立的拉脱维亚大力发展拉脱维亚语，现在约有200万使用者。

欧洲是一片堪称战国时代一直延续至今的土地，不同时期帝国的崛起和兴衰伴随着领土的变迁，有扩张与丧失、合并与分裂、语言文化传播与融合乃至衰亡。随着帝国时代的衰弱、工业时代的兴起，民族意识的觉醒带来思想革新和社会大变革。在欧洲近代逐渐成形的民族国家概念，表达出"想象的共同体"政治建设理念，却受制于民族概念模糊不清的界定、语言文化的认同和人口的自然更替。法国境内族群来源复杂，民族国家建设以统一的法兰西民族为目标，以语言为抓手，试图建设一个"一个国家"内的统一语言，消除方言和小族语言，强调人们对语言文化的认同，追求"一个国家、一种民族、一种语言"的建设目标。而历史上的德国经历过不同族群漫长的历史融合，人们有着相同或相似的血统，形成了具有血缘、地域、语言和精神诸多共性的德意志民族。德国是政治意义上的国家形态，民族、语言、文化则附着在历史上的德意志兰以及具体的国家之上。而在当今欧洲一体化的大语境下，尊重多元语言文化成为保障一体化进程的重要基石，在思想意识形态层面多元化理念碾压由来已久的"一个国家、一种民族、一种语言"理念。欧洲大陆历史地位坚固的德语和法语没有在欧洲一体化中获得至尊语言地位，反而是英语借势成为英国之外欧洲国家的强势第一外语，大有演变成欧洲英语之势。

我们再看中东欧这四个国家，人口基数小，其所在地区历史上多次受到周围列强的轮流统治。各国语言、民族、文化在历史夹缝中坚韧地生存，得以保留至今。塞尔维亚、北马其顿、斯洛伐克和拉脱维亚所推动的民族国家建设得益于法国、德国等国的民族认同建设提供的参考。语言是历史自然演化而成的交际系统，而语言的界定和规划却受制于所处的社会语境。南部斯拉夫语言塞尔维亚语和克罗地亚语、波斯尼亚语、黑山语可以互通，马其顿语和保加利亚语也可以互通，西部斯拉夫语言斯洛伐克语和捷克语、波兰语互通度高，东部斯拉夫语言俄语和乌克兰语、白俄罗斯语也有很高的互通度，但是民族国家建设的理念驱使着各国精英将其语言变体单独命名为一门独立的语言，以语言划定疆界、强化其民族认同和国家建设。毫无疑问，在民族国家建设中，语言政策与规划服务于政治。

民族作为一个现代概念，包含了太多模糊不清、界定不明的属性，往往与国族、族群混淆。现代民族往往是政治精英和知识精英引导大众自我觉悟并构建出认同的想象共同体。这种建构过程充满着不确定性，因为建构过程所依赖的语言、文化、经济生活在其历史叙事中被一代又一代的精英根据所处语境赋予不同的解读，当解读的思想没有实现代际传承时认同就处于一种流动变化状态。严格意义上讲，世界上没有所谓的单一民族国家，即由单一族群构成的民族国家。在拉脱维亚、斯洛伐克、塞尔维亚、马其顿的历史演化进程中，领土流转、族群杂居、语言接触、文化交融处于动态过程。他们当今的民族国家建设必然面临主体民族与少数民族（更准确地说是主体族裔和少数族裔）、大族语言与小族语言、官方语言与非官方语言、国家语言与族群语言的界定问题。民族国家根据现代民族建设理论创造出"国家语言"，一种超越族群、象征民族国家的族际通用语言，试图达成国家、语言、民族的重合。正因为这样，以地域名称命名的国家又用地域名称命名其语言和使用群体，以此达到国家、语言、民族名义上的契合。如果在"国家语言"名称的创建过程无法将国家、语言、民族统合起来，则容易埋下分裂的伏笔，比如南斯拉夫时期的塞—克语或克—塞语无论在语言名称与国名的贴合上还是在书写系统的统一上都没有真正实现国家、语言、民族的重合，因而在20世纪末期的南斯拉夫解体中语言扮演了极为重要的角色，由6个民族、4种语言、2种文字的联邦国家解体为当今的6个国家（外加科索沃、伏伊伏丁那两个自治省）、6种语言及书写系统。可见，将族群称之为民族并以此为基础构建国族，在理论认识上和认同建设上难度可能大于在族群基础上构建民族。

塞尔维亚、北马其顿、斯洛伐克和拉脱维亚皆借助语言和民族之名重塑其国家认同，将民族语言推向国家语言地位。与过去不同的是，只要这些国家想融入欧盟及其共同市场，他们就不能不考虑欧洲的多语大环境和欧盟推崇的多语制及个人多语能力发展。这样一来，小族语言能得到语言权利法条的保护，但是千辛万苦从历史中维护下来并建设为国家语言的民族语言还将面临与欧洲强势语言竞争的环境，继续为认同、生存和发展不懈努力。重复着昨天的故事，也许就是欧洲诸多人口小国语言的历史宿命。

《中东欧国家转型进程中的"国家语言"建构研究》的作者何山华曾在我名下攻读博士学位，专注于中东欧的语言国情研究，读博期间在捷克查理大学跟随 Jiri Nekvapil 教授学习语言管理理论，对该地区有深入了解。他在这部新著中阐述了中东欧四国的国家语言形成历史，并从理论层面探讨了国家语言建构与消解的内在机制。该书聚焦于各国自 20 世纪 90 年代以来，近 30 年国家语言建构过程中与境内小族、各小族母国以及国际组织之间复杂的博弈过程，是国内首部探索国家转型与国家语言建构关系的著作，对于国内学界深入了解该地区的语情民情有着重要意义。行文中将国家、民族和语言融合在一起进行探讨，做到历史与当代交融，观点与叙事兼备，颇具启发。

戴曼纯
2023 年 12 月初
于北京外国语大学中文学院

目录

绪　论 …………………………………………………………（1）

第一章　中东欧的时空背景 ……………………………（10）
 第一节　东西交会处的中东欧 ………………………（10）
 第二节　历史纵深中的中东欧 ………………………（15）
 第三节　社会转型的现实驱动 ………………………（39）

第二章　透视"国家语言"的理论与方法 ……………（45）
 第一节　语言与认同 …………………………………（45）
 第二节　"语言管理理论"框架 ………………………（49）
 第三节　数据采集和分析方法 ………………………（58）

第三章　斯洛伐克"国家语言"建构 …………………（60）
 第一节　斯洛伐克的社会文化背景 …………………（60）
 第二节　斯洛伐克的内外关系 ………………………（69）
 第三节　斯洛伐克"国家语言"建构主体 ……………（88）
 第四节　斯洛伐克"国家语言"建构理念 ……………（92）
 第五节　斯洛伐克"国家语言"建构策略 ……………（94）
 第六节　斯洛伐克"国家语言"建构效果 …………（104）

第四章　塞尔维亚"国家语言"建构 (108)

第一节　塞尔维亚的社会文化背景 (108)

第二节　塞尔维亚的内外关系 (114)

第三节　塞尔维亚"国家语言"建构主体 (132)

第四节　塞尔维亚"国家语言"建构理念 (137)

第五节　塞尔维亚"国家语言"建构策略 (141)

第六节　塞尔维亚"国家语言"建构效果 (146)

第五章　北马其顿"国家语言"建构 (148)

第一节　北马其顿的社会文化背景 (148)

第二节　北马其顿的内外关系 (152)

第三节　北马其顿"国家语言"建构主体 (160)

第四节　北马其顿"国家语言"建构理念 (162)

第五节　北马其顿"国家语言"建构策略 (163)

第六节　北马其顿"国家语言"建构效果 (170)

第六章　拉脱维亚"国家语言"建构 (172)

第一节　拉脱维亚的社会文化背景 (172)

第二节　拉脱维亚的内外关系 (177)

第三节　拉脱维亚"国家语言"建构主体 (190)

第四节　拉脱维亚"国家语言"建构理念 (195)

第五节　拉脱维亚"国家语言"建构策略 (198)

第六节　拉脱维亚"国家语言"建构效果 (207)

第七章　中东欧"国家语言"消解与建构行为群像勾勒 (211)

第一节　"国家语言"的象征功能定位 (211)

第二节　"国家语言"关系博弈 (217)

第三节　"国家语言"消解与建构机制 (237)

第八章　中东欧"国家语言"建构的时代特征 ……………（268）
　第一节　语言建构目标与国家转型步伐相一致 ………（268）
　第二节　语言关系与国际国内关系相交缠 ……………（270）
　第三节　语言建构机制与社会治理模式相依赖 ………（275）
　第四节　国家语言建构推进个人多语主义发展 ………（281）

参考文献 ……………………………………………………（286）

后　记 ………………………………………………………（308）

绪 论

一 语言、民族与国家

18世纪末,法国在大革命之后提出了"一个国家、一个民族、一种语言"的口号,这一模式被后世作为现代民族国家的理想形态[1]。该理念在欧洲先是被意大利、德国等国家接受和效仿,随后扩散到欧洲其他地区并随着殖民扩张传播至全世界,被各现代国家的建国精英奉为圭臬。两百多年来,虽然这一口号极少甚至可说是从未在世界上任何地方得到完全实现,这一迷思却深植于全球各大洲很多普通民众心中,精英阶层也倾向于以此作为国家建设的终极理想。然而,语言、民族和国家三个概念从未被清晰界定,三者之间的完全重合也无从谈起。这种恒在的错位在世界范围内引发了连绵的冲突,造成了巨大的政治和社会管理困难。

实际上,语言、民族和国家三个概念中的任意两个都无法完全对应。首先,语言和民族并不总是重合。比如在美国这种拼盘式移民国家,大量不同族裔、不同肤色的人群都以英语为母语,但依然保留了各自的民族和种族身份,因此该国在人口普查中并不调查母

---

[1] Andress Wimmer and Yuval Feinstein, "The Rise of the Nation-State across the World, 1816 to 2001", *American Sociological Review*, Vol. 15, No. 5, 2010, p. 764.

语，而是家庭语言。在中国，回族在民族形成的过程中并未有过独立的语言，而是主要使用汉语，但这并不影响其成为一个独立的民族。反过来有些使用不同母语的人群也保留了相同的民族认同，如中国的门巴族、景颇族、裕固族、高山族、瑶族、珞巴族等民族并用2—3种语言，在这些情况下语言的工具性功能超过了象征性功能。① 在有的地区，在同一个社会，如拉美地区的巴拉圭，则会存在"双语"或"双言"现象，即同一个民族的人们，在不同的社会场合使用不同的语言或同一个语言的不同变体。②

其次，民族和国家也不一定重合，如今世界上几乎所有国家内部都存在着一定数量的少数族裔，很多国家则存在着跨境居住的民族。1993年，有学者就统计出，当时的180个主权国家中，仅有不到20个国家境内的少数民族占人口比例低于5%，③ 因此，他得出结论，早前同质化的农业国家再也不存在了。而在非洲，由于欧洲殖民者对非洲大陆的随意划分导致大量的土著族群被划分到不同国家中，据统计，目前至少有103个语言族群跨境而居。④ 比如尼日利亚与邻国共有45种跨境语言，而喀麦隆则达到70种。⑤ 这些跨境族群使用相同的语言，在很多情况下保持着较强的共同语言认同，比如尼日利亚（官方语言英语）和贝宁（官方语言法语）边界的约鲁巴人就声称"边境只是划分了英语和法语的范围，而非约鲁巴语"⑥。

最后，语言和国家也无法重合。世界上有大量的国家，如英

---

① 马戎：《语言使用与族群关系》，《西北民族研究》2004年第1期。
② Charles A. Ferguson, "Diglossia", *Word*, Vol. 15, No. 2, 1959, p. 325.
③ David Welsh, "Domestic Politics and Ethnic Conflict", *Survival*, Vol. 35, No. 1, 1993, p. 63.
④ Anthony I. Asiwaju, "The Conceptual Framework", in Anthony I. Asiwaju, ed. *Partitioned Africans*, New York: St. Martin's, 1985, p. 1.
⑤ B. S. Chumbow and Pius Tamanji, "Linguistic Identity across the Borders of the Cameroon Triangle", in Kweshi K. Prah ed. *Between Distinction and Extinction: The Harmonization and Standardization of African Languages*, Cape Town: CASAS, 2000, p. 53.
⑥ John Robert Victor Prescott, *The Geography of Frontiers and Boundaries*, London: Routledge, 2014, p. 103.

国、爱尔兰、美国、加拿大、澳大利亚、新西兰以及大量前殖民地国家都以英语为主要语言或官方语言，有至少25个国家将阿拉伯语作为官方语言或共同官方语言，这些国家的民族构成和文化宗教各异，并不影响他们使用同一语言作为母语。同时有大量的国家使用多种语言作为官方语言或国家语言，比如南非、印度、新加坡、加拿大、比利时、瑞士等，使多语主义成为国家主流价值。

可见，语言、民族、国家三个概念长期以来相互纠缠，一直也无法清晰割裂。现代民族主义不同阶段的理论体系均将语言与民族视为两个密切相关的概念。20世纪中叶出现的"原生主义"上溯赫尔德、洪堡特等人的思想，强调民族产生于远古的自然状态，语言是其核心原始特征之一。20世纪60年代后出现的"现代主义"则强调民族是现代化的产物，是政治构建的结果，而语言是这种建构的核心工具之一[1]。20世纪80年代出现的"族群—象征主义"不承认民族完全是建构的结果，但强调共同的语言文化符号赋予了民族独一无二的特征[2]。中国学界较为熟悉的民族定义来自斯大林的《马克思主义与民族问题》[3]，该文提出："民族是人们在历史上形成的一个有共同语言、共同地域、共同经济生活以及表现在共同文化上的共同心理素质的稳定的共同体。"后来斯大林在1929年的《民族问题和列宁主义》中将上述定义修改为：民族是人们在历史上形成的有共同语言、共同地域、共同经济生活以及表现于共同的民族文化特点上的共同心理素质这四个基本特征的稳定的共同体[4]。在这一定义中，共同语言是作为民族的一个基本特征而存在，较符合彼时较为流行的"原生主义"主张，但也认为民族是在历史过程

---

[1] Benedict Anderson, *Imagined Communities: Reflections on the Origin and Spread of Nationalism*, London: Verso, 1983, p. 9.

[2] Anthony D. Smith, *The Ethnic Origins of Nations*. Malden, MA: Blackwell, 1987, p. 26.

[3] 斯大林：《马克思主义与民族问题》，外国文书籍出版局1948年版，第12页。

[4] 中国社会科学院民族研究所主编：《斯大林论民族问题》，民族出版社1990年版，第395页。

中逐步形成的，具有建构主义特征。总体而言，国际学界一般都将语言作为民族构成的核心要素，认为语言可以对外设置边界，对内创造一个"想象的共同体"。在欧洲，大部分民族名称与其使用的语言是同名或非常接近的，这使语言成为非常方便的民族界线标记[1]。在民族国家形成之前，欧洲各国将语言视为民族身份的唯一有效指征，并将其用于人口普查中对民族构成的调查[2]。

民族与国家的关系我们将在下一节进行深入讨论。如今世界上的绝大多数国家从宪法规定上都属于民族国家，从这一事实即可看出民族与国家之密不可分。民族国家（nation-state）可以视为建立了现代国家的民族，它是一个法律主体。联合国的英文是"United Nations"，但其成员首先必须是主权"国家"（具有statehood）[3]。联合国成员大多数是民族国家，但很难说其中有真正的单一民族国家。此外需要注意的是，民族国家不等同于主权国家（sovereign state），因为主权可以让渡，也可以名存实亡。

毫无疑问，从建构主义的角度来看，语言是民族和国家的重要捏合剂，在民族/国家建构中发挥着重要的功能。18世纪德国哲学家赫尔德，曾将洛克和法国人所抛弃的口头的、传统的、地方的语言提升至体现民族性格和民族精神的重要地位，将语言的象征功能进行理论化提升。中东欧地区的大量案例证明，不但语言可以划分族群/国家界限，同样族群/国家身份也可以划分语言。该地区的很多斯拉夫语言之间具有很高的相互理解度，比如捷克语、斯洛伐克语、波兰语、乌克兰语、白俄罗斯语和俄语，以及斯洛文尼亚语、塞尔维亚语、克罗地亚语、黑山语、马其顿语和保加利亚语，有时

---

[1] Stephen Barbour and Cathie Carmichael, eds., *Language and Nationalism in Europe*, Oxford: Oxford University Press, 2000, p. 12.

[2] Dominique Arel, "Language Categories in Censuses: Backward-or Forward-Looking?", in David I. Kertzer and Dominique Arel eds. *Census and Identity: The Politics of Race, Ethnicity, and Language in National Censuses* (*New Perspectives on Anthropological and Social Demography*), Cambridge: Cambridge University Press, 2001, p. 92.

[3] Rosalyn Cohen, "The Concept of Statehood in United Nations Practice", *University of Pennsylvania Law Review*, Vol. 109, No. 8, 1961, p. 1127.

候一种语言内偏远地区的方言比邻国语言还难懂①。部分使用上述语言的人群曾经在历史的某个阶段属于同一个民族或国家,但如果一个族群开始将自己视为一个独立的民族,那么他们就会采取集体性措施,努力将其所使用的方言或变体提升到一种语言的地位,并有意识地使其与邻近语言区分开来②。

本书所讨论的"国家语言"是指现代国家通过法律赋予官方语言或国家语言(state/national language)地位,对内用于国家治理,对外作为国家身份标识的语言。在当前的社会语言学研究中,有民族语言(ethnic language)、官方语言(official language)和国家语言(national language)的区分。英国学者③在对"官方语言"和"国家语言"进行区分时,指出后者"无论是否被作为官方语言,它在国家认同中都具有明确的作用"。这强调了国家语言的概念往往与国家认同建构相联系,它既适用于法国模式的"公民国家"(Statsnation)概念,也适用于赫尔德意义上的"文化国家"(Kulturnation)概念④。一般而言,官方语言的概念与一个确定领土内的主权国家的概念及其法律地位联系在一起,而国家语言的概念则与国家和人民的话语以及语言的象征功能联系在一起。如果一个民族未能在固定领土上建立一个独立的主权国家,便无法赋予其语言"官方语言"的地位,不过在很多情况下倒是会称其为"national language",只是这个时候会被翻译成"民族语言"。在这种情况下,"民族语言"(无论是 national language 还是 ethnic language)可以与马克思主义民族理论联系在一起,它指的是民族群体语言的标

---

① Stephen Barbour and Cathie Carmichael, eds., *Language and Nationalism in Europe*, Oxford: Oxford University Press, 2000, p. 11.

② Stephen Barbour and Cathie Carmichael, eds., *Language and Nationalism in Europe*, Oxford: Oxford University Press, 2000, p. 12.

③ Stephen Barbour, "National Language and Official Language", in Ulrich Ammon, Norbert Dittmar, Klaus J. Mattheier and Peter Trudgill, eds. *Sociolinguistics*, Berlin-New York: Walter de Gruyter, 2004, p. 288.

④ Brigitta Busch, "New National Languages in Eastern Europe", in Nikolas Coupland ed. *Language and Globalization*, Malden, Oxford: Blackwell, 2010, p. 182.

准变体，被认为不仅是一种沟通手段，也是一种强大的凝聚力。本书主要讨论经过国家以法定形式认可的语言，一般被称为官方语言或国家语言。

在欧洲语境下，尽管欧盟等国际组织多年推行"多元一体"的官方话语，大力提倡多元文化的价值观，但"单语主义"思维依然具有很大的市场。在中东欧地区，不少新近独立国家的"国家语言"建构既需要将一种原先的小族语言提升为满足国家发展需要的"国家语言"，同时又需要清除极为接近的原有官方语言或邻国语言的影响，包含建构和消解两个方面。全球化、信息化的发展，多元文化思潮的兴起以及国家经济和政治制度的转型，使中东欧国家所面临的挑战和能采取的策略均在根本上区别于19世纪或20世纪中叶后殖民国家的语言建构。本书的目的，是试图以一种建构主义的视角，观察民族国家如何消解一种语言，又如何建构一种新的"国家语言"。这一研究可以揭示新的时代背景下国家语言建构和消解的一般性特征，从理论上拓展现有语言政策和规划研究，同时也有助于从哲学层面揭示中东欧国家语言与民族的深层关系。

二 中东欧地区的复杂魅力

本书所讨论的"中东欧"[①]，主要是一个地缘政治概念，而非一个明确的地理概念。该概念泛指欧洲大陆上在冷战期间曾属于苏联阵营的前社会主义国家，在地理上涵盖了中欧、东南欧、北欧和东欧的部分国家。在西方文献中很多时候并不对这一概念所涵盖的国家进行严格的界定，一般包括：中欧地区的捷克、斯洛伐克、匈牙利和波兰四国；东南欧地区的巴尔干国家，包括阿尔巴尼亚、罗马尼亚和保加利亚以及北马其顿、塞尔维亚、波斯尼亚和黑塞哥维那、克罗地亚、斯洛文尼亚、黑山等六个前南斯拉夫国家；北欧地

---

① Central and Eastern Europe, CEE 或 Central and Eastern European Countries, CEEC；有时也使用 East Central Europe, ECE 这一术语指这一地区的部分国家。

区的波罗的海国家，包括爱沙尼亚、拉脱维亚和立陶宛三国①。但这一概念在各种国际机构的数据统计和学界的分析中会常在上述国家的基础上根据需求进行增减。因此白俄罗斯、摩尔多瓦和乌克兰等独联体国家在很多时候也被纳入这一范畴，而并未加入过苏联阵营的塞浦路斯、马耳他还有土耳其有时也被用于参与比较，甚至俄罗斯有时也被纳入这一概念②。经济合作与发展组织（OECD）所界定的中东欧国家，包括12个国家③。法国经济与金融部下属的统计与经济研究中心则只将该地区11个国家纳入这一概念。而我国推动的中国—中东欧合作机制在发起初期曾包括16个国家：波兰、捷克、斯洛伐克、匈牙利、保加利亚、罗马尼亚、阿尔巴尼亚、爱沙尼亚、拉脱维亚、立陶宛、马其顿、塞尔维亚、波斯尼亚和黑塞哥维那、克罗地亚、斯洛文尼亚以及黑山④。

"转型国家"（transition countries、transition economies、nations under transition 或 nations in transition），在狭义概念上，就是指苏联解体后，从所谓的"威权政治"和计划经济体制向西式民主和市场

---

① 此处中欧、东南欧、北欧、东欧等地理划分是大致上的区分，仅为了方便我们这里的描述，在西方文献也并无定论。
② 参见罗兰贝格公司（Roland Berger Strategy Consultants）咨询报告"CEE in 2020—Trends and perspectives for the next decade（2010）"，下载地址：http://www.rolandberger.at/media/pdf/Roland_ Berger_ Studie_ CEE_ in_ 2020_ 20101201.pdf；Weastra 投资咨询公司网站，http://www.weastra.com/cee-countries/；经济合作与发展组织（Organization for Economic Co-operation and Development）网站，http://stats.oecd.org/glossary/detail.asp?ID=303；"中欧经济数据"网站，http://www.databasece.com/en/data；以上网站2020-09-02访问。
③ 参见经济合作与发展组织（OCED）网站，网址：https://stats.oecd.org/glossary/detail.asp?ID=303，2022-11-21访问。
④ 参见中国—中东欧国家合作秘书处网站，2019年希腊加入这一框架，立陶宛、爱沙尼亚和拉脱维亚等波罗的海三国则陆续退出了这一框架，如今是14个国家（截至2022年11月20日）。考虑到波罗的海三国曾加入社会主义阵营，在现有文献中很多时候被归入传统的"东欧"范畴，其语言政策是基于苏联时期政策进行的调整，本书拟将其置于考察范围内。网址：http://www.china-ceec.org/msc/，2022-11-20访问。

经济体制过渡的中东欧原社会主义国家①。但在更广意义上，它也可以用来指所有经历了重大政治、经济和社会等多方面变革和转变的国家，包括中东欧国家以及部分亚洲国家、后独裁时代的拉丁美洲国家和后殖民时代的非洲国家等。②根据世界银行的一份报告③，2004年和2007年加入欧盟的10个中东欧国家已经处理好转型问题，这些国家包括爱沙尼亚、拉脱维亚、立陶宛、波兰、捷克、斯洛伐克、匈牙利、斯洛文尼亚、罗马尼亚和保加利亚，而其余中东欧国家则仍在转型之中。学界对于中东欧国家转型是否结束的问题仍存在着不同的判断，如果仅仅用是否获得西欧国家的认可和接纳作为转型目标，那显然是落入了西方中心主义的陷阱。从客观标准而言，中东欧地区各国从政治经济制度的完善和社会经济的发展水平方面看总体上仍未达到西欧的水准，依然在建设之中。现有的很多研究，也仍然将上述国家都作为转型国家进行比较和分析。

中东欧各国自20世纪90年代初进入转型阶段，其政治、经济和社会等领域的政策变迁一直是国际学界关注的焦点，被认为是人类社会探索可能发展模式有价值的参照体系。在这一转型过程中，国家边界出现了新的调整，较大的多语言国家分裂出新的民族国家，创造出新的多数—少数关系。有的之前占主导地位的国家语言变成了少数民族语言（例如波罗的海国家的俄语），而以前的区域或少数民族语言则被提升为国家官方语言（例如爱沙尼亚共和国的爱沙尼亚语）。国家语言被认为是确认"新"国家身份的核心要素，各国在话语建构层面和语言使用层面，均强调一种统一语言在国家建构中的重要性。本书所关注的中东欧国家，在20世纪90年

---

① Jens Lowitzsch and Pal Pacherowa, "Das novellierte polnische und slowakische Insolvenzrecht [The amended Polish and Slovak insolvency law]", *Zeitschrift Für Ostrecht Und Rechtsvergleichung* [*Journal of Eastern and Comparative Law*], 1998, No. 6, p. 211.

② Mike Falke, *Community Interests: An Insolvency Objective in Transition Economies?* Frankfurt: Frankfurt Institute for Transformation Studies, 2002, pp. 1–3.

③ 参见世界银行报告"Unleashing Prosperity: Productivity Growth in Eastern Europe and the Former Soviet Union (2008)"，下载地址：https://elibrary.worldbank.org/doi/pdf/10.1596/978-0-8213-7279-1，2022-09-02下载。

代后均以宪法或其他法律形式规定了"国家语言"①，将其作为转型进程中凝聚国家认同、推进国家建设的核心工具。总体而言，中东欧各国转型方向一致，文化根源相近，国家语言建构的实践既相互借鉴又常有冲突，具有高度相似性和相关性；同时各国转型恰逢全球化和信息化加速发展，其建构理念和策略均区别于传统的国语认同建构，又具有特殊性和典型性。本书拟选取四个国家进行典型研究，即中欧地区的斯洛伐克、波罗的海地区的拉脱维亚与巴尔干地区的塞尔维亚和北马其顿。四国之中有两国加入了欧盟，而另外两国仍在努力之中，但四国均在一定程度上具有较大的国家语言建构压力。其中，斯洛伐克建国历史短而境内匈牙利族占据较大人口比例，拉脱维亚境内有较大比例毗邻母国的俄罗斯族人口，这两者在国家语言建构过程中均得到了欧洲区域国际组织的干预。不过，西欧国家所主导的国际组织希望斯洛伐克更好地保护境内匈牙利族等小族人口的语言权利，却更多地支持拉脱维亚强化拉脱维亚语的国语地位，政策倾向有较大差异。塞尔维亚继承的前南斯拉夫官方语言塞尔维亚—克罗地亚语已分解成4种语言在5个国家使用，亟需提升本国语言的差异性以强化认同。而北马其顿的国家语言马其顿语标准化历史较短，在较长时期内都被毗邻大国保加利亚视为保加利亚语的方言，也面临着较大的建构压力。对上述四个国家的研究将不可避免地辐射到周边国家，相关讨论覆盖了四国周边的其他中东欧国家。我们将在国别研究的基础上对各国语言建构和解构行为进行横向比较，并置于区域背景中进行观察，试图分析中东欧转型国家这一群体在国家语言建构方面所具有的共性特征和差异性特征，呈现其独特的标本价值。

---

① 捷克未在宪法或其他法律中规定官方语言或国家语言，但该国教育、外交等领域的法律中默认捷克语为官方语言，相关说明可见http：//www.efnil.org/projects/lle/czech-republic-republique-tcheque/czech-republic，2022-10-05访问。

第一章

中东欧的时空背景

第一节 东西交会处的中东欧

一　东西文明交汇之处

在西欧国家的一般民众眼中，欧洲代表着西方而亚洲代表着东方，因此欧洲与亚洲交界的地方，就是东西方交汇的地方。在过去数百年的历史发展进程中，东方和西方的差别，不仅仅是地理意义上的分界，更多表示的是两种文化，特别是宗教文化的差异。因此在绝大多数西欧人心中，东西方交汇的地方，就是基督教世界和伊斯兰世界交接的地方，那便是中东欧地区。

中东欧实际上是多个文明的边界交汇之地。如果将地理上的欧洲定义为西起大西洋东至乌拉尔山脉，那么中东欧从地理位置上看，确实处于欧洲的中部和东部地区，与亚洲在地理上较为接近。美国中东欧历史专家保罗·罗伯特·马戈西（Paul Robert Magocsi）1993年出版的《中东欧历史地图集》中包括了前波兰、普鲁士、奥匈帝国和巴尔干半岛诸国的领土。如果以德国和捷克的边界为中心，在历史上德国及以西部分与古罗马和天主教教会关系密切，捷克及以东部分则与拜占庭和东正教渊源极深。

从古希腊时代起，欧洲文明就发展出了亚洲的概念，尽管这种

"知识"的范围很有限，只涉及与欧洲接壤的一小部分亚洲区域。13世纪时，马可·波罗的游记和派往大元朝廷的天主教传教士带回了一些关于中国的信息，对欧洲人的亚洲知识是一个较重要的补充。但是由于缺乏准确可靠的信息，欧洲人对亚洲的概念仍然更多地来自传说而非事实。从古希腊时代起留下的信息使欧洲人相信，亚洲是一种古老、精致和富裕的文明，由中央集权的君主专制政体统治。整个亚洲被视为一整块土地，在政治专制、异端宗教、偶像崇拜等特征主宰下，整个社会长期一成不变。而15世纪后伊斯兰文化的奥斯曼帝国对欧洲的入侵，更加强化了亚洲的"他者"和"陌生者"身份以及异端宗教的色彩。近代以后，14世纪到16世纪文艺复兴所代表的思想解放文化运动也主要局限于西欧地区，中东欧地区则主要处于天主教、东正教和伊斯兰教文化的控制之下，两者交流有限。地理大发现之后，从16世纪开始，特别是18世纪末之后，欧洲人的远洋探索带回越来越多的图画、记述和各种文学作品，将远东的信息和印象传播到整个欧洲。这些信息对欧洲文化，尤其是欧洲人的东方观念产生了相当大的影响。但总体而言，在欧洲人心中，亚洲的"他者"印象根深蒂固，并因宗教和文化差异以及语言交流障碍而得到加强。这些亚洲人的代表主要是伊斯兰阿拉伯人、奥斯曼土耳其人以及后来的蒙古人等"野蛮"民族。总体而言，在欧洲人心中，这些对基督教欧洲构成直接威胁的敌人都是"外人"。

17世纪之后，奥斯曼帝国进攻维也纳失败，从此转入衰落阶段，直至后来丢失巴尔干半岛，部分地盘落入俄罗斯、普鲁士和奥地利之手。1848年席卷欧洲的大革命失败后，俄罗斯帝国、普鲁士王国（1871年后德意志第二帝国）、奥斯曼帝国、奥匈帝国四大强权均在该地区存在一定势力。由于该地区处于各大帝国之间，曾被称为是"中间地带"（the lands between），任由周边列强征服控制。20世纪初，英国地缘政治学家哈尔福德·麦金德（Halford J.

Mackinder)在他的《历史的地理枢纽》(1904)[①]一书中将中东欧地区称为控制"心脏地带"的关键：谁统治东欧，谁就能主宰心脏地带；谁统治心脏地带，谁就能主宰世界岛；谁统治世界岛，谁就能主宰全世界。这里是斯拉夫人与日耳曼人等欧洲主要民族的分界和交汇之地。麦金德将从亚德里亚海到波罗的海的连线作为西欧与东欧之间的分界线，认为分界线两边的日耳曼人和斯拉夫人相互争斗，如果没有一个缓冲地带，将在德国和俄国间爆发大战。在工业化之后，整个欧亚大陆可以通过铁路连为一体，而中东欧地区就是控制心脏地带的"枢轴区域"（pivot area），掌控该地区的国家和势力将能控制整个世界，夺取世界霸权。中东欧欧洲中心的地理位置决定了其能够成为多种文化的交汇之处，同时这种列强环伺的处境也使该地区的国家和人民从未完全掌握其自己的命运。

二 语言、民族、国家重叠之处

中东欧地区民族众多，文化多样，语言各不相同，关系错综复杂，是典型的马赛克式民族文化博览馆，在世界范围内亦不多见。该地区是语言、民族、国家的重叠交叉之处，但三者的界线从未重合。在近代以前，中欧地区并没有持久的国家组织存在。在古希腊时代该地区有伊利里亚人、希腊人、斯拉夫人等民族存在，他们一度都曾属于亚历山大大帝创建的地跨欧亚非三洲的亚历山大帝国，当时主要使用古希腊文。到了古罗马时期，该地区成为罗马人、斯拉夫人、日耳曼人（条顿人）等民族竞争交锋的地区。罗马曾占据莱茵河、多瑙河流域，大量驻防的罗马士兵在此地定居，留下了拉丁字母。罗马帝国衰落之后，该地区的南部地区属于拜占庭帝国（东罗马），7世纪后以希腊语为官方语言。14世纪和15世纪上半叶，奥斯曼土耳其人占领了大部分巴尔干半岛，君士坦丁堡陷落（1453年），带来了土耳其语。与此同时北部地区则属于条顿骑士

[①] Halford John Mackinder, "The Geographical Pivot of History", *The Geographical Journal*, Vol. 23, No. 4, 1904, p. 421.

团、若干或大或小的公国、波兰王国、波兰立陶宛联邦、基辅罗斯公国、克里米亚汗国等众多国家,部分地区还被北欧强国瑞典所控制。此后马扎尔人(即匈牙利人)、日耳曼人和斯拉夫人等各占据部分地区,造成各民族杂居、语言混用的局面。后来匈奴人、蒙古人、突厥人等诞生自东亚大陆北部草原上的游牧民族依次带来了新的民族和语言成分。

19世纪,拿破仑时代的法国大举进攻该地区,宣布神圣罗马帝国的终结。拿破仑战败后的维也纳会议(1815年)确立了俄罗斯、奥地利、普鲁士、英国四国支配欧洲的国际政治秩序,史称维也纳体系。欧洲四强在巴尔干半岛对奥斯曼帝国施加了越来越大的压力,迫其在不同时期给予不同民族自治权力,一些新的民族国家获得了独立,包括希腊(1832年)、罗马尼亚、塞尔维亚、黑山(均为1878年)、保加利亚(1908年)和阿尔巴尼亚(1913年)等。

20世纪的第一次世界大战彻底摧毁了该地区19世纪的政治格局。奥匈帝国遭到肢解,而俄罗斯和德国则被迫离开了这一地区。新的民族国家如波兰、捷克斯洛伐克、立陶宛、拉脱维亚和爱沙尼亚出现。俄罗斯帝国演变为苏联,与波兰一起吞并了短暂的民族国家白俄罗斯和乌克兰。

在长期的发展过程中,该地区经历了从基于文化习俗和宗教(语言发挥了一定作用)的种族认同向具有高度领土意识的国家认同转变,且将语言作为重要的认同标志[1]。在语言上,该地区大部分民族所使用的语言都属斯拉夫语族,分属东部语支(如俄语、乌克兰语、白俄罗斯语)、西部语支(如捷克语、斯洛伐克语、波兰语、卢萨提亚语)和南部语支(如保加利亚语、马其顿语、塞尔维亚—克罗地亚语和斯洛文尼亚语)。该地区也存在着很多民族,使用印欧语系其他语族甚至其他语系的语言,如属于乌拉尔语系的匈

---

[1] Peter Trudgill, "Greece and European Turkey: From Religious to Linguistic Identity", in Barbour, Stephen and Cathie Carmichael, eds. *Language and Nationalism in Europe*, Oxford: Oxford University Press, 2000, p. 240.

牙利语和起源于印度的罗姆人（吉卜赛人）语言。

我们如今看到的民族和国家划分界线，是第一次世界大战和第二次世界大战之后英、法和美、苏等列强操纵下边界划分的结果，这一划分导致了大量人口成为少数民族①，除了极少数国家如波兰和阿尔巴尼亚等国的主体民族占本国人口98%左右外，其余国家都存在着相当数量成分复杂的少数民族。国家界线和民族界线的错位，导致很多民族都属于跨境族群，因此一国之内的少数民族往往在另一国是主体民族。由于该地区的民众在历史上先后受到过罗马文明、拜占庭文明和伊斯兰文明等多重文明的影响，不同民族的宗教信仰和风俗习惯迥异，彼此间缺乏信任和认同，长期未能形成单独的文化区域。比如斯洛文尼亚、克罗地亚等国国民主要是斯拉夫人，匈牙利人带有亚洲游牧民族血统，如今却大都信仰属于西欧的天主教；罗马尼亚人和阿尔巴尼亚人均属欧罗巴人种，却一个信仰东正教，一个信仰伊斯兰教②。20世纪冷战结束后，该地区强大的民族主义传统再次复兴并快速发展，曾导致民族间关系紧张，甚至国家分裂，至今仍遗留了大量的民族问题。

中东欧地区的特殊地理、历史、人文和政治环境造就了其独特的语言生态。强大的民族主义传统将民族语言的身份标志功能不断强化，使政治和经济冲突外化为语言冲突，在长期的对立中语言状况变得非常复杂。进入21世纪以来，该地区各民族对于语言利益和语言权利的维护意识不断提高，得到了国际人权发展大潮的呼应，引起了很多国家的显著政策调整。就语言政策和语言规划研究而言，该地区多样的语言生态和政策设计，中国语言学会语言政策与规划研究会会长李宇明称之为新的"世界语言政策的试验场"③，是极有价值的研究对象。

---

① 孔寒冰：《多种文明视角下的中东欧社会发展》，《国际政治研究》2010年第4期。
② 朱晓中：《东欧民族主义的复兴及其原因》，《东欧中亚研究》1992年第4期。
③ 毛眺源：《论语言的生物属性及语言演化》，《语言学研究》第1期。

第二节 历史纵深中的中东欧

一 语言与民族主义的发端

在中东欧，语言民族主义几乎成为国家合法性的唯一来源[①]，这一思想可以追溯到两百年前的德国。18世纪时，德国哲学家赫尔德在其《论语言的起源》中指出，"语言是与人类一同形成、发展和繁衍开来的。"[②] "我们的母语是我们最早见到的世界，是我们最早知觉到的对象，也是我们最早感受到的活力和欢乐。时间和空间、爱和恨、欢乐和活动等附属概念，以及儿童火热的心灵中所产生的一切思想，也都随着母语一同得到持久的保存。于是，就形成了部族的语言！"[③] 赫尔德有关语言与民族关系的思想可以追溯到《圣经》中巴别塔的故事，即原始语言是由上帝赋予早期人类的。这一思想也启发了威廉·冯·洪堡（Wilhelm von Humboldt，1767—1853），他认为"Die wahre Heimat ist eigentlich die Sprache"（实际上，一个人真正的祖国是他的语言）[④]。赫尔德提出上述观点，主要是为了捍卫德语的地位，以对抗当时地位较高的法语和拉丁语[⑤]。赫尔德在其《人类历史哲学的概念》一书中，将语言视为族群和民族的标志，后来甚至促成了"民族性格""民族意识"之类术语的

[①] Tomasz Kamusella, *The Politics of Language and Nationalism in Modern Central Europe*, New York: Palgrave Macmillan, 2009, p. 24.

[②] ［德］J. G. 赫尔德：《论语言的起源》，姚小平译，商务印书馆1998年版，第106页。

[③] ［德］J. G. 赫尔德：《论语言的起源》，姚小平译，商务印书馆1998年版，第89页。

[④] Wilhelm von Von Humboldt, "Brief an Charlotte vom 21. August 1827.", in *Briefe von Wilhelm von Humboldt an eine Freundin*, Teil 1, Leipzig: Forgotten Books, 1848/2018, p. 322.

[⑤] Tomasz Kamusella, *The Politics of Language and Nationalism in Modern Central Europe*, New York: Palgrave Macmillan, 2009, p. 45.

出现①。

到19世纪初,赫尔德作品中所蕴含的语言民族主义思想,在中东欧地区广为传播,被该地区大量发展程度相对较低的民族群体普遍接受。各民族在赫尔德的启发下,发起大量早期民族运动,其中主要包括模仿德国的做法收集本民族的民歌,并将各自的方言编纂为"民族语言"。赫尔德在他的日记中预言:斯拉夫民族有一天会成为欧洲大陆上的强国,因为他们坚持自己的宗教与理想。各斯拉夫民族因此受到赫尔德思想的鼓舞,将其作为斯拉夫民族爱国主义运动的工具②。在这个意义上,费舍尔(A. Fischel)说,赫尔德是"斯拉夫民族文化复兴真正的父亲",因为"他是斯拉夫文化思想的缔造者"③。

19世纪中叶,赫尔德所阐发的语言民族主义,经过半个世纪的发展在中东欧地区逐步成为政治现实。1848年,第一届全斯拉夫人大会在布拉格召开,为斯拉夫民族运动铺平了道路。随着意大利王国(1861年)和德意志帝国(1871年)分别顺利成为民族国家,成了讲意大利语的意大利和讲德语的德国,中东欧的各民族均受到这两个成功案例的极大鼓舞。这两个国家在建立之后,随即将提升国家语言同质化程度作为重要的国家建构工作。19世纪70年代,德意志帝国禁止少数民族语言和德语方言在教育领域和官方场合使用。到19世纪末,随着教育普及和文盲的消失,德意志帝国境内的人民普遍能够使用德语。

差不多同时期,巴尔干半岛的民族国家,在西欧列强的帮助下开始从奥斯曼帝国的边缘分裂出来。1832年希腊获得独立,1878年黑山、罗马尼亚和塞尔维亚、1908年保加利亚和1913年阿尔巴

---

① Tomasz Kamusella, *The Politics of Language and Nationalism in Modern Central Europe*, New York: Palgrave Macmillan, 2009, p. 46.

② John P. Sydoruk, Herder and the Slavs, *AATSEEL Journal*, Vol. 13, No. 3, September 1955, p. 71.

③ [德] Willian A. 威尔森:《赫尔德:民俗学与浪漫民族主义》,冯文开译,《民族文学研究》2008年第3期。

尼亚获得独立。在巴尔干民族主义中，语言因素与宗教一起，发挥着重要的作用。

到20世纪，第一次世界大战在中东欧地区引发了新一轮的民族运动，使单一民族语言国家取代多语言帝国成为可能。鉴于盟国对美国总统伍德罗·威尔逊（Woodrow Wilson，1856—1924）"民族自决"概念的支持，第一次世界大战后中欧和东欧地区所建立的政治秩序以民族为基础。当时对于民族的定义在很大程度上基于语言，因此奥匈帝国的领土被按民族语言划分为多个国家，奥地利第一共和国和匈牙利王国则作为同样的单一民族语言国家成为奥匈帝国的法理继承国。该时期捷克斯洛伐克、爱沙尼亚、匈牙利、克罗地亚和斯洛文尼亚王国（1929年后，南斯拉夫）、拉脱维亚、立陶宛和波兰都是作为语言民族国家建立的。当然从民族语言的角度来看，所有这些新的民族国家和共和国都远远谈不上同质化国家。例如，讲摩尔多瓦语[①]的人只占当时苏联摩尔达维亚苏维埃社会主义共和国人口的三分之一，讲捷克斯洛伐克语的人占捷克斯洛伐克居民的三分之二，讲波兰语的人占波兰人口的三分之二，讲拉脱维亚语的人占拉脱维亚人口的73%，讲乌克兰语的人占苏联乌克兰居民的80%，讲白俄罗斯语的人占苏联白俄罗斯人口的81%，讲塞尔维亚语的人占南斯拉夫人口的83%，讲立陶宛语的人占立陶宛人口的84%，讲爱沙尼亚语的人占爱沙尼亚人口的88%，讲匈牙利语的人占匈牙利人口的90%。1918年后，罗马尼亚人口急剧膨胀，讲罗马尼亚语的人口比例从92%下降到72%。在保加利亚，讲保加利亚语的人占83%，讲阿尔巴尼亚语的人占阿尔巴尼亚居民的92%，讲希腊语的人占希腊人口的93%（在与土耳其的人口交换之后）。[②] 在新成立的民族国家中，由于民族语言同质性达不到国家意识形态稳定所要求的程度，有的国家对不讲国家语言的

[①] 苏联时期通常译为摩尔达维亚语。
[②] 以上数据来自Tomasz Kamusella, *The Politics of Language and Nationalism in Modern Central Europe*, New York: Palgrave Macmillan, 2009, p.52.

人采取了一定的限制措施以确保国家稳定。在这种操作下，很多祖祖辈辈一直都没有离开所在村庄和城镇的世居民族，突然之间就成了新国家的"外人"。在此背景下，盟国强迫这些新的民族国家签署了一系列复杂的双边和多边少数民族权利保护条约。第二次世界大战及其造成的大屠杀、人口流动和族际交流，使语言、民族和国家同构原则在中东欧地区得到更大程度的接受。在苏联的调停统筹下，一些国家进行了人口交换等措施，在牺牲部分少数民族利益的同时，使各国民族语言的同质性达到了前所未有的程度。

如上文所述，语言、民族和国家同构的思想根源可以追溯到赫尔德的语言思想和19世纪早期的德意志民族主义。普鲁士从19世纪中期开始就在政治层面上利用这种民族主义，在这种民族主义的基础上将德意志帝国建构为一个德意志民族国家。因此在中东欧，大多数国家或政体无法接受与其他国家共用一种民族语言，也不允许在境内使用其他官方语言或民族语言，更不允许在其领土上建立一些使用其独特语言的自治区或共和国。民族主义实际上成为各国保护本民族的国家利益、保卫其政治独立性的行为[1]。卡穆色拉（Kamusella）[2]认为，世界上共有23个国家符合语言、民族和国家规范同构的标准，其中有11个在中东欧。这11个语言民族国家有6种民族语言是斯拉夫语（保加利亚语、捷克语、马其顿语、波兰语、斯洛伐克语和斯洛文尼亚语），2种是芬兰语（乌戈尔语）（爱沙尼亚语和匈牙利语），2种是波罗的海语言（拉脱维亚语和立陶宛语），还有1种是罗曼语言（罗马尼亚语）。在书写上，有9个国家使用拉丁字母书写民族语言，只有保加利亚和马其顿2个国家使用西里尔字母记录民族语言。他认为到目前为止，在世界范围内斯

---

[1] Anthony D. Smith, "The Nation: Invented, Imagined, Reconstructed?", *Millennium*, Vol. 20, No. 3, 1991, p. 353.

[2] Tomasz Kamusella, *The Politics of Language and Nationalism in Modern Central Europe*, New York: Palgrave Macmillan, 2009, pp. 60-61.

拉夫民族运动最持久、最成功地在中东欧民族国家实现了语言、民族和国家规范同构的理想。

二　20世纪末"国家语言"的涌现

对于21世纪之后出生的人而言,如今我们所谈论的中东欧各国,似乎是从来如此,各国拥有清晰的边界,生活着不同的主体民族,使用着不同的语言。但实际上中东欧如今的政治格局和民族分布,是一件比较晚近才确定的事。各国政治结构在冷战结束后经历了不同程度的调整,其国家语言均面临着重要的建构或重新建构任务,与之同时进行的,还有对旧有国家语言和相近邻国语言的解构。下面我们按照中欧、巴尔干地区和波罗的海地区的顺序,把该地区不同国家的国家语言分别进行介绍。在该地区,还使用着俄语、希腊语、索布语、罗姆语等多种语言,但鉴于这些语言在中东欧国家没有获得官方语言地位,我们将其作为小族语言进行解释。

（一）捷克语和斯洛伐克语

捷克语是捷克共和国的事实官方语言,即该国虽然没有制定专门法律明确规定其官方语言地位,但在各领域法律的语言使用规定中,捷克语是事实上的官方语言。斯洛伐克语是斯洛伐克共和国法律规定的国家语言和官方语言。

捷克语和斯洛伐克语两种语言非常接近,且由于捷克和斯洛伐克两国在历史上的密切关系,两种语言在对方国家均享受一种事实上的副官方语言的地位。两国法律均规定,向当局有关部门提交的正式材料均需使用指定语言,在捷克为捷克语,在斯洛伐克为斯洛伐克语,但在捷克使用斯洛伐克语或在斯洛伐克使用捷克语递交材料无需提供翻译,直接有效。实际上,第一次世界大战之后这两种语言在捷克斯洛伐克的首部宪法（1920年）中,被作为一种语言,称为"捷克斯洛伐克语",是法定的国家语言（national language）,不过法律上承认具有捷克语和斯洛伐克语两种形式。捷克斯洛伐克这种做法其实是宣布了两门国语,并且承认他们在法律上具有平等地位。第二次世界大战结束后，"捷克斯洛伐克语"的概念被放弃了，1968年《宪法》明确规定捷克语与斯洛伐克语享有平等的权利，两种语言的地位都优于少数民族语言，都用于法律颁布和国家管理。

捷克语和斯洛伐克语实际上从未真正融合过，捷克和斯洛伐克两个民族所占据的传统领土之间保持边界达800年之久，却一直保持稳定，是中欧地区的一个奇特存在：尽管两族的语言、文化和习俗非常接近，但这一边界既是国界，也是民族界线，800年来两族的传统社区从未跨界到对方地域[1]。在1918年捷克斯洛伐克建国后至第二次世界大战前，国家官方语言是捷克斯洛伐克语，政府为了促进统一曾鼓励斯洛伐克语的发展向捷克语靠近，但在实际使用中依然是在捷克部分使用捷克语，在斯洛伐克部分使用斯洛伐克语。在捷克斯洛伐克社会主义共和国时期，捷克语与斯洛伐克语都是官方语言，但依然保持了在各自民族领土上使用自己语言的做法。因此在1993年两国独立后，捷克语和斯洛伐克语在各自国家的地位和使用并没有显著变化[2]。

捷克一直是欧洲国家中国民读写能力最高的国家之一，其主体民族捷克族所使用的捷克语属于斯拉夫语族的西斯拉夫语系，具有悠久的文学和研究传统。捷克语在历史上的使用地域与现在的捷克共和国领土基本相合，在长期的发展过程中借用了很多欧洲语言的资源，受德语影响较大，但它同时也较好地保持了自身的特点。捷克语的标准化较早，在15世纪就由捷克著名的宗教改革家胡斯完成了对《新约》（1475年）和《圣经》（1488）的捷克译本。16世纪出现了第一部捷克语语法著作（1533年）以及第一部捷克语

---

[1] Martin Votruba, "Linguistic Minorities in Slovakia", in Christina Bratt Paulston, ed. *Linguistic Minorities in Central and Eastern Europe*, London: Multilingual Matters, 1998, p. 255.

[2] Martin Votruba, "Linguistic Minorities in Slovakia", in Christina Bratt Paulston, ed. *Linguistic Minorities in Central and Eastern Europe*, London: Multilingual Matters, 1998, p. 255.

词典（1587年）。17世纪，在捷克与天主教哈布斯堡家族的争斗中，讲捷克语的新教贵族失败，捷克语在行政用语中让位于德语，但从此成为与新教贵族和广大市民密切联系的语言。到18世纪末，捷克人创办了最早的一批捷克语报纸，在报纸上宣传捷克语的使用。1791年，布拉格大学设置捷克语教席。17世纪后半叶至18世纪前半叶间，出现了大量的捷克语语法（28种）、词典（14种）和论文（20种），学者和公众加入如何规范捷克语的广泛讨论[1]。

如今捷克语有两种最重要的变体，即标准捷克语和通用捷克语，两者之间的关系类似"双言"中的高变体和低变体。标准捷克语是19世纪的捷克学者根据16和17世纪文艺复兴时期的捷克语作品创造出来的，经过系统整理编订，至今改变不大，主要用于正式场合以及书面语。通用捷克语是捷克人长期以来使用的口头语言，数世纪来发生了很大的改变，它与标准捷克语使用相同的音素，但是在词汇和形态方面都有不同，如今是一种介于标准捷克语和捷克语方言之间的变体[2]，主要用于非正式场合。在布拉格及其周边的波希米亚地区，由于方言的弱化，人们在交流中一般使用标准捷克语或通用捷克语，而在其他地区人们则根据需要在标准捷克语、通用捷克语以及方言之间选择一种变体使用。在捷克境内，除了捷克族，摩拉维亚族、西里西亚族，一部分斯洛伐克族、波兰族和罗姆族等少数民族人口，也使用捷克语作为母语，2021年的普查中921万人宣称使用捷克语作为母语，占捷克总人口的87.55%[3]。

斯洛伐克语是斯洛伐克的国家语言，但该语言与捷克语相比，

---

[1] Tomasz Kamusella, *The Politics of Language and Nationalism in Modern Central Europe*, New York: Palgrave Macmillan, 2009, p. 107.

[2] Jiří V. Neustupný and Jiří Nekvapil, "Language Management in the Czech Republic", *Current Issues in Language Planning*, Vol. 4, No. 3-4, 2003, p. 181.

[3] 数据来自捷克共和国2021年人口普查结果。有关数据可查询捷克国家统计局网站，https://vdb.czso.cz/vdbvo2/faces/en/index.jsf?page=vystup-objekt&pvo=SLD21010-KR&z=T&f=TABULKA&skupId=4329&katalog=33524&pvo=SLD21010-KR&str=v111&evo=v97_!_SLD21F1010-H2_1，2022-08-21下载。

书面语的发展历史较短。尽管当前斯洛伐克国内的民族主义者将斯洛伐克语言和民族的根源追溯到大摩拉维亚时代，声称大摩拉维亚公国是"第一个斯洛伐克国家"，但其实该政体与当前的斯洛伐克共和国之间不存在连续性。"斯洛伐克"于1485年开始作为民族称谓，主要指一般斯拉夫人或居住在匈牙利帝国北部地区的斯拉夫人，而他们所使用的语言也没有定名为斯洛伐克语[①]。该地区早期主要使用捷克语作为书面语，相关历史最早可以追溯到1422年。因此至今在斯洛伐克无论是知识分子还是普通大众均认为捷克语是一种发展程度更高的语言。一直到19世纪，该地区都使用拉丁语、捷克语、德语和匈牙利语作为书面语言。后来捷克语在该地区受到地方方言的影响，产生了两个变体，即"文化意义上的中部/西部斯洛伐克语"和"文化意义上的东部斯洛伐克语"[②]。

18世纪，出现了使用上匈牙利西部（现斯洛伐克）白话撰写的第一部两卷本小说（1783年至1785年），其作者约泽夫·伊格纳克·巴伊扎后来被称为斯洛伐克语之父。与此同时，1783年，斯洛伐克第一份报纸（即《耶稣会斯洛伐克报》）开始在布拉迪斯拉发出版。19世纪，宗教学者将《圣经》翻译成斯洛伐克语（1829年）。直到1918年，在上匈牙利的公共生活中，匈牙利语和德语以及书面拉丁语仍占主导地位。

在1918年捷克斯洛伐克建国后至第二次世界大战前，斯洛伐克语在捷克斯洛伐克时期成为斯洛伐克的官方语言，但只是作为捷克斯洛伐克通用语言的斯洛伐克变体。当时国家官方语言是捷克斯洛伐克语，但捷克人在捷克斯洛伐克生活的各个领域都占主导地位，政府也曾鼓励斯洛伐克语向捷克语靠近。第二次世界大战期间，斯洛伐克倒向纳粹德国，获得短暂的独立（1939年至1945

---

① Tomasz Kamusella, *The Politics of Language and Nationalism in Modern Central Europe*, New York: Palgrave Macmillan, 2009, p. 132.

② Tomasz Kamusella, *The Politics of Language and Nationalism in Modern Central Europe*, New York: Palgrave Macmillan, 2009, p. 132.

年),并开展了一定程度的斯洛伐克语标准化工作。第二次世界大战结束后,捷克斯洛伐克政府接受标准斯洛伐克语作为共同官方语言。1969年该国成为捷克斯洛伐克联邦共和国,此时斯洛伐克已完成出版六卷本的《斯洛伐克语词典》(Stefan Peciar 等编撰)。而斯洛伐克周边国家的捷克语、波兰语和匈牙利语在19世纪时就已完成了类似词典的编撰。斯洛伐克语在1993年才终于成为斯洛伐克的唯一官方语言①,在这个意义上它是中欧地区历史最短的语言之一。

(二) 波兰语

波兰语是波兰共和国的官方语言。波兰语与捷克语和斯洛伐克语同属于印欧语系斯拉夫语族西斯拉夫语支,是继德语和捷克语之后在中欧发展起来的第三种书面白话。现存的第一批波兰语文本可以追溯到14世纪,但其规范形式和持续识字传统直到16世纪初才发展起来。

从10至14世纪,波兰地区的历史文献都是用拉丁文书写。到14世纪时出现了大量波兰语文献。15世纪时,波兰语通过大量模仿或翻译捷克语文本而出现较大发展。16世纪,法国人皮奥特·斯托扬斯基(Statorius Petrus)创作了第一部波兰语语法《波兰语语法基础》(1568年)。现存最早的波兰语书籍(1513年)、波兰语新教圣经(1553年)和波兰语词典(1564年)也出现在16世纪。在此期间,由于波兰与立陶宛建立联邦,并经贵族议会决定(1539年),所有法律和法令将以波兰语出版,实际上也成为立陶宛的官方语言。到17世纪,出现了由波兰人编写的第一部波兰语语法《波兰语简编语法》(1690)。但真正用波兰语编写的波兰语语法《诸语通用语法》(1767年)到18世纪才出版。1795年,波兰遭到俄罗斯、奥地利和普鲁士瓜分,直至1918年第一次世界大战结束才得以复国;在此期间,波兰语知识分子继续发展波兰语言

---

① Nina Janich and Albrecht Greule, eds., *Sprachkulturen in Europa: ein internationales Handbuch*, Tübingen: Narr, 2002, p. 275.

和文学，并设想建立一个语言同质的波兰民族国家。1939年，苏德瓜分波兰，波兰再次亡国，1944年再次复国。

波兰如今是欧洲语言同质化程度最高的国家之一，主体民族波兰族高达总人口的99.3%[①]，波兰语使用人数约3800万。由于波兰历史上的多次动荡，波兰人口外迁较多，因此在中东欧地区的其他国家也有不少以波兰语为母语的群体。

（三）匈牙利语

匈牙利语是匈牙利唯一的官方语言，也称马扎尔语（Magyar nyelv），是欧洲极少的不属于印欧语系的语言，属于乌拉尔语系芬兰—乌戈尔语族，乌戈尔语支[②]。匈牙利的国土在历史上变动较大，曾是多民族帝国，如今的边界大致是在第一次世界大战结束后其与协约国签订的《特里阿农条约》（1920年）所确定的。1989年后国名改为匈牙利共和国，2012年后更名为匈牙利，目前是人口成分较为单一的民族国家。

匈牙利的主体民族匈牙利族（自称马扎尔族）自9世纪末迁居到如今匈牙利所在的喀尔巴阡盆地，1699年起由哈布斯堡王朝统治，1867年成为奥匈帝国核心部分之一。最早的匈牙利语文本出现于12世纪末。14世纪和15世纪出现了一些拉丁语文本的匈牙利语译本。1472年，第一家匈牙利印刷店在布达开张。16世纪，匈牙利语开始用于官方档案记录，并出现匈牙利语圣经版本。1533年，第一本匈牙利语书籍在波兰克拉科夫出版。1536年，匈牙利出版第一本匈牙利语书籍。1538年，出现该语言的第一部语法。1541年，出现匈牙利语《新约》版本。1590年，出现第一部广泛

[①] 波兰《欧洲区域或少数族群语言保护宪章》第一轮国家执行报告（2010年），第13页。注：欧洲委员会提供《欧洲区域或少数族群语言保护宪章》所有签约国的国家执行报告和专家评估报告，下载页面为：http://www.coe.int/t/dg4/education/minlang/Report/default_en.asp. 本研究所引用的报告均来自该页面，下文引用中将不再一一标明下载地址和下载时间，而是直接使用"X国第X轮X报告（X年），第X页"的格式，在此一并说明。

[②] Péter Medgyes and Katalin Miklósy, "The Language Situation in Hungary", *Current Issues in Language Planning*, Vol. 1, No. 2, 2000, p. 148.

使用的拉丁语—匈牙利语词典①。到17世纪时，匈牙利语的形式已经非常接近现代匈牙利语。

在帝国时期，匈牙利的官方语言是拉丁语，在政治和文化领域拉丁语占据优势地位长达数个世纪。第一份匈牙利语报纸《匈牙利信使报》于1780年出版。到19世纪上半叶，匈牙利贵族逐渐认同了建设一个单一语言的马扎尔（匈牙利）民族的意识形态。许多匈牙利语作家、语言学家通过广泛使用虚词和新词来净化和规范匈牙利语，以消除斯拉夫语、突厥语、德语等语言的大量借用。到了19世纪50年代，这一工作取得重大成就，出版了大约100本匈牙利语词典，创造或改造了约1万新的词汇，匈牙利语成功标准化。尽管匈牙利语也包含7—8种主要方言，但方言间相互理解程度较高，19—20世纪各方言间的差异不断减少。

匈牙利的文化发展程度较高，该国自18世纪时识字率就已经远超其他东欧以及东南欧国家，到1910年时识字率为68.7%，进入20世纪后半叶后基本消除文盲②。如今匈牙利语在匈牙利使用程度较高，99.6%的人会讲匈牙利语，93.6%将其作为母语③。由于1918年奥匈帝国战败后被肢解为多个民族国家，如今在罗马尼亚、斯洛伐克、塞尔维亚和乌克兰等国都有大量匈牙利裔人群，使用着匈牙利语，并在部分国家享受地区官方语言的地位。

（四）立陶宛语、拉脱维亚语和爱沙尼亚语

立陶宛语是立陶宛共和国的官方语言，拉脱维亚语是拉脱维亚共和国的官方语言，又称莱提什语（Lettish language），两者同属印欧语系—波罗的语族。爱沙尼亚语是爱沙尼亚共和国的语言，属于芬兰—乌戈尔语族，与芬兰语比较接近。如今的爱沙尼亚和拉脱维

---

① Tomasz Kamusella, *The Politics of Language and Nationalism in Modern Central Europe*, New York: Palgrave Macmillan, 2009, pp. 121 – 122.

② Péter Medgyes and Katalin Miklósy, "The Language Situation in Hungary", *Current Issues in Language Planning*, Vol. 1, No. 2, 2000, p. 148.

③ 根据2001年普查数据，2011年普查中有部分人未登记相关信息，导致数据准确性下降。

亚领土在历史上曾共同属于1202年成立的十字军利沃尼亚教团辖下。这三种语言作为书面语言的崛起与宗教改革过程密切相关。

  立陶宛语是近代印欧诸语言中最古老的语言之一。自7世纪中期到8世纪，该地区就形成了现代立陶宛语的雏形，并融合了当地部落和大量外来移民的语言成分。1009年有史书首次提及立陶宛。1240年成立统一的立陶宛大公国，立陶宛境内形成了立陶宛语的不同方言。15世纪时，立陶宛大公国的贵族在上议院使用立陶宛语进行讨论。直到16世纪末，这种语言一直在公国的政府、行政和外交关系中口头使用，但从未有该时期的羊皮纸或纸质文档存世，因为立陶宛大公国的官方书面语言是卢塞尼亚语、波兰语和拉丁语。14世纪之交，立陶宛开始吞并大量的罗斯土地，并接触到斯拉夫东正教人口使用西里尔字母拼写的斯拉夫语言。1385年，立陶宛与波兰王国联合，导致了立陶宛的基督教化。1544年至1548年间，波兰语在大公国得到普遍应用。在1569年立陶宛大公国与波兰王国合并成为波兰—立陶宛联邦后，波兰语成为大公国的官方语言，并于1697年成为大公国唯一的官方语言。这一时期拉丁语仍然是学术和国际外交通信的语言，而德语仍然在城市自治政府中得到应用。1794年，立陶宛与波兰分治，被并入俄罗斯版图，立陶宛语被禁止使用，俄语作为另一种重要书面语言开始在立陶宛使用。19世纪后期，在欧洲政治大气候影响下，立陶宛民族运动兴起。立陶宛数代文学家用立陶宛语创作了立陶宛国家和民族历史题材的作品，出版报刊，促进了立陶宛民族意识的觉醒，到19世纪末形成了今天的立陶宛族。直到19世纪60年代中期，虽然俄语也在较大范围内使用，波兰语在立陶宛的政治、教育和文化方面仍占主导地位。1904年沙俄宣布解除对立陶宛文出版物的禁令，立陶宛文报刊等出版物大量涌现。

  立陶宛语作为一种书面语言的兴起与宗教改革和反宗教改革有关。1595年，天主教会在威尔诺（维尔纽斯）出版了立陶宛语《教义问答》，是立陶宛大公国印刷的第一本立陶宛语书。1631年，

第一部完整的立陶宛语词典（拉丁文—波兰语—立陶宛语）出版。1653年，立陶宛语的第一部语法（用拉丁语写成）在克尼斯堡出版。1663年，牛津出版社出版了《新约》的第一份立陶宛语译本，后又出版多个译本。到18世纪末，在波兰和普鲁士共计出版了268本立陶宛语书籍①。

1918年，立陶宛作为一个新的民族国家成立，立陶宛语成为立陶宛唯一的官方语言。1922年，第一所立陶宛语大学在考纳斯成立。1940年立陶宛加入苏联，俄语成为其官方语言，但在立陶宛社会主义加盟共和国内立陶宛语仍然使用。1990年3月11日，立陶宛宣布脱离苏联独立，立陶宛语重新成为其官方语言。

拉脱维亚印刷的第一本书是一本新教手册，有爱沙尼亚语、德语和拉丁语的平行文本（1525年），但没有一本得以存世。1585年出版了天主教教义问答，一年后又出版了新教教义问答。1638年出版了一本拉脱维亚语—德语词典，1673年出版了一本波兰语—拉丁语—拉脱维亚语词典。1644年，拉脱维亚语的第一本语法书出版，是用拉丁语写成的。在1685到1692年间，拉脱维亚语圣经分节陆续出版。在19世纪中叶之前，拉脱维亚地区受到德语的影响较大，到该世纪后半叶拉脱维亚语才从德语的文化影响下获得独立的发展。1918年拉脱维亚独立时，重申拉脱维亚语为该国的唯一官方语言。

如今的标准拉脱维亚语是根据首都里加地区的方言为基础的。1923年至1932年间该国出版四卷本拉脱维亚语—德语词典，试图效仿捷克语、斯洛伐克语和立陶宛语的做法，使用大量的双语或多语词典来进行语言标准化。1937年，拉脱维亚开展正字法改革，其用法延续至今。1936年出版了《新约》的现代拉脱维亚语译本。1940年至1991年期间，拉脱维亚被苏联吞并，在此期间拉脱维亚语是拉脱维亚民族国家的唯一官方语言。1965年出版了《旧约》

---

① Tomasz Kamusella, *The Politics of Language and Nationalism in Modern Central Europe*, New York: Palgrave Macmillan, 2009, p. 182.

的拉脱维亚语新译本。1972年至1996年间，出版了权威的八卷拉脱维亚语词典。

拉脱维亚语在17世纪初已经很普遍，而爱沙尼亚语在19世纪才开始流行。爱沙尼亚民族形成于12—13世纪，在早期，爱沙尼亚人称自己为maarahvas（乡下人），称自己的语言为maakeel（乡下语言）。现存的最早爱沙尼亚语文本是1535年在威滕堡出版的德国—爱沙尼亚新教教义问答。1637年，用德语撰写的第一部爱沙尼亚语语法书出版。1683年出版爱沙尼亚语的《新约》译本。19世纪中期，爱沙尼亚民族运动与拉脱维亚同步发生。1843年，第一部用德语书写的标准爱沙尼亚语现代语法出版。

1918年，爱沙尼亚作为民族国家获得独立，爱沙尼亚语被提升为官方语言。但此时在议会和地方自治政府中根据法律规定仍使用德语、俄语和瑞典语。为了让爱沙尼亚民族与前德国和俄罗斯"领主"保持距离，爱沙尼亚学校将英语作为最重要的外语引入。在此期间，该国各阶层形成了普遍共识，即国家必须在语言上达到统一。1925年至1937年间，出版了第一部三卷本爱沙尼亚语权威词典。1940年，苏联吞并了爱沙尼亚、拉脱维亚和立陶宛。1988年和1994年爱沙尼亚出版了新的两卷本词典。1991年苏联解体后，爱沙尼亚语重新成为该国的官方语言。

（五）罗马尼亚语

罗马尼亚语是罗马尼亚的官方语言。罗马尼亚人的祖先为达契亚人，约公元前1世纪起就生活在这里。公元106年，达契亚国被罗马帝国征服后，达契亚人同罗马人共居融合，形成罗马尼亚民族的祖先。14世纪时该地区先后建立瓦拉几亚、摩尔多瓦、特兰西瓦尼亚3个公国，部分地区受到匈牙利控制。16世纪后成为奥斯曼帝国的附属国，一直延续到17世纪末。19世纪中叶，瓦拉几亚公国和摩尔多瓦公国合并，并实现了两公国宪法和行政管理的统一，国家定名为罗马尼亚，在承认土耳其宗主权的前提下，实行自治，首都布加勒斯特。1877年，罗马尼亚宣布独立并于次年得到列强承认。1881年，欧洲列强同意将罗马尼亚的地位从公国提升为王国，改称罗马尼亚王国。1918年，特兰西瓦尼亚公国同罗马尼亚王国合并，形成统一的罗马尼亚民族国家。第二次世界大战结束后，1947年成立罗马尼亚人民共和国。1965年，改国名为罗马尼亚社会主义共和国。1989年改国名为罗马尼亚。

关于罗马尼亚语的起源，罗马尼亚和匈牙利学者有不同的意见。根据罗马尼亚方的意见，公元106—271年间罗马帝国在该地区达契亚省的罗马驻军，是罗马尼亚语在该地区的起源。该军团一直生活在这里，并在后来遭遇了哥特人、斯拉夫人和匈奴人等多次外来入侵。而匈牙利学者则试图论证，当时这些使用拉丁语的罗马军团后来基本搬迁到了多瑙河以南，因此这个地区实际上成为无主之地。当然我们无法证明任何一方是完全正确的，因为双方都没有充分的文献证据，很可能双方陈述的都是部分真相。而这一争端的核心其实是这片土地上是不是自古以来就存在着延续的民族，谁是它的合法拥有者。第一次世界大战之后，匈牙利和罗马尼亚为了古罗马时期的下达契亚省，也就是现在的特兰西瓦尼亚地区的归属，曾经多次发生军事冲突。

罗马尼亚语言的标准化基本按照中欧地区民族主义与语言相结合的传统开展。罗马尼亚语的标准化以布加勒斯特地区的瓦拉几亚语方言为基础。1864年，第一所罗马尼亚语言大学在布加勒斯特成立。1866年，罗马尼亚学术协会成立（1879年升级为罗马尼亚科学院），其主要任务是规范罗马尼亚语言。1871年至1876年间，第一部权威的两卷罗马尼亚语词典出版。1912年，出现了《古兰经》的罗马尼亚语译本。1955年至1957年间出版了迄今为止最广泛、最完整的罗马尼亚语权威词典。

（六）塞尔维亚语、克罗地亚语、黑山语和波斯尼亚语

塞尔维亚语、克罗地亚语、黑山语和波斯尼亚语，在南斯拉夫时期曾是同一种语言，使用"塞尔维亚—克罗地亚语"这一名称。南斯拉夫分裂后，塞尔维亚和克罗地亚均认为使用的是与对方不同

的独立语言，因此各自使用塞尔维亚语和克罗地亚语的名称。南斯拉夫时期"塞—克语"标准音所在地的波斯尼亚和黑塞哥维那则主张他们语言也是一种独立的语言，自称为"波斯尼亚语"。黑山独立后也认为自己母语的名字是黑山语。如今塞尔维亚语是塞尔维亚共和国的官方语言，克罗地亚语是克罗地亚共和国的官方语言，黑山语是黑山的官方语言，波斯尼亚语是波斯尼亚和黑塞哥维那的三种官方语言之一。

上述语言可能有共同的起源，可以追溯到公元7世纪前后，斯拉夫人是在这一时期进入了巴尔干地区。9世纪时斯拉夫人接受了基督教，各自出现了较重要的政体，形成了书写传统。在此时期，如今巴尔干半岛上的诸多民族尚未形成，甚至很难将克罗地亚人和塞尔维亚人区分为不同的民族。

克罗地亚于910年获得完全独立。11世纪初，克罗地亚作为一个自治省并入匈牙利天主教国，匈牙利国王加冕为克罗地亚国王，正式开启了克罗地亚和匈牙利之间的联盟。在此期间克罗地亚与塞尔维亚之间的政治和文化分歧加深。克罗地亚人开展了宗教改革，随即导致了白话文作为书面语言的出现。这些方言起初被用来翻译圣经，但很快也被用于创作世俗文学。1560年至1563年，克罗地亚语的《新约》在图宾根以格拉哥里字母和西里尔字母两种文字出版。同时期该地区编撰了部分克罗地亚语词典。

塞尔维亚的土地于960年被保加利亚合并，塞尔维亚人接受教会斯拉夫语作为官方语言。1014年，塞尔维亚从保加利亚转由拜占庭统治。此后于11和12世纪，出现了独立的塞尔维亚王国，但它继续追随君士坦丁堡的东正教文化、政治和教会模式。在19世纪30年代之前，东正教的政治和文化影响在塞尔维亚人中占主导地位。在塞尔维亚人中，教会斯拉夫语作为礼拜仪式和世俗书写的语言一直延续到18世纪。

到19世纪，该地区出现南斯拉夫运动，试图为泛斯拉夫主义寻求合法性。克罗地亚和塞尔维亚知识分子认为南部的所有斯拉夫人都有共同的起源。这种政治和语言上的共性促使克罗地亚和塞尔维亚知识分子于1850年在维也纳签署了《文学协议》。这一事件在当时没有引起注意，但后来历史的变迁使这一文件成为南斯拉夫在语言和国家建设方面的意识形态基石。正是基于这一协议，南斯拉夫政府宣称塞尔维亚—克罗地亚语是一种语言。

然而由于克罗地亚人信奉天主教而塞尔维亚人信奉东正教，这种宗教传统上的差异导致了不同教会斯拉夫语版本的出现，并通过使用不同的文字加深了分歧。根据两国的资料，现存最古老的克罗地亚语手稿可以追溯到11世纪，而塞尔维亚语手稿可以追溯到13世纪初。塞尔维亚—克罗地亚语（尽管名称不同）在克罗地亚（1867年）和塞尔维亚（1886年）被接受为官方语言。

在第一次世界大战结束时，诞生了塞尔维亚—克罗地亚—斯洛文尼亚王国（1929年更名为南斯拉夫），其领土包括了今天的塞尔维亚、黑山、克罗地亚、斯洛文尼亚、波黑和北马其顿。第二次世界大战期间曾被纳粹德国占领和瓜分，战后由南斯拉夫共产党领导的南斯拉夫联邦人民共和国政权取代，版图基本没有变动。

在社会主义时期，政府试图消除之前的语言政治化问题。1944年，政府同意将所谓的"南塞尔维亚语"独立出来，作为一种单独的语言即马其顿语。同时从新宪法中删除"塞尔维亚克罗地亚斯洛文尼亚语"的表述而重申斯洛文尼亚语作为一种单独语言的地位。这些措施一方面消除了斯洛文尼亚民族主义者的担忧，另一方面则可以阻止保加利亚以"马其顿语是保加利亚方言"为由对马其顿提出主权主张。国家承认"统一语言"有两个变体，即"克罗地亚—塞尔维亚语"（以拉丁字母书写）和"塞尔维亚—克罗地亚语"（以西里尔字母拼写）。通过这种方式，南斯拉夫政府用一种共同的民族语言将塞尔维亚人、克罗地亚人和黑山人统一起来。1974年的宪法使南斯拉夫成为由各民族共和国组成的真正联邦。1974年颁布的《克罗地亚共和国宪法》承认"克罗地亚语"是克罗地亚版塞尔维亚—克罗地亚语的正式名称。

20世纪90年代初，南斯拉夫的六个加盟共和国中的四个先后宣布独立。1992年之后，剩下塞尔维亚和黑山两国，重组成立南斯拉夫联盟共和国（南联盟）。新南斯拉夫（塞尔维亚）采用"塞尔维亚语"作为官方语言，同时使用西里尔字母和拉丁字母书写。

克罗地亚在1990年宣布克罗地亚语为官方语言，完全用拉丁字母书写，并展开了"语言净化"行动以使新克罗地亚语与塞尔维亚—克罗地亚语保持距离。在此过程中，塞尔维亚—克罗地亚语被默认为塞尔维亚语，因此塞尔维亚人不必将以前塞尔维亚—克罗地亚语塞族化，就可以将其变成塞尔维亚语。当然，西里尔字母足以使塞尔维亚语与使用拉丁字母的克罗地亚语区别开来。

1974年《黑山共和国宪法》将黑山人的官方语言定义为"塞尔维亚—克罗地亚语的耶卡维亚变体"。1992年，黑山官方语言的名称改为"塞尔维亚语的耶卡维亚变体"，但正式使用西里尔字母和拉丁字母书写，与塞尔维亚完全以西里尔字母为基础的官方语言不同。1994年，黑山知识分子提出"我们的语言就是我们的祖国"的口号，同年国际笔会黑山分会宣布其语言为黑山语。2006年，黑山与塞尔维亚分离，两国相互独立。黑山共和国总统武亚诺维奇在2007年3月宣布黑山语为黑山共和国的官方语言。

如今波斯尼亚和黑塞哥维纳所在的地区，在历史上曾经多次分属周围的各个国家。虽然14世纪时该地区曾短暂出现过一个独立的波斯尼亚王国，但1463年奥斯曼帝国入侵后遭到兼并。在奥斯曼帝国统治下，许多波什尼亚克人由基督教改信伊斯兰教，渐渐形成了波什尼亚克穆斯林民族。19世纪后半叶至20世纪前半叶时，波斯尼亚就出现了使用阿拉伯语字母书写的波斯尼亚语书籍和报纸。第一次世界大战后，波黑成为塞尔维亚克罗地亚和斯洛文尼亚王国的一部分（即南斯拉夫）。第二次世界大战后，波黑正式确认为南斯拉夫的一个加盟共和国，采用的是奥斯曼帝国时期的边界。20世纪70年代，南斯拉夫承认"讲塞尔维亚—克罗地亚语的斯拉夫穆斯林"为穆斯林族（即波黑独立后的波什尼亚克人），成为人口次于塞尔维亚人和克罗地亚人的南斯拉夫第三大民族。

1991年10月波黑宣布拥有主权，1992年2月举行全民投票以寻求独立。波黑塞族人随即在塞尔维亚的支持下以武力方式寻求加入塞尔维亚，内战爆发。1994年3月波族人（穆族人）和克族人同意共组联邦，共同对抗塞族人。1995年11月21日各方签署代顿和平协定，结束内战，并把波黑分为穆克联邦以及塞族共和国两个实体。在这段时间，1992年出版了《波斯尼亚语特色词汇词典》，3年后改版为《波斯尼亚语词典》重新发行。

（七）阿尔巴尼亚语

阿尔巴尼亚语是阿尔巴尼亚共和国的官方语言，属于印欧语系。

阿尔巴尼亚人的祖先是伊利里亚人，是巴尔干半岛上比较古老的居民。该地区在公元前2世纪被罗马人占领，公元4世纪罗马帝国分裂后，位于东罗马帝国辖区内。公元9世纪以后，先后分别受到拜占庭帝国、保加利亚王国、塞尔维亚王国和威尼斯共和国的统治。14世纪塞尔维亚封建君主曾占领阿尔巴尼亚一些地区。

在漫长的历史过程中，该地区的人民信仰了多种宗教，到16和17世纪时，许多讲阿尔巴尼亚语的人皈依了伊斯兰教。北部的盖格人是穆斯林和天主教徒，略带东正教色彩，而南部的托斯克人信奉伊斯兰教和东正教，这种差异也形成了盖格变体与托斯克变体两种方言。由于信仰的多样化，阿尔巴尼亚抄写员使用多种变体的拉丁字母、西里尔字母、希腊字母和阿拉伯语字母记录其白话。现存最古老的手写阿尔巴尼亚文字和第一本印刷本《弥撒》，都是采用拉丁字母书写。第一本阿尔巴尼亚语词典（1635年）是用阿尔巴尼亚语和拉丁语撰写的。这三部作品都是用盖格变体和拉丁语写成的。现存的第一本托斯克文字（用希腊文字写成）可以追溯到15世纪末。

19世纪下半叶，阿尔巴尼亚的民族解放运动日渐高涨。与此同时也出现了用拉丁字母或希腊字母书写的盖格和托斯克阿尔巴尼亚语译本，还有一部用希腊语编写的阿尔巴尼亚语语法（1882年）和一部阿尔巴尼亚语—希腊语词典（1904年）。《阿尔巴尼亚杂志》（1897—1909）平等使用盖格和托斯克两种变体的阿尔巴尼亚语。

1912年，阿尔巴尼亚民族国家诞生。此后一段时间，阿尔巴尼亚文学作品和出版物继续以盖格和托斯克两种方式书写。进入共产主义时期后，托斯克变体逐步取代了被称为是"阶级敌人语言"的盖格变体，成为标准阿尔巴尼亚语的基础。1956年和1967年，官方发布了阿尔巴尼亚语语法和正字法，虽然其中包含了两种主要方言中共同的基本要素，但阿尔巴尼亚语逐步托斯克化。直到20世纪中叶，阿尔巴尼亚语都没有出版过单语词典，其词汇标准化主要依赖于各种双语词典包括德语（1853年）、希腊语（1904年）、意大利语（1909年）和英语（1948年）等版本。第一部阿尔巴尼亚语单语词典于1954年出版，随后又于1980年和1985年出版了另外两部，但到目前为止，还没有出版多卷的阿尔巴尼亚语权威词典。

1991年，阿尔巴尼亚通过宪法修正案，将国名从阿尔巴尼亚社会主义人民共和国改为阿尔巴尼亚共和国。1992年出版了《古兰经》的第一份阿尔巴尼亚译本，一年后出版了《圣经》的第一份完整译本，都使用了以托斯克变体为基础的标准阿尔巴尼亚语。而使用盖格变体的知识分子则大声疾呼恢复盖格变体的使用。

（八）马其顿语

马其顿语是北马其顿共和国的官方语言，属于印欧语系—斯拉夫语族—南斯拉夫语支的东分支。

马其顿地区属于古希腊文明北端的边疆地区，该地区曾诞生过横跨欧亚非三洲的马其顿帝国（亚历山大帝国），后被罗马征服。

从5世纪起，斯拉夫人开始进入马其顿地区，并在北部马其顿定居，因而奠定了现代马其顿南北之分（南部为希腊人，北部为斯拉夫人）的基础。7世纪起斯拉夫人大量迁居马其顿地区，至11世纪初建立了第一个马其顿国家。由于该地区位于巴尔干半岛中南部地区，是巴尔干地区的核心，也是南下地中海的门户，具有重要的贸易和军事通道价值，因此先后遭到保加利亚帝国、拜占庭帝国、奥斯曼帝国的争夺和统治。15世纪初奥斯曼土耳其征服了马其顿地区，统治该地区长达500年。

近代以来，马其顿夹在黑山、塞尔维亚、保加利亚和希腊之间，其民族运动是巴尔干半岛东正教斯拉夫人中开展较晚的一个，实际上是效仿周边邻国成功民族主义运动的结果。马其顿民族主义者既不想成为已经建立的邻国的一部分，也不想接受伊斯兰教。因此，早期的马其顿民族主义者在19世纪后期开始呼吁建立自己的民族国家。形容词"Macedonian"（指马其顿语言和说这种语言的人）直到19世纪50年代才出现。然而，马其顿语言学家认为现代马其顿语的第一本印刷书籍可能是斯拉夫方言的一本宗教书（1814年）[1]。19世纪90年代，当保加利亚语和塞尔维亚—克罗地亚语被确立为标准语言时，马其顿语的语言问题爆发了，保加利亚人认为马其顿语是保加利亚语的一种方言，塞尔维亚人认为马其顿语应糅合塞尔维亚语和马其顿语言元素，还有人希望融合俄语和保加利亚语创造出一种新版教会斯拉夫语。一些马其顿知识分子则主张建立一种独立的马其顿语言，该语言应尽可能远离保加利亚语和塞尔维亚语。1890年成立了马其顿文化协会，后出版马其顿的第一份期刊。

1912年希腊、保加利亚、塞尔维亚击败奥斯曼帝国后对马其顿的瓜分打碎了马其顿人建立独立民族国家的希望，也导致了对马其顿方言的压制。在希腊部分，马其顿语的存在得不到承认，但在塞尔维亚和保加利亚，它分别被视为塞尔维亚—克罗地亚语/塞尔维亚语和保加利亚语的一种方言。

第二次世界大战期间情况发生了决定性的变化。马其顿人站在南斯拉夫反法西斯势力一边，因此马其顿民族于1943年得到苏联

---

[1] Tomasz Kamusella, *The Politics of Language and Nationalism in Modern Central Europe*, New York: Palgrave Macmillan, 2009, p. 247.

承认。1944年，马其顿被宣布为战后南斯拉夫联盟的一个独立国家，同时还有自己的官方语言马其顿语。也是在1944年，标准马其顿语的规范化工作开始了。1945年，马其顿版本的西里尔文字和正字法被采用，该标准以"马其顿中部方言"，即南斯拉夫马其顿中部地区的方言为基础。1946年，出版了该语言的第一本初级读物，并出版了一本官方文集，收录了19世纪和20世纪的马其顿语文本，确立了马其顿语作为一种文学语言的地位。紧随其后的是马其顿官方认可的语法和正字法（1948年、1950年）和较成熟的学术语法（1952—1954年）。一部三卷本的马其顿语词典（1961—1966年）也出版了，词典中有塞尔维亚—克罗地亚语的解释。1968年，出版了一本保加利亚语—马其顿语词典。这两部著作都重申了马其顿语相对于塞尔维亚—克罗地亚语和保加利亚语的独特性。1976年，英国和外国圣经协会在伦敦出版了有史以来第一本马其顿语版本的《新约》。

1991年马其顿宣布独立，定国名为"马其顿共和国"，以马其顿语作为唯一官方语言，成为20世纪90年代唯一一个在没有流血的情况下获得独立的后南斯拉夫国家。保加利亚是第一个承认马其顿独立的国家（1992年），但其继续否认马其顿民族及其语言的存在，认为马其顿人是保加利亚民族的一个区域分支，马其顿语是保加利亚语的一种书面变体（"西保加利亚语"）。实际上马其顿语和保加利亚语之间的差距相当小，词汇差异主要是保加利亚语中的俄语借词和马其顿语中的塞尔维亚语借词造成的。为了强调马其顿语和保加利亚语之间的差异，马其顿语使用塞尔维亚语风格的西里尔字母书写。马其顿继续推进将马其顿语塑造成独立于保加利亚语的语言，于1990年出版了第一本完整的《圣经》马其顿语译本。2019年，由于与希腊在国名上的冲突，马其顿政府更改国名为"北马其顿共和国"。

（九）保加利亚语

保加利亚语是保加利亚共和国的官方语言，属印欧语系斯拉夫语族南斯拉夫语支东南斯拉夫次语支。在斯拉夫诸语言中，保加利亚语属于文献历史较为悠久的语言。

保加利亚所在的地区曾属于罗马帝国的色雷斯省与默西亚省。公元7世纪时成立了保加利亚第一帝国。到第9世纪时，古教会斯拉夫语取代希腊语，成为保加利亚帝国管理的常用书面语言。11世纪被拜占庭帝国占领，在拜占庭统治期间，希腊语被强制作为官方语言，教会斯拉夫语仅在教会中得以幸存。12世纪斯拉夫人起义成功建立保加利亚第二帝国，斯拉夫语重新成为宫廷、教会和政府的语言。

14世纪被奥斯曼帝国吞并，19世纪恢复独立，重建保加利亚王国。保加利亚语白话文手稿可以追溯到16世纪，始于由斯拉夫语翻译的希腊语布道和宗教歌曲集。这些手稿在整个19世纪都在巴尔干半岛（即今天的保加利亚、马其顿、黑山和塞尔维亚等）被广泛传播。19世纪初期，保加利亚商人和知识分子在君士坦丁堡等地，印刷了第一批保加利亚语白话书籍和白话教会斯拉夫语书籍。1842年，保加利亚有史以来第一本以白话出版的期刊《柳博斯洛维》在士麦那出版。1844年，第一部保加利亚方言语法在布加勒斯特出版。即使如此，在19世纪中叶，许多保加利亚领导人更擅长用希腊语、奥斯曼语或教会斯拉夫语写作，因为保加利亚语尚未完全标准化。1859年至1871年间，《圣经》的保加利亚译本完成并在君士坦丁堡出版，这一译本使刚刚形成的标准保加利亚语得到了巩固。保加利亚国家图书馆于1879年在索菲亚成立。1869年在罗马尼亚成立的保加利亚文学协会于1911年迁至索菲亚，并改为保加利亚科学院。1888年，有史以来第一所保加利亚大学在索菲亚开学。1946年成立保加利亚人民共和国；1990年11月15日，改国名为保加利亚共和国。2007年，保加利亚加入欧盟，因此保加利亚语成为欧盟的第一种用西里尔字母书写的官方语言。

（十）斯洛文尼亚语

斯洛文尼亚语是斯洛文尼亚共和国的官方语言，属印欧语系斯拉夫语族南斯拉夫语支。它在南斯拉夫方言连续体的最北端。

从6世纪起，斯洛文尼亚民族的祖先——古斯拉夫人在此地定居。7世纪时当地兴起了第一个斯洛文尼亚族国家。从9世纪起，直到20世纪初，斯洛文尼亚地区一直处于讲日耳曼语的奥地利哈布斯堡王朝的统治之下。

1000年左右书写的《弗赖辛手稿》为斯洛文尼亚语现存最早的文字记录，也是历史上第一个以拉丁字母书写的斯拉夫语言。1551年，出现第一本用这种方言印刷的书，是一本新教教义问答。1584年，出现第一本斯洛文尼亚语《圣经》译本。在16世纪末镇压新教之后，第一本斯洛文尼亚语著作于1678年在格拉茨出版。1797年，第一份斯洛文尼亚语报纸出版。和"斯洛伐克人，斯洛伐克语"一样，"斯洛文尼亚人，斯洛文尼亚语"是一个相对较新的民族名称，在18世纪下半叶出现，并在19世纪上半叶作为斯洛文尼亚人的自我民族名称而广为流行。直到19世纪初，斯洛文尼亚和斯洛伐克知识分子还没有明确区分各自民族的民族名称，因为当时普遍使用"斯拉夫人"这一通用名称指代大多数斯拉夫人。

1848年，奥匈帝国内部地方民族主义高涨，斯洛文尼亚也传出了建立统一独立的国家的呼声。1856年，出现了标准斯洛文尼亚语的天主教《圣经》新译本。1894年，一本两卷的斯洛文尼亚语—德语词典出版。

1918年，奥匈帝国在第一次世界大战中战败，斯洛文尼亚与塞尔维亚、克罗地亚联合建立了塞尔维亚—克罗地亚—斯洛文尼亚王国。1919年，历史上第一所斯洛文尼亚语言大学在卢布尔雅那成立。1929年上述王国改称南斯拉夫王国，斯洛文尼亚首次成为一个单一的行政实体。第二次世界大战时，斯洛文尼亚被轴心国入侵，战后又以加盟共和国的身份重归南斯拉夫。

南斯拉夫时期的斯洛文尼亚是六个加盟共和国当中最富裕的一个，使用斯洛文尼亚语作为官方语言，但其实塞尔维亚—克罗地亚语作为联邦的通用语言占据主导地位。人口和领土面积较小的斯洛文尼亚因经济影响力保持了语言的较高地位。1974年，面向天主教徒和新教徒的《圣经》斯洛文尼亚语译本在贝尔格莱德出版。这本书是根据1959年至1961年间出版的天主教译本写成的。1970年至1991年，出版了五卷斯洛文尼亚语权威词典。

南斯拉夫领导人铁托于1980年逝世后，斯洛文尼亚政府开始自行进行一系列的政治、经济改革，并于1989年9月通过修正案，重申斯洛文尼亚加盟共和国脱离联邦的权利。1991年6月25日，斯洛文尼亚在全民公决后正式宣布独立，斯洛文尼亚语成为斯洛文尼亚民族国家的唯一官方语言。史上第一次，斯洛文尼亚语不与其他语言共享其在斯洛文尼亚的官方语言地位。1992年，欧洲共同体承认斯洛文尼亚为独立国家，并接纳斯洛文尼亚加入联合国。同年，斯洛文尼亚正式独立。2004年3月斯洛文尼亚加入了北约组织，5月1日加入欧盟，斯洛文尼亚语成为欧盟的官方语言之一。

第三节　社会转型的现实驱动

中东欧国家在冷战结束后的转型探索一直是国际学界关注的重点，一方面是由于其位于欧洲中心的地缘重要性，另一方面也是因为其转型经历为探索人类社会发展模式的更多可能性提供了极有价值的参照体系。苏联解体后，中东欧国家相继在政治和经济制度上发生重大转变，多数国家政治上实行多党制和议会制，经济上不同程度地向私有化和市场经济过渡，开始了波澜壮阔的大转型。这一转型涉及政治、经济、社会以及对外关系诸方面，其变革的深度、广度和速度在人类历史上均属罕见。社会大转型是中东欧国家各领域政策和实践的最大驱动，也是其国家语言建构的重要背景，使其面临完全不同于前人的挑战。

第一，全球化带来的人口跨界流动导致语言接触空前频仍。从20世纪90年代初以来，全球化进程加速发展，导致世界格局发生深刻变化。其关键标志之一就是世界范围内的经济融合。根据世界银行的数据①，世界国内生产总值（GDP）中贸易所占的比例，1992年时占41%，到2017年时增长到58%。鉴于这一时期世界国民生产总值从39万亿增长到了80万亿，便意味着世界贸易总量实际增长到了原先的3倍。第二个重要变化，既可视作全球化的表现之一，也可视为一种独立现象，就是开展国际交流的相对成本下降了。尽管不同航线的价格会有较大差异，全球范围内的航班价格都有显著的降低②。电信行业的成本也显著下降了：现在使用因特网进行远程通话的成本几乎为零。这两大变化，可使人们更易承担相应成本，更易与世界各国不同语言使用者结识并保持联系。第三个重要变化是国际人口的大范围流动。根据国际银行数据，1992年的国际流动人口约为1.5亿，而2017年该数据已近2.5亿。国际贸易的增长极大提高了不同语言使用者之间的交往可能性；大规模的人口流动极大增加了多语接触的活动；国际旅行和电子通信成本的降低，也使移民人口可以保持原先的祖传语水平。所有这些使欧洲的语言环境变得高度多样化，语言图景趋于复杂，而这一环境中的国家语言建构，对于中东欧国家而言是一个新的挑战。

第二，多元文化思潮的出现导致语言权利成为主流价值。语言权利在西方法律和学术文献中的渊源可以追溯到16世纪甚至更早③，不过这一概念直到20世纪70年代才开始成为专门的研究课题，至90年代后逐步发展成为一个较为独立的领域。语言权利研究在整个西方学界得以兴起的理论背景主要有两个：一是多元文化主义的兴起，其核心诉求支持"不同群体在文化和物质方面的繁荣"，以及"在自由和人类尊严原则范围之内的群体认同"④；二是

---

① 世界银行官方网站公开数据，参见：https://data.worldbank.org/，2022-08-21访问。
② 以欧洲飞往大洋洲的航班为例，20世纪40年代后期，其价格约为中等收入人群130周的工资，而现在降到了不足1周的工资，见https://www.godsavethepoints.com/air-travel-cheapest-ever-inflation-prices-history/，2022-08-21访问。
③ Dessemontet François, *Le droit des langues en Suisse*, Québec, Éditeur officiel du Québec, 1984.
④ 王希：《多元文化主义的起源，实践与局限性》，《美国研究》2000年第2期。

传统人权思想的演变，如人权地位的急剧提升、核心思想从自由权向平等权倾斜、开始承认集体人权等①。

德国学者洪堡特在19世纪就提出"语言是有机体"的论述，②为维护语言和环境生态的多样性提供了理论基础。有学者将语言环境与生态环境相类比，提出多样化程度最高的生态系统往往是活力最高且发展最为稳定的系统，由此推出语言多样性本身的价值③，再进一步推出了语言平等和语言权利的概念。联合国教科文组织于2001年通过了第一个促进语言多样性的重要文件《世界文化多样性宣言》（Universal Declaration on Cultural Diversity），在该宣言第一条就指出："（文化多样性）对人类来讲就像生物多样性对维持生物平衡那样必不可少"。与此同时，一些欧洲学者试图从人权观的视角将语言权利论证成一种基本人权，如斯伽特纳布·坎加斯④、梅⑤、德·瓦勒纳⑥等。语言权利的法理基础主要来自《联合国宪章》和《世界人权宣言》等国际文件作为基础的"平等与非歧视"原则，即不得基于语言歧视任何人。加上《公民权利和政治权利的国际公约》第27条和《在民族或族裔、宗教和语言上属于少数群体的人的权利宣言》（简称《少数人权利宣言》）中有关"少数人"权利的规定，使"少数人"群体可以要求内容较为丰富的语言权利，比如参加公共生活的权利、参加国家和区域层面相关政策制定

---

① 沈宗灵：《现代西方法理学》，北京大学出版社1992年版，第29页。

② Alexander von Humboldt, *On Language: On the Diversity of Human Language Construction and Its Influence on the Mental Development of the Human Species*, Cambridge: Cambridge University Press, 1999, p. 220.

③ Robert N. St Clair, Review of "Rights to Language: Equity, Power, and Education", in Robert Phillipson, ed., *Language Problems & Language Planning*, Vol. 25, No. 1, 2001, p. 99.

④ Tove Skutnabb-Kangas and Robert Phillipson, "Linguistic Human Rights, Past and Present", in Tove Skutnabb-Kangas and Robert Phillipson, eds. *Linguistic Human Rights: Overcoming Linguistic Discrimination*, Berlin: Mouton de Gruyter, 1994, p. 71.

⑤ Stephen May, "Language Rights: The 'Cinderella' Human Right", *Journal of Human Rights*, Vol. 10, No. 3, 2011, p. 265.

⑥ Fernand Joseph De Varennes, *Language, Minorities and Human Rights*, The Hague: Kluwer Law International, 1996, p. 275.

的权利以及与其他群体成员共同行使语言权利的权利等,得到了国际社会的支持。

　　实际上语言权利话语得到西方政界和学界关注的一个重要现实原因,就是中东欧国家在转型初期普遍出现的暴力民族冲突①。中东欧国家在独立后寻求加入西方阵营,为迎合西方的要求都努力表现出自由主义和多元化倾向,因此对语言权利话语给予了较大力度的支持。多元文化主义思想的传播,加上西欧国家要求的较高国际准则,使小族语言权利成为较为重要的政治话语,这也对中东欧民族国家对国家语言的建构形成了一定的制约,使大多数国家只能采取较为温和的模式。

　　第三,市场化带来的经济价值至上导致国际强势语言全面入侵。冷战之后欧洲的政治、经济和社会环境均发生了深刻的变化,中东欧国家所处的国际环境及其内部的社会和文化环境均发生了根本性的改变。在经济方面,中东欧国家一律抛弃了计划经济而转向了西方的市场经济体制,在经历了初期的"转型性"衰退后,大部分获得稳步的增长。为满足与西方国家交流的需求,中东欧国家在冷战后均将国内教育系统的第一外语迅速从俄语改为西方语言,同时较大幅度引入多种西方语言。以捷克为例,在1949年之前的数百年间,捷克国民都将强大邻国的德语作为第一外语;1948年捷克斯洛伐克将俄语作为第一外语引入国家教育体系;苏联解体之后捷克斯洛伐克政府则立即将俄语从教育体系中去除,重新转向德语;不过鉴于英美在世界范围内的影响力,捷克到1998/1999学年时已将英语推进为第一大外语。到1998/1999学年时,捷克和斯洛伐克已在义务教育阶段提供西班牙语、德语、英语、法语、俄语供选择;波兰提供德语、英语、法语、俄语;匈牙利则不作规定,实际上允许学习任何语言。部分国家在加入欧盟之后,也立即强化国内对欧盟所有官方语言的教育,以确保有足够的人才将本国语言资

---

① Will Kymlicka and Alan Patten, "Language Rights and Political Theory", *Annual Review of Applied Linguistics*, Vol. 23, 2003, p. 3.

料翻译成所有欧盟官方语言。

这种开放的经济环境，使中东欧国家的语言环境发生了根本性的改变，为该地区国家语言和小族语言的生存均带来了新的威胁。市场经济的建立使语言的经济价值得以凸显，使得年轻人倾向于学习经济价值更高的强势语言，以能使用英语和法语等国际语言为荣。这对于人口总量较少的中东欧国家而言，形成了较大的生存威胁。

第四，政治变革带来的制度改革使得小族群体有机会参与决策。中东欧国家在冷战之后均经历了政治方面的颠覆性变革，国家政治制度由一党执政的社会主义制度转向了西方式的多党选举制度。各国为加入北约和欧盟，并参与欧安组织、欧洲委员会等区域组织，与各种非政府组织也开展密切合作。在20世纪90年代初，全球范围内的国际组织总量已达到近5000个，其中既有掌握巨量政治和经济资源的政府间国际组织，也有大量在民间具有巨大影响力的各种非政府跨国社团组织（NGO），在欧洲和世界其他地区参与着对全球事务的管理。在这一环境下，小族语言群体在国家内部被允许参与决策过程，影响与自身相关的政策制定；对外则可以向国际组织寻求支援，维护自身权益。在这一新的背景下，中东欧国家建立起了以国家行为体为主导，与区域多元行为体之间频繁互动的治理模式，在国家语言建构方面不得不受到联合国、欧盟、欧洲委员会、欧安组织等国际组织的影响，并与各民族跨国组织开展积极合作。

第五，信息技术的发展导致信息传播模式全面颠覆。自20世纪90年代后，新媒体技术的迅猛发展使信息传播方式出现了颠覆性变化。新的传播技术，包括国际卫星通信系统、国际互联网的出现、移动通信技术的成熟等，使全球进入了全球互联的时代。传统媒体如报纸、电视、广播等与新兴媒介形态如手机、平板等相结合，衍生出多模态媒体的概念，呈现多功能一体化的融合发展趋势。社交媒体、短视频平台等的出现，使年轻一代的交往联结方式出现根本性变化。所有信息传播方式的变革，都对政治话语的传播产生深刻的影响。信息化时代的技术发展为语言传播带来新的形式，也给国家语言建构提出模式更新的要求。正如有学者所指出的，民族主义成为群众运动，使社会各阶层民众都接受同一民族的理念，只有在现代社会具备了相应的经济、社会、政治条件时才能实现[1]。国家语言的建构，就是一个需要根据不同的社会经济和技术条件采取不同形式的群众运动。

---

[1] Karlsson, K.-G., Petersson, B. and BarbaraTörnquist-Plewa, B, *Collective Identities in an Era of Transformations: Analysing Developments in East and Central Europe and the Former Soviet Union*, Lund: Studentlitteratur, 1998, p. 24.

第二章

透视"国家语言"的理论与方法

第一节 语言与认同

一般认为,语言有两种主要功能:一是用于实现交际的工具性功能,二是用于促进认同的象征性功能。在中东欧地区,很多被建构为不同语言的语码体系之间,实际上可以无障碍相互交流,甚至曾经被认为是同一种语言。在该区域,作为"国家语言"的语码,其象征功能远远超出了工具功能。而要理解"国家语言"建构机制的本质,也需要从其象征功能入手,回到现代民族国家形成初期,了解"语言—民族—国家"同构的国家建构范式的由来。

过去两百年间,民族国家的模式在全球范围内得到了推广和认可[1]。无论是20世纪60年代后独立的广大亚非后殖民国家,还是90年代苏联解体后出现的大量中东欧国家,都是以民族国家的形式出现的[2]。在一定程度上,民族主义成为唯一被普遍接受的国家

---

[1] Hans Kohn, "The Age of Nationalism", *Naval War College Review*, Vol. 15, No. 7, 1962, p. 7.

[2] Elie Kedourie, Young Turks, Freemasons and Jews, *Middle Eastern Studies*, Vol. 7, No. 1, 1971, p. 89; Anjali Roy, "Microstoria: Indian Nationalism's 'Little Stories', in Amitav Ghosh's The Shadow Lines", *The Journal of Commonwealth Literature*, Vol. 35, No. 2, 2000, p. 35.

合法化意识形态，在此框架内民族是主权的唯一合法来源①。实现民族国家有两种路径，一是如法国和美国那样，先建立法律意义上的国家，再将国境内的公民塑造成一个统一的法兰西民族或美利坚民族；二是如德国或意大利那种，基于相同的民族身份建立共有的国家，如果一个人无法证明其德意志民族或意大利民族的身份，就无法获得该国的公民身份。

一般认为，是法国大革命（1787—1999 年）提出了"一个国家、一个民族、一种语言"（one nation, one people, one language）的口号，大革命之后建立的法兰西共和国是世界上第一个民族国家。不过在中东欧地区"语言—民族—国家"同构的思想根源并非直接来自法国，而是可以追溯到德国学者赫尔德的语言思想，以及与赫尔德思想密切相关的 19 世纪早期的德国民族主义。实际上，赫尔德本人是法国大革命的同时代人，并且对大革命持坚定支持态度。普鲁士从 19 世纪中期开始在政治上发展利用这种民族主义，并在此基础上将德意志帝国建构为一个德意志民族国家。德意志帝国所取得的前所未有的经济、军事和经济成功，使这种一个合法的民族国家必须基于语言、民族和国家的紧密重合的思想在经济社会发展程度较低的中东欧地区传播开来②。

如果我们要对民族这一概念进行清晰的界定，就会陷入寻找所有民族"共有特征"的困难境地。斯大林（1929 年）对民族的定义强调共同语言、共同地域、共同经济生活以及表现于共同的民族文化特点上的共同心理素质③。不过如果我们将世界上所有的民族用这个定义来逐一审视，就会发现在共同语言、共同地域、共同经济生活方面存在很多反例，比如有的民族使用不同的语言、有的民

---

① Tomasz Kamusella, *The Politics of Language and Nationalism in Modern Central Europe*, New York: Palgrave Macmillan, 2009, p. 24.
② Thomasz Kamusella, *The Politics of Language and Nationalism in Modern Central Europe*, New York: Palgrave Macmillan, 2009, p. 56.
③ 中国社会科学院民族研究所主编：《斯大林论民族问题》，民族出版社 1990 年版，第 395 页。

族从未有过固定领地、有的民族长期流散而很难说有共同的经济生活。但最后一点，共同的心理素质，倒是与安德森的定义不谋而合："它是一种想象的政治共同体——并且它被想象为本质上是有限的，同时也享有主权的共同体"。这一定义将民族的本质特征指向了心理层面事实，也就是对同一身份的认同。安德森提出，"民族"这个想象的共同体，最初而且最主要是通过文字（阅读）来想象的，是印刷的文字奠定了民族意识的基础，是资本主义印刷产业使想象的共同体成为可能。因此在安德森看来，欧洲的第一批民族正是基于本民族的文字印刷品形成的。理想情况下，民族国家的形成和发展需要实现其成员的全面识字，否则就无法实现公民民族主义所重视的法律统一性，也无法实现民族经验的同质化和普及化。

共同民族认同的形成，除了要利用语言等工具在内部建构同质化社区，同时也需要在外部构建起一个具有区别性特征的"他者"。实际上"认同"（identity）这个词来自拉丁语 identitas，表示"相同"。因此牛津英语词典对"identity"的义项有两个，第一个是"完全相同"；第二个则是"恒在的区别性特征"，"认同"就同时意味着相同与相异①。因此对于认同的建构在操作层面就必须与其对立面"他者"相联系，甚至比"同质性"更重要。② 各种民族主义理论都强调"他者"在建构、保持和转变民族认同方面的重要作用③。正如 Billig④ 所言"如果民族主义是第一人称复数的意识形态，即讲述我们是谁，那么它同时也是第三人称的，如果没有'他们'就没有'我们'"⑤。在欧洲历史上，相对于"规范""正常"

---

① Richard Jenkins, *Social Identity*, London: Routledge, 1996, p. 4.
② Göran Therborn, *European Modernity and Beyond: The Trajectory of European Societies 1945 – 2000*, London: Sage, 1995, p. 229.
③ Michael Gene Smith, *Language and Power in the Creation of the USSR, 1917 – 1953*, Berlin: Mouton de Gruyter, 1998, p. 13
④ Michael Billig, *Banal Nationalism*, London: Sage, 1995, p. 78.
⑤ Pille Petersoo, "What does 'We' Mean?: National Deixis in the Media", *Journal of Language and Politics*, Vol. 6, No. 3, 2007, p. 419.

"主流"等概念，建构起"异常""外乡人""陌生人"等概念是一个常见的操作。在文艺复兴时期，欧洲人通过建构起"非欧洲他者"来强化基督徒的身份[1]。在启蒙运动时期，欧洲人建构起"无知的非欧洲人"来强化"理性的欧洲人"形象。到了19世纪，则通过种族概念来区分正常人与外来人。而进入20世纪后，则通过民族、族群和语言边界来建构"他者"身份[2]。Saxena（2009）[3]研究表明，在19世纪80年代至第一次世界大战期间，中东欧地区用于表现非欧洲人的表演最为流行。1851年伦敦举办了展览会用于展示来自美洲的印第安人，而据记载1874年在布达佩斯的动物园也举行了类似展示，以表现这种异域的"他者"形象[4]。与此同时，民族主义的一个特征就是建构一种话语来将对某一群体的不公正对待合法化和合理化[5]。民族主义将文化同质性作为基本的社会纽带，而对这一同质性的偏移总是被视为威胁[6]。实际上欧洲各民族国家都通过民族起源传说、历史叙事、文化特征等来区分自身与其他国家的区别，并将对偏离了主流的小族群体的迫害进行合理化叙事[7]。

需要注意的是，国家认同并不是恒定不变的。实际上民族和国

---

[1] David Scott, "Culture in Political Theory", *Political Theory*, Vol. 31, No. 1, 2003, p. 92.

[2] Will Kymlicka, *Multicultural Citizenship: A Liberal Theory of Minority Rights*, Oxford: Clarendon Press, 1995, p. 152.

[3] Mukul Saxena, "Construction and Deconstruction of Linguistic Otherness: Conflict and Cooperative Code-Switching in (English/) Bilingual Classrooms", *English Teaching: Practice and Critique*, Vol. 8, No. 2, 2009, p. 167.

[4] Dagnosław Demski and Dominika Czarnecka, *Staged Otherness: Ethnic Shows in Central and Eastern Europe, 1850–1939*, Budapest: Central European University Press, 2021, p. 77.

[5] Ernest Gellner, *Language and Solitude: Wittgenstein, Malinowski and the Habsburg Dilemma*, Cambridge: Cambridge University Press, 1998, p. 26.

[6] Eric John Hobsbawm, *Nations and Nationalism Since 1780: Programme, Myth, Reality*. Cambridge: Cambridge University Press, 1990, p. 97.

[7] Csilla Bartha and Anna Borbély, "Dimensions of Linguistic Otherness: Prospects of Minority Language Maintenance in Hungary", *Language Policy*, Vol. 5, No. 3, 2006, p. 337.

家认同总是处于变动之中，其内容会根据环境的变化进行重新建构、重新解读和重新协商①。正如萨义德所说"每个时代和每个社会都会重新创造它的'他者'"②。"民族国家也需要时时对其自身进行重新界定，以更好地满足其成员因条件改变而产生的新的物质、象征和情感需求。"③ 因此一个国家的身份/认同以及它所对应的"他者"总是在变化发展之中，当构建起新的自我或他者形象时，就同时发生着对旧有形象的消解。民族国家总是在持续不断地建构和解构着自我和他者形象，特别是在危机之中依赖这一操作团结人民面对共同的敌人④。所有这些都为我们认识国家语言建构，特别是中东欧地区的案例，提供了一个重要的角度，那就是除了观察其如何建构自身，还要观察其如何建构他者，与此同时这种建构也包含了重新建构或消解建构的成分。

第二节 "语言管理理论"框架

本书拟选取源于欧洲的"语言管理理论"（Language Management Theory）为基础构建一个分析框架，借助其核心概念和理论原则对中东欧国家的"国家语言"建构与消解工作进行描述与分析。语言管理理论（以下简称"语管论"）由两位欧洲裔学者诺伊施图普尼（Jiří V. Neustupný）和颜诺（Björn H. Jernudd）于1986年共同提出。该理论是对20世纪以来语言规划研究的一次反动和发展，经过多年反思调整，逐步形成了区别于传统语言规划理论的一种相

---

① Pille Petersoo, "What Does 'We' Mean?: National Deixis in the Media", *Journal of Language and Politics*, Vol. 6, No. 3, 2007, p. 419.
② Edward W. Said, *Orientalism*, London: Routledge & Kegan Paul, 1978, p. 113.
③ Anna Triandafyllidou, "National Identity and the 'Other'", *Ethnic and Racial Sstudies*, Vol. 21, No. 4, 1998, p. 593.
④ Anna Triandafyllidou, "National Identity and the 'Other'", *Ethnic and Racial Sstudies*, Vol. 21, No. 4, 1998, p. 593.

对独立理论体系①。"语管论"借鉴了费什曼②所提的"施于语言的行为"（behavior toward language）这一概念，将语言管理定义为所有对语言产出和语言接受行为进行干预调整的活动，并以此为研究对象③。近年来"语管论"在欧洲、日本和澳大利亚等国家和地区建立起了较为稳定的研究团队，对该理论进行了持续的发展与改进，被卡普兰④称为语言规划研究的全新范式，被巴尔道夫⑤视为当今语言规划与语言政策领域的四大基本理论范式之一。"语管论"提出了一系列的核心概念，包括利益、简单管理和有序管理、管理规范、管理过程、管理层次、管理维度等，并围绕相关概念提出了一些重要理论主张⑥。本书选取其中部分概念和主张，融合语言规划研究经典框架的部分内容，建立了一个分析框架。

一 "国家语言"建构维度

"语管论"提出语言管理应包括三个维度，即语言管理（狭义的语言管理）、交际管理（communicative management）和社会文化管理

---

① Jiří Nekvapil, "The Integrative Potential of Langauge Management Theory", in Jiří Nekvapil and Tamah Sherman, eds. *Language Management in Contact Situations*: *Perspectives from Three Continents*, Frankfurt am Main: Peter Lang, 2009, p. 1; Jiří V. Neustupný, "Basic Types of Treatment of Language Problems", in Joshua A. Fishman, ed. *Advances in Language Planning*, The Hague: Mouton de Gruyter, 1974, p. 15; Joan Rubin and Björn Jernudd, eds., *Can Language be Planned?*: *Sociolinguistic Theory and Practice for Developing Nations*, Honolulu: University Press of Hawaii, 1971, p. 1.

② Joshua A. Fishman, "The Sociology of Language: An Interdisciplinary Social Science Approach to Language in Society", in Joshua A. Fishman, ed. *Advances in the Sociology of Language*, The Hague: Mouton de Gruyter, 1971, p. 104.

③ Jiří Nekvapil, "From Language Planning to Language Management: J. V. Neustupny's Heritage", *Media and Communication Studies*, Vol. 63, 2012, p. 5.

④ Robert B. Kaplan, "Language Management Theory: From the Prague Circle to the Present", *Journal of Multilingual and Multicultural Development*, Vol. 32, No. 1, 2011, p. 85.

⑤ Richard B. Baldauf, "Introduction-Language Planning: Where Have We Been? Where Might We Be Going?", *Revista Brasileira de Linguística Aplicada*, Vol. 12, No. 2, 2012, p. 233.

⑥ 何山华：《中欧三国：国家转型、语言权利与小族语言生存》，商务印书馆2018年版，第34—42页。

(socio-cultural management),三者之间呈等级递进关系,即语言维度必须基于交际维度,交际维度则基于社会文化维度的管理(见图3-1)。这一观点源于"语管论"发展初期吸收的海姆斯(Dell Hymes)"交际民族志"(Ethnography of Communication)相关思想,提出了交际管理和社会经济背景与语言问题之间的联系[1]。从宏观角度看,语言规划是一个涉及社会各个方面的系统工程,离不开其所在的社会环境或产生这一环境的历史,否则语言规划就无法理解[2]。

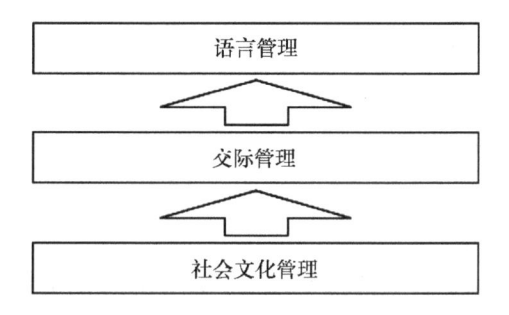

图3-1 语言管理层级图

因此"语管论"并不仅仅关注狭义的语言问题,也把相关的交际管理和社会经济文化管理纳入观察视野,认为通过语言手段解决语言问题只是这一广泛范畴里的一个部分而已[3],经济、社会、政治、人口和心理因素都可能对语言问题产生影响[4]。具体而言,社会文化管理引发交际管理,交际管理再引发语言管理[5]。基于此,

---

[1] Jiří V. Neustupný, "Language Management for Romani in Central and Eastern Europe", *New Language Planning Newsletter*, Vol. 7, No. 4, 1993, p. 1.

[2] Robert L. Cooper, *Langauge Planning and Social Change*, New York: Cambridge University Press, 1989, p. 183

[3] Jiří V. Neustupný, "Basic Types of Treatment of Language Problems", in Joshua A. Fishman, ed. *Advances in Language Planning*, The Hague: Mouton de Gruyter, 1974, p. 15.

[4] Joan Rubin and Björn Jernudd, eds., *Can Language be Planned?: Sociolinguistic Theory and Practice for Developing Nations*, Honolulu: University Press of Hawaii, 1971, p. xvi.

[5] Jiří V. Neustupný, and Jiří Nekvapil, "Language Management in the Czech Republic", *Current Issues in Language Planning*, Vol. 4, No. 3-4, 2003, p. 181.

本书将依次从三个维度考察中东欧国家的"国家语言"建构，即社会文化背景、内外语言关系和具体建构策略。

就中东欧国家而言，其当前国家治理最重要的社会文化背景乃是其苏联解体之后开始的社会大转型。对该地区"国家语言"的消解与建构进行讨论，需要对其转型期间的经济和文化现状有所认识。但要对"国家语言"的形成有深刻的认识，显然无法仅限于最近数十年的时间范围，而需要稍向前推，了解其民族国家形成的历史。本书将具体关注所涉民族—国家形成的历史，以及"国家语言"消解与建构的经济和文化现实背景。这种历史和现实背景在一定程度上决定了中东欧国家在处理相关交际关系过程中所持的立场和所掌握的资源。

在中东欧地区，对国家语言比较重要的关系包括与强势国际语言、邻国语言和境内小族语言的竞争共存关系。该地区长期以来一直是周边大国的利益角逐场，中东欧国家很多时候处于被列强争夺和主宰的地位。无论是在美苏对峙的冷战时期，还是冷战结束倒向西方之后，中东欧国家都不可避免受到国际力量及其绑定的国际语言的强力影响。与此同时，中东欧地区因历史上的频繁边界变动造成了很多跨国界民族的存在，这导致了中东欧国家的民族政策往往与外交政策相联系，与邻国和国内小族的关系影响着国内政局的稳定。中东欧各国需要同时处理好与国际语言、邻国语言、境内小族语言和旧有国家语言的关系，为其新的国家语言寻找合适的定位。

在具体的建构策略方面，经典的语言政策和语言规划模型和当前的国际语言权利保护平台提供了很好的参考。20 世纪 90 年代末，卡普兰和巴尔道夫[1]梳理了当时影响较大的三种语言政策和语言规划理论框架，即豪根[2]的"地位规划—本体规划"（status plan-

---

[1] Robert B. Kaplan, and Richard B. Baldauf, *Language Planning: From Practice to Theory*, Clevedon: Multilingual Matters, 1997, p. 27.

[2] Einar Haugen, "The Implementation of Corpus Planning: Theory and Practice", in Juan Cobarrubias and Joshua A. Fishman, eds. *Progress in Language Planning-International Perspectives*, Berlin: Walter de Gruyter, 1983, p. 269.

ning vs. corpus planning)、哈尔曼①的"声望规划"(prestige planning)和库柏(Cooper 1989)的"习得规划"(acquisition planning),提出了一个关于语言规划的综合描述框架,包括地位、本体、教育和声望规划。在国际上,学界、文化推广机构和联合国等提出了语言活力评估的多种架构,如斯图瓦特、②克劳斯、③费什曼、④刘易斯和塞门斯、⑤麦克康纳尔和让德龙、⑥兰德薇⑦等。影响较大的还有2003年"联合国教科文组织濒危语言保护规划国际专家会议"通过的《语言活力与语言濒危》研究报告,提出了语言活力评估的9个要素⑧。所有这些标准无不将语言的社会应用情况作为重要的参考,一般包括司法行政、大众传媒、社会应用等。本书拟参考相关研究,将社会应用作为核心领域列入考察维度。综上,本书将从法律地位、本体规划、教育研究和领域应用四个方面描述中东欧国家"国家语言"的建构情况(如图3-2所示)。

---

① Harald Haarmann, "Language Planning in the Light of a General Theory of Language: A Methodological Framework", *International Journal of the Sociology of Language*, Vol. 95, 1990, p. 109.

② William Arnold Stewart, "Sociolinguistic Typology for Describing National Multilingualism", in Joshua A. Fishman, ed. *The Readings in the Sociology of Language*, The Hague: Mouton de Gruyter, 1968, p. 531.

③ Heinz Kloss, "Notes Concerning a Language-Nation Typology", in Joshua A. Fishman, Charles Albert Ferguson and Jyotirindra Dasgupta, eds. *Language Problems of Developing Nations*, New York: Wiley, 1968, p. 69.

④ Joshua A. Fishman, *Reversing Language Shift: Theory and Practice of Assistance to Threatened Languages*, Clevedon: Multilingual Matters, 1991, p. 381.

⑤ M. Paul Lewis and Gary F. Simons, "Assessing Endangerment: Expanding Fishman's Gids", *Revue Roumaine de Linguistique*, Vol. 55, 2010, p. 103.

⑥ Grant D. McConnell and Jean-Denis Gendron eds., *International Atlas of Language Vitality*, Volume 1: *Constitutional Languages of India*, Québec: International Center for Research on Language Planning, 1993, p. 119.

⑦ M. Lynn Landweer, "Indicators of Ethnolinguistic Vitality-Case Study of Two Languages: Labu and Vanimo", in Nicholas Ostler, ed. *Proceedings of the Second FEL Conference: Endangered Languages-What Role for The Specialist? Bath: The Foundation for Endangered Languages*, 1998, p. 64

⑧ 范俊军编译、孙宏开审订:《联合国教科文组织关于保护语言与文化多样性文件汇编》,民族出版社2003年版,第38—49页。

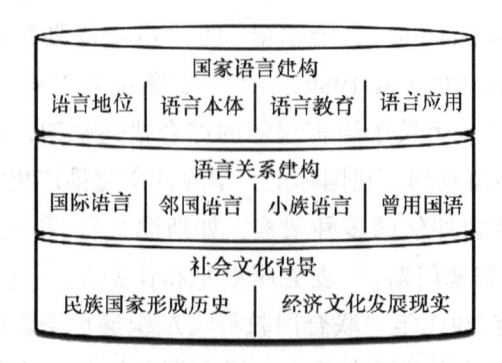

```
┌─────────────────────────────────────┐
│           国家语言建构              │
│  语言地位 │ 语言本体 │ 语言教育 │ 语言应用 │
├─────────────────────────────────────┤
│           语言关系建构              │
│  国际语言 │ 邻国语言 │ 小族语言 │ 曾用国语 │
├─────────────────────────────────────┤
│           社会文化背景              │
│    民族国家形成历史  │  经济文化发展现实   │
└─────────────────────────────────────┘
```

图 3-2 "国家语言"建构与消解情况描述框架

二 "国家语言"建构主体

"语管论"的一个重要特征是承认语言社区中不同利益的存在。其基本假设是，语言规划中不同的参与者和社会群体都具有不同的利益诉求，因此语言管理不是一个无涉价值观的、客观的、"科学"的过程。这就为分析语言管理过程中，特别是宏观语言管理，即有序管理中不同管理者的多样化理念和措施提供了基础。"语管论"将语言管理分为简单管理和有序管理，前者指最低层次的、以个人为主体的语言管理，主要指个人在日常对话过程中对自身或对话者的具体语言特征进行干预和影响，属于即时的（on-line）、初级的（simple）、基于话语（discourse-based）的管理；后者指在即时交流之外（off-line），更具目的性（directed）的系统性管理，如机构和国家等较大主体开展的管理行为。基于上述观点，"语管论"提出管理层次的概念，即管理活动会在不同范围内发生，既包括国家范围内的规划活动，也包括更小范围内如城市、学校以及个人进行的语言管理。不同层次的管理活动对应着拥有不同权力的管理主体。诺伊施图普尼[①]曾对管理中可能涉及的层次进行过梳理：

---

① Jiří V. Neustupný, "Gengokanri to Komyuniti Gengo no Shomondai [Language Management and the Problems of Community Languages]", in Kokuritsu kokugo kenkyujo, ed. *Tagengo, Tabunka Komyuniti no Tameno Gengokanri* [*Language Management for Multicultural Communities*], Tokyo: Bonjinsha, 1997, p. 21.

"国际组织—中央政府—地方政府—教育机构—媒体—公司—民族或其他社会组织—社区—家庭—个人"。这就提醒我们在观察一个地区语言规划的时候,要关注语言管理过程中不同层次的主体基于不同利益采取的不同管理行为。

鉴于"国家语言"建构的核心主体是民族国家政府,本书将重点关注国家层面的管理行为,对国家层面的管理主体进行梳理和分析。当然,这一概念在很多现有语言政策和语言规划研究框架中都有类似的对应概念。库柏[1]的"八问方案"中涉及的第一个规划要素"谁"(who),就是规划的主体。哈尔曼[2]在他的语言规划分类中则提出了政府、机构、群体和个人四个层次的语言规划,这四个都可以作为规划主体发挥作用。根据"语管论",任何个体或社会机构都可以发起语言管理,但在"国家语言"建构这个方面,只有国家机构,即掌权的精英团体,才是最重要的管理主体,因为这一活动"只有得到了掌权精英阶层或是反对派精英阶层的拥护和促进才可能成功"[3]。本书将主要聚焦于国家层级的"国家语言"建构主体,包括代表国家进行管理的部委、机构等。

三 "国家语言"建构理念

规范是"语管论"中的一个重要概念,简而言之是语言管理者所认为正确的语言行为准则[4]。"语管论"认为,在语言使用的过程中,会涉及大量规则的应用,对于语言管理者来说,规则的错误

---

[1] Robert L. Cooper, *Language Planning and Social Change*, New York: Cambridge University Press, 1989, p. 98.

[2] Harald Haarmann, "Language Planning in the Light of a General Theory of Language: A Methodological Framework", *International Journal of the Sociology of Language*, Vol. 95, 1990, p. 109

[3] Robert L. Cooper, *Langauge Planning and Social Change*, New York: Cambridge University Press, 1989, p. 183.

[4] Jiří V. Neustupný, "Problems in Australian-Japanese Contact Situations", in John B. Pride, ed. *Cross-Cultural Encounters: Communication and Mis-Communication*, Melbourne: River Seine, 1985, p. 161.

应用或是有些规则本身是不能接受的，只有那些被管理者所认可的规则才是"规范"。"规范"是管理的依据，绝大多数情况下是管理行为的起点。就国家层面的管理而言，"所有的语言规划，…都是为了特定的意识形态和政治目的服务的"[1]。因此有序管理区别于简单管理的一个重要特征就是其总是伴随着语言意识形态的指导。国家层面的意识形态主要表现为与语言相关的立法表述，其中隐含了有关语言管理的意识形态和价值判断。本书将分析中东欧国家在"国家语言"建构过程中所依据的宏观层面原则性规范，包括国家制定的法律规范、语言政策，或者是遵循的国际法律原则等。

四 "国家语言"建构策略

"语管论"主张语言管理必须遵循一定的过程，具体可以分为五个阶段（如图3-3所示）：（1）关注（noting），管理者会注意到语言使用中对"规范"的偏离；（2）评估（evaluation），管理者对上述偏离进行评估，评估结果可能是积极的，也可能是消极的，或中性的；（3）制定调整计划（adjustment planning），管理者根据评估结果，就所能利用的资源制定干预计划；（4）执行（implementation），管理者对计划进行执行；（5）反馈（feedback/post-implementation），对执行结果进行检查和评估。

就国家层面的管理而言，第一步和第二步主要指确定语言规划的议题和立法意向，一般由相关的专家或机构完成。具体的规划行为是第三和第四步，指制定具体政策和执行管理措施。在国家层次的语言管理中，由政府指定的管理主体会根据法律规范制定和执行具体措施，以落实规范中确立的法律原则。从好的法律到好的政策

---

[1] Neville Alexander, "The Politics of Language Planning in South Africa", *Language Problems and Language Planning*, Vol. 28, No. 2, 2004, p. 113.

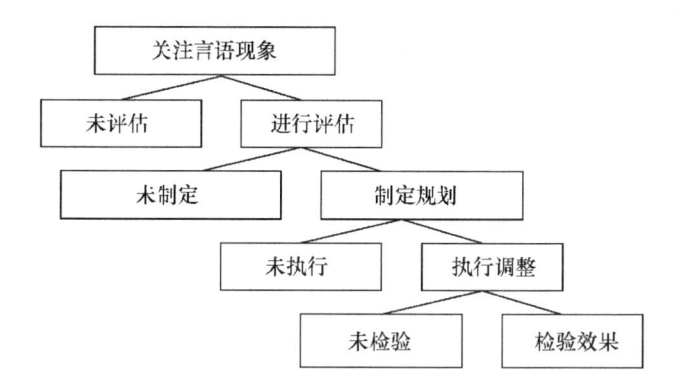

```
        关注言语现象
       ╱        ╲
    未评估     进行评估
              ╱       ╲
          未制定     制定规划
                   ╱       ╲
                未执行    执行调整
                        ╱       ╲
                     未检验   检验效果
```

图 3-3　语言管理过程示意图

之间，有一个复杂的过程，往往好的法律也不一定能确保会出现好的政策①。对这一维度的观察和分析实际上可以为其他国家的语言管理提供具体的借鉴和启示。

具体的管理行为必然涉及管理主体在不同领域制定和实施的管理措施。本书对相关领域的描述拟根据上文所述，从法律地位、本体规划、教育研究和领域应用四个方面开展描述和分析。法律地位维度考察各国如何通过法律手段确立国家语言的法律地位；本体规划维度考察各国如何对国家语言进行标准化编码；教育研究维度考察在教育科研领域对国家语言应用的管理；领域应用维度考察国家语言在重要社会领域的接受和应用情况。

五　"国家语言"建构效果

"语管论"关于管理过程的当前框架与经典版本略有差异，原先在"关注"之前，还有一个步骤"偏离"（deviation），指的是语言使用者的话语对规范发生偏离。后来因为有人指出"关注"这一过程必然已经包含了"偏离"，因为没有对象的"关注"是不可想象

---

① François Grin, *Language Policy Evaluation and the European Charter for Regional or Minority Languages*, Hampshire: Palgrave Macmillan, 2003, p. 81.

的，因此"偏离"这一步后来不再被视为管理过程的触发条件①。而"反馈"是根据日本研究团队的成果②对理论进行调整后新近添加的，指对计划执行的结果进行检查。

从公共政策的视角看，任何语言政策都需要以结果为导向，即任何政策在制定之初就必须讲清楚该政策拟实现的效果，并凭此说服利益攸关方划拨相关的预算③。对于任何政策而言，"有效性"都是一个至关重要的原则，而要对有效性进行评估，就必须紧紧围绕政策的目标来获取相关数据。④ 本书认为，中东欧国家"国家语言"建构的目标，便是增进各国国民对国家语言的认同情况，因此将围绕这一目标检视各国的建构效果。

第三节 数据采集和分析方法

本书的分析思路主要是以"语管论"为基础构建分析框架，对中东欧地区部分国家"国家语言"建构和消解的情况进行描述和分析，挖掘中东欧转型国家这一群体在国家语言建构方面的共性与差异，梳理各国之间的博弈逻辑，揭示全球化背景下现代民族国家的国家语言建构机制（如图3-4所示）。

本书的数据收集依赖两大渠道：间接文献的获取主要基于文献研究法，数据来自学界现有文献、各国官网文件、国际组织评估报

---

① Jiří Nekvapil, "From Language Planning to Language Management: J. V. Neustupny's Heritage", *Media and Communication Studies*, Vol. 63, 2012, p. 5; Jiří Nekvapil, "Language Management Theory as One Approach in Language Policy and Planning", *Current Issues in Language Planning*, Vol. 17, No. 1, 2016, p. 11.

② Goro Christoph Kimura, "Polnisch im Kontext der Arbeitnehmerfreizügigkeit" in *Polnisch in Deutschland-Zeitschrift der Bundesvereinigung der Polnischlehrkräfte*, Vol. 1, 2013, p. 37; Goro Christoph Kimura, "Language Management as a Cyclical Process: A Case Study on Prohibiting Sorbian in the Workplace", *Slovo a slovesnost*, Vol. 75, No. 4, 2014, p. 225.

③ François Grin, *Language Policy Evaluation and the European Charter for Regional or Minority Languages*, Hampshire: Palgrave Macmillan, 2003, p. 40.

④ François Grin, *Language Policy Evaluation and the European Charter for Regional or Minority Languages*, Hampshire: Palgrave Macmillan, 2003, p. 99.

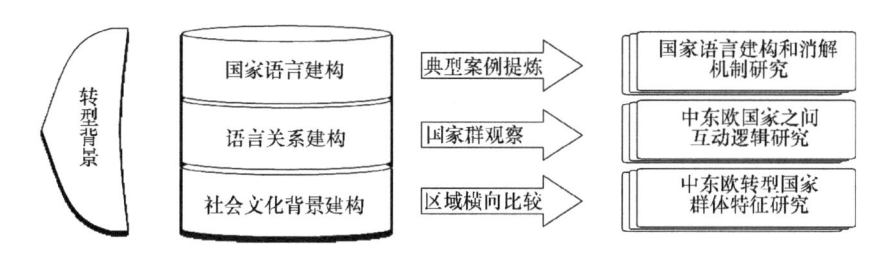

图 3-4 中东欧国家转型进程中的"国家语言"建构研究框架

告等；一手资料的获取依靠访谈调查，包括与当地学者合作、赴对象国实地考察和采访中东欧国家在华留学生等。

第三章

斯洛伐克"国家语言"建构

第一节 斯洛伐克的社会文化背景

一 斯洛伐克民族—国家形成历史

斯洛伐克共和国地处中欧地区，是一个人口约 500 万的中小型国家。斯洛伐克人是斯拉夫人的一支，长期生活在如今斯洛伐克所在的地区，但他们在 20 世纪初之前从未有过独立建国的经历。斯洛伐克人的祖先，约在公元 6 世纪开始定居在斯洛伐克，并于公元 7 世纪与其他斯拉夫部落建立"萨莫帝国"（Samo's kingdom）。9 世纪后该地区被同属斯拉夫人的摩拉维亚公国纳入统治，成为大摩拉维亚王国的一部分。10 世纪时该地区并入马扎尔人建立的匈牙利公国，并自 11 世纪起属于匈牙利王国。1526 年，由于奥斯曼帝国从巴尔干方向入侵，斯洛伐克作为匈牙利王国仅存领土的一部分开始由奥地利哈布斯堡王朝统治。19 世纪奥匈帝国成立后，成为奥匈帝国的一部分，直至第一次世界大战后奥匈帝国解体。

斯洛伐克人（Slovák，复数 Slováci）这一民族名称从 Slověninъ（复数形式 Slověně）演变而来，原意是斯拉夫人。这一名称的最早记录出现于 1294 年。斯洛伐克国名"Slovensko"意即"斯拉夫人之地"，源于古斯洛伐克语中的 Sloven/Slovienin。这一名称记录于

14 世纪的一部拉丁语—捷克语词典①。从 15 世纪中期,"斯洛伐克"这个民族名称开始在较大范围内为人所知,但这一名称可能表示广泛意义上的斯拉夫人,也可能表示上匈牙利的斯洛伐克人。直到 19 世纪,这个词的使用才固定下来,表示上匈牙利的斯洛伐克人。上匈牙利(斯洛伐克)直到 1918 年都是匈牙利王国的一部分,属于奥匈帝国。

从 19 世纪下半叶起,尤其是在奥匈帝国(Austria-Hungary)成立之后,斯洛伐克族的民族主义意识才开始有较大发展。在那个时候,上匈牙利地区的斯洛伐克人,从贵族阶层到市民和农民,其实大都认为自己属于匈牙利民族。尽管这些人拥有斯拉夫血统,但贵族阶层都倾向于讲匈牙利语(马扎尔语)和拉丁语,城市居民通常讲德语,而农民们则用各种各样的地方方言交谈。底层民众社会阶层的跃迁意味着语言使用的变迁,一般是通过拉丁语接受教育,然后学习德语和匈牙利语融入更高的阶层,即要么融入讲德语的城市居民圈子,要么融入讲匈牙利语的贵族阶层。而在这一环境中坚持使用斯洛伐克语的是天主教和新教路德宗的牧师,他们为了确保能给最多数的人提供宗教服务,一直使用斯洛伐克语,并影响了很多斯拉夫裔的中产阶级城镇居民,而逐渐发展成为斯洛伐克民族主义兴起的社会基础。

在同一时期,与斯洛伐克地理上非常接近的捷克族已经在民族主义政治运动方面取得了一定的成功。从 19 世纪 80 年代起,波希米亚王国和摩拉维亚侯国开始提升捷克语的地位,实行捷克语(波希米亚语、摩拉维亚语)和德语官方双语的政策。这为斯洛伐克人提供了一个成功塑造斯拉夫民族的典型,鼓励着斯洛伐克人起而效仿。实际上当时在斯洛伐克传教的路德宗教士中还有一群人使用捷克语传教,由于捷克语与斯洛伐克语可以相互理解,因此在传教中也得到民众接受。与此同时,匈牙利境内的民族主义情绪也越来越

---

① Ferdinand Uličný, "Etnonymy Sklávoi, Sclavi, Slovieni, Slováci, Slovania", *Historický časopis*, No. 2, 2012, p. 301.

强，其政治氛围不允许保留帝国时期的多民族特征，而是试图建立单一语言和单一民族的匈牙利民族国家。匈牙利对斯洛伐克人使用斯洛伐克语的愿望采取了压迫措施，不允许其使用自己的语言开展中学和大学教育。在这一背景下，斯洛伐克族的民族主义情绪开始在农民和市民阶层中的蔓延，对匈牙利的向心力逐渐弱化。

1918年第一次世界大战结束后，斯洛伐克从匈牙利独立，与从奥地利独立出来的捷克合并成为捷克斯洛伐克，这是斯洛伐克民族历史上首次作为一个主体民族参与国家建构。在后来的大半个世纪，斯洛伐克族与捷克族在包括语言文化的各领域中发生分歧，两者数度建立单一制或联邦制国家，也曾尝试过区域自治，并有两次独立经历，并最终于1993年在天鹅绒分离后各自成为主权独立的国家。为便于说明，现将捷克和斯洛伐克历史上的历次分合用图4-1表示。

斯洛伐克和捷克在合并之后，各类分歧就没有停止过，而语言和文化因素是发生反复分合的重要诱因之一。斯洛伐克族坚持斯洛伐克语应当保持一定程度的独立，但捷克族精英表示难以理解。捷克斯洛伐克共和国于1918年10月28日成立，当时其领土包括捷克族所在的原奥地利的波希米亚、摩拉维亚和西里西亚的大部分地区，以及斯洛伐克族所在的上匈牙利地区。斯洛伐克族的议员随后发表了《斯洛伐克民族宣言》，强调斯洛伐克民族是"在其语言和文化历史上团结起来的捷克斯洛伐克民族"的一部分，表达了斯洛伐克族政治精英希望建立联邦制国家的期许。斯洛伐克族坚持在国名"捷克—斯洛伐克"中间使用连字符，但最后捷克族所坚持的"没有连字符的捷克斯洛伐克"胜出。捷克族为了将斯洛伐克地区从一个主要的农业地区建设成工业化地区提供了大量的经济、技术和文化支持。由于匈牙利曾坚持在斯洛伐克地区使用匈牙利语提供从初等、中等到高等教育，导致大部分斯洛伐克族儿童只接受了较低程度的基础教育而无法胜任国家建设所需要的公务员工作，捷克族派出了大量公务员到该地区参与建设。在捷克斯洛伐克政府的统

第三章 斯洛伐克"国家语言"建构

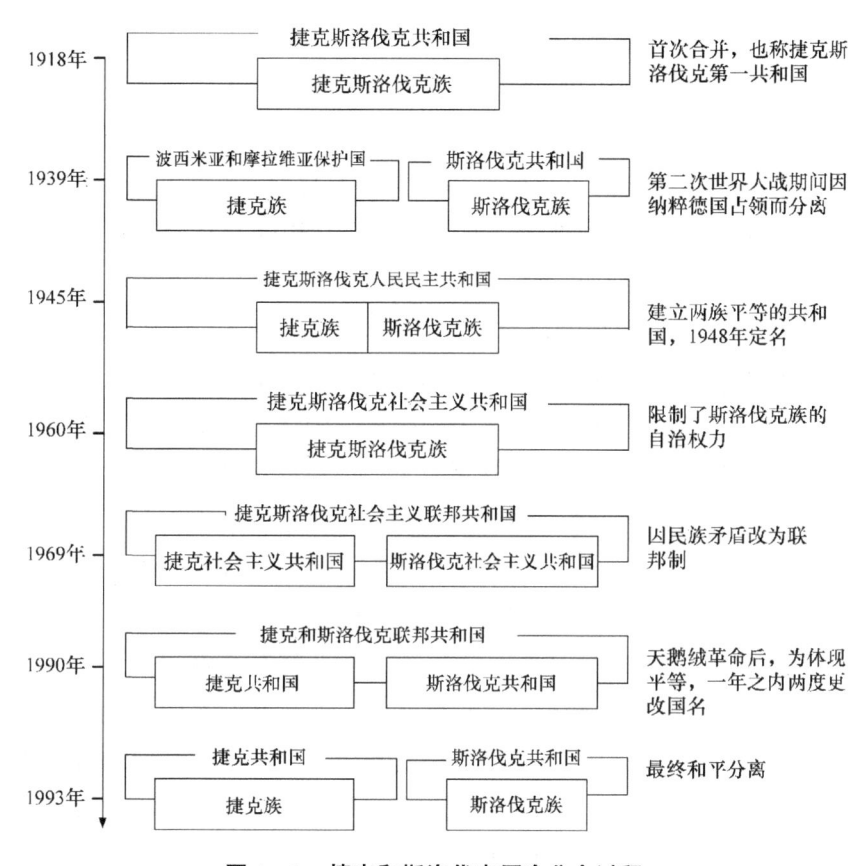

年份	国家结构	备注
1918年	捷克斯洛伐克共和国 / 捷克斯洛伐克族	首次合并,也称捷克斯洛伐克第一共和国
1939年	波西米亚和摩拉维亚保护国(捷克族) / 斯洛伐克共和国(斯洛伐克族)	第二次世界大战期间因纳粹德国占领而分离
1945年	捷克斯洛伐克人民民主共和国(捷克族、斯洛伐克族)	建立两族平等的共和国,1948年定名
1960年	捷克斯洛伐克社会主义共和国(捷克斯洛伐克族)	限制了斯洛伐克族的自治权力
1969年	捷克斯洛伐克社会主义联邦共和国(捷克社会主义共和国 / 斯洛伐克社会主义共和国)	因民族矛盾改为联邦制
1990年	捷克和斯洛伐克联邦共和国(捷克共和国 / 斯洛伐克共和国)	天鹅绒革命后,为体现平等,一年之内两度更改国名
1993年	捷克共和国(捷克族) / 斯洛伐克共和国(斯洛伐克族)	最终和平分离

图 4-1 捷克和斯洛伐克历次分合过程

筹下,斯洛伐克建立了完整的斯洛伐克语教育体系,并于 1919 年创办了有史以来第一所斯洛伐克大学。斯洛伐克在 1918 年前均没有斯洛伐克语的中学,但到 1920 年代就建立了 63 所斯洛伐克语中学,斯洛伐克的文盲率从 1921 年的 14.7% 下降到 1931 年的 8.2%。1920 年至 1937 年间,斯洛伐克大学毕业生人数增加了三倍。斯洛伐克语的图书产业也得到了大量援助,世界上大部分的经典作品都被翻译成斯洛伐克语,斯洛伐克语出版物出现数倍提升[1]。

---

[1] 本小节数据来自 Tomasz Kamusella, *The Politics of Language and Nationalism in Modern Central Europe*, New York: Palgrave Macmillan, 2009, p.724.

但斯洛伐克族对捷克族在各领域的优势地位感到不满，开始推动斯洛伐克族民族史学研究项目，为民族独立提供历史文化传统方面的支撑。

　　语言和政治上的分歧使斯洛伐克曾有过两次短暂的独立经历。第一次是6月16日至7月7日期间，在斯洛伐克东南部成立过一个非常短暂的斯洛伐克苏维埃共和国。这个短命的共和国得到匈牙利的支持，因为匈牙利反对捷克斯洛伐克占领协约国所承诺的领土。但其中的文化因素则是由于斯洛伐克标准语言和民族文学主要扎根于斯洛伐克中部和西部的方言传统。强调与东斯洛伐克之间的语言差异促成了一个新的东斯洛伐克人群体的出现。斯洛伐克的第二次独立，得到了希特勒的支持。在第二次世界大战期间，英法两国于1938年9月在慕尼黑会议上出卖了捷克，希特勒统治下的纳粹德国随即利用捷克族和斯洛伐克族之间的矛盾采取了"分而治之"的策略，于1939年3月占领捷克，并宣布斯洛伐克为"独立国家"。1945年5月9日，捷克斯洛伐克在苏联红军的帮助下获得解放，恢复了共同国家，重获独立。第二次世界大战期间的这次独立，是斯洛伐克族第一次真正独立建国的经历，使其民族认同感得到了极大的增强，为斯洛伐克语的进一步提升地位提供了基础。

　　1948年之后，捷克斯洛伐克建立共产党一党执政的政治体制，加入社会主义阵营，并于1960改名为捷克斯洛伐克社会主义共和国。由于斯洛伐克族对独立地位的不断争取，于1969年后实施联邦制，改名为捷克斯洛伐克社会主义联邦共和国。在1989年发生的天鹅绒革命后，捷克斯洛伐克联邦议会于1990年3月决议改国名为捷克斯洛伐克联邦共和国，4月又再次改国名为捷克和斯洛伐克联邦共和国。但两族对国名的写法依然无法取得一致，捷克斯洛伐克的国名用捷克文书写是"捷克斯洛伐克联邦共和国"，而斯洛伐克族坚持了其1918年时的主张，用斯洛伐克文书写时加上连字符，为"捷克—斯洛伐克联邦共和国"。1992年6月，捷克斯洛伐克举行全国大选，政治主张和经济纲领截然不同的捷克"公民民主党"和斯洛伐克"争取民主斯洛伐克运动"分别在捷克和斯洛伐克获胜,成为两共和国的执政党。两党就国家体制问题进行了多次磋商,双方都确认在联邦国体问题上存在原则分歧。1992年7月17日,斯洛伐克族国民议会通过《斯洛伐克主权宣言》,宣布"斯洛伐克民族争取独立("自立")的千年斗争已经实现"[1]。9月1日,斯洛伐克宪法通过。1992年11月25日,捷克斯洛伐克联邦议会以三分之二多数通过了《捷克和斯洛伐克联邦共和国解体法》,决定捷联邦共和国于1992年12月31日自动解体,国家一分为二。斯洛伐克共和国自1993年1月1日起成为独立主权国家。

二 "国家语言"消解与建构历史

斯洛伐克共和国语言管理工作的主题,毫无疑问是要维护斯洛伐克语的国家语言地位。而这项工作的一部分重要内容,就是要解释捷克斯洛伐克语这一概念,以及捷克语和斯洛伐克语在历史和当下的角色与地位。斯洛伐克的话语建构包括几个方面的内容,一是捷克斯洛伐克语从未存在过;二是斯洛伐克语在捷克斯洛伐克时期遭到了不公正的对待;三是斯洛伐克语一直是一门独立的语言。

如今的大部分斯洛伐克人都相信,捷克斯洛伐克语是一个从来没有真正存在过的语言。它只是一个存在过一段时间的概念,是当时为了配合捷克斯洛伐克族这一概念而创造出来的。但这一概念实际上并非凭空捏造,从18世纪初期斯洛伐克新教人群中就开始出现这一意识,即可以发展出捷克人和斯洛伐克人的共同书面语言[2]。当代捷克人和斯洛伐克人的祖先曾经在9世纪时就在大摩拉维亚帝国辖下成为同一政治实体的成员。当时的摩拉维亚帝国是一个地区强国,其势力范围超过捷克斯洛伐克的国土面积。1918年捷克斯

---

[1] 参见斯洛伐克国民议会官网:https://www.nrsr.sk/web/Static/sk-SK/NRSR/Doc/v_deklaracia-o-zvrchovanosti.htm,2022-11-22访问。

[2] Kinga Gál and Farimah Daftary, *The New Slovak Language Law: Interntal or External Politics?*, *ECMI Working Papers*, Flensburg: European Center for Minority Issues, 2000, p.1..

洛伐克共和国成立后，捷克斯洛伐克语的概念也被写入捷克斯洛伐克宪法（1920），即捷克斯洛伐克语是国家的官方语言，而捷克语和斯洛伐克语是该语言的两种官方变体。根据宪法，捷克族和斯洛伐克族人民只有一种共同语言——捷克斯洛伐克语，而这种"国家"和"官方"语言在法律上优先于境内少数民族所使用的语言（特别是德语、匈牙利语/马扎尔语、乌克兰语和波兰语）。尽管宪法赋予斯洛伐克语与捷克语在法律上的平等地位，但并未解决这两种语言是不是独立和真正平等的问题。

实际上1918年之后，斯洛伐克语从未在社会上享受到与捷克语相同的平等地位。尽管捷克语和斯洛伐克语从使用人数上看，都可以归入"小语言"这一范畴，但斯洛伐克语无论从使用人数还是发展程度上看，都远不如捷克语，这就导致了两种语言持久的"不对称"关系。这种不对称的关系可以从三个方面进行说明：（1）捷克语先于斯洛伐克语数百年进行了标准化工作，在很长一段时间内在斯洛伐克境内作为书面语使用；（2）捷克人使用斯洛伐克语的情况远远少于斯洛伐克人使用捷克语的情况；（3）捷克语单方面影响斯洛伐克语，斯洛伐克语大量借用捷克语的成分以丰富自身的发展[①]。斯洛伐克语与捷克语非常接近，并且长期以来受到捷克语广泛而深刻的影响。捷克语是一个拥有悠久文学传统的语言，14世纪末就已经高度发达。自15世纪起，斯洛伐克就使用捷克语作为书面语言，因此在斯洛伐克无论是知识分子还是普通大众均认为捷克语是一种发展程度更高的语言。在斯洛伐克语标准化之前，捷克语对斯洛伐克语有很长时期的渗透。捷克语与拉丁语和斯洛伐克语一起被用作文化和礼仪语言。捷克语进入斯洛伐克，这个过程是由从事教义宣讲工作的波希米亚神职人员引领的，由于当时没有统一的斯洛伐克语标准而捷克语已经是一种标准化语言，因此在传道中使用了捷克语。在斯洛伐克使用捷克语导致了斯洛伐克捷克语的

[①] Mira Na, "Closely-Related Languages in Contact: Czech, Slovak, 'Czechoslovak'", *International Journal of the Sociology of Language*, Vol. 183, 2007, p. 53.

出现，这是一种带有斯洛伐克元素的捷克语变体。这种变体一直存在于斯洛伐克，并被用于城镇公文和官方通信中。1918年两族合并组建捷克斯洛伐克之后，大量斯洛伐克人进入捷克境内学习和工作，斯洛伐克语的单一语种地位受到一定程度的影响。捷克斯洛伐克的司法结构也掩盖了使用两种语言的事实上的不平等，因为捷克语被广泛用于重要的公共领域，例如武装部队和教育。捷克语出版物在斯洛伐克持续存在，多数最新学术教科书都只有捷克语版本，对斯洛伐克公民来说，阅读捷克语出版物是自然平常的事情。这一情况直到1968年建立了联邦制国家后，才得到改观。在那之后，斯洛伐克语的地位得到改善：（1）国家在联邦层面宣布两种语言平等；（2）联邦广播和其他媒体交替使用两种语言；（3）捷克人对斯洛伐克语文本的接受度有所增加；（4）捷克—斯洛伐克文学和科学领域的联系网络不断发展；（5）捷克语和斯洛伐克语使用者广泛接触，并在交流中使用各自的母语①。在捷克斯洛伐克时期，斯洛伐克族限于教育程度较低等原因，在权力分配上远远少于捷克族；但同时鉴于其享有主体民族身份，他们甚至不能享受一些少数民族所合法享有的权利，这使斯洛伐克族认为其利益无法得到保障而时时抗议。

斯洛伐克关于斯洛伐克语一直是一门独立语言的说法也有一定的事实依据。无论是1918年之前，还是在1918年之后，捷克语与斯洛伐克语的使用范围未发生较大变动，即捷克人在其领土上使用捷克语，斯洛伐克人在其领土上使用斯洛伐克语。1918年捷克斯洛伐克自建国后至第二次世界大战前，国家官方语言是捷克斯洛伐克语，政府为了促进统一曾鼓励斯洛伐克语向捷克语靠近，但在实际使用中依然是在捷克部分使用捷克语，在斯洛伐克部分使用斯洛伐克语。尽管斯洛伐克宣布其民族独立的斗争历史长达千年，但其作为主权国家主体民族的历史，只能从1918年与捷克族共同建立

---

① Mira Na, "Closely-Related Languages in Contact: Czech, Slovak, 'Czechoslovak'", *International Journal of the Sociology of Language*, Vol. 183, 2007, p. 63.

捷克斯洛伐克开始。1993年斯洛伐克独立建国后，斯洛伐克共和国将斯洛伐克语作为其国家语言进行打造，1995年通过《国家语言法》对此予以确认。但斯洛伐克民族对斯洛伐克语的建构，其实从1918年之前就已开始。标准斯洛伐克语的历史可以分为两个发展阶段：前标准时期和标准时期。前标准时期从11世纪到18世纪，一方面斯洛伐克语言与其他语言发生接触，另一方面由于斯洛伐克方言大区（中斯洛伐克文化区、西斯洛伐克文化区、东斯洛伐克文化区）的口语和书面形式的发展，导致标准发生变化。标准时期从18世纪到21世纪，主要包括天主教牧师安东尼·贝尔诺拉克（A. Bernolák）和新教作家卢德维特·什图尔（Ludevít Štúr）进行的斯洛伐克语言的改革（1852年），19世纪下半叶标准规范的发展，1918—1939年的语言编撰发展，以及1940年至今的规范发展和出版。从17世纪起，斯洛伐克语开始了其标准化进程，大量捷克语单词被系统地替换为斯洛伐克语的对应词。从18世纪末开始，斯洛伐克语的标准编撰就成了其国家现代化建设的一部分。贝尔诺拉克以西斯洛伐克文化为基础编撰斯洛伐克语，并在文学和教育领域得到实施，这增强了民众对斯洛伐克语作为一种独立斯拉夫语言的认识。然而它并没有被所有斯洛伐克精英所接受，部分斯洛伐克民族主义人员认为西斯洛伐克方言与捷克语没有太大差异。19世纪40年代，新教作家什图尔在中部斯洛伐克文化的基础上对斯洛伐克语进行了新一轮的标准化工作，而其建立的语言标准构成了当今标准斯洛伐克语的基础[1]。

斯洛伐克于90年代初独立之后，历届政府都将维护斯洛伐克语的地位作为重要原则，将斯洛伐克语视为维护国家内部社会、文化和政治稳定的重要方式。1995年通过法案阻止捷克语在斯洛伐克的日益普及，同时也针对使用匈牙利语的马扎尔少数民族。例如法案第5条要求，在斯洛伐克境内以录音带和录像带形式播放或出

---

[1] Tomasz Kamusella, *The Politics of Language and Nationalism in Modern Central Europe*, New York: Palgrave Macmillan, 2009, p. 563

售的所有外语电视和广播节目以及 DVD 光盘，必须以斯洛伐克语配音或加字幕。对于 1993 年以后在斯洛伐克出生和接受教育的儿童来说，语言的观念已经发生了变化，捷克语变成了一种重要的外语。斯洛伐克 2021 年人口普查显示，544.927 万居民中有 98.87%为斯洛伐克国籍，以斯洛伐克语为母语的占人口总数的 81.77%[1]。

第二节 斯洛伐克的内外关系

一 与国际组织互动

在相互依存度不断提高的当今世界，斯洛伐克的地理位置、国家规模、文化历史等内部因素和外部环境决定了其需要积极参与国际合作。斯洛伐克外交政策的战略目标是维护稳定和可预测的国际环境以发展国家，需要积极发展多层次的国际关系，参与经济政治合作与国际分工。自建国以来，斯洛伐克已参与超过 60 个国际组织[2]，其中最为重要的包括联合国（UN）、欧盟（EU）、欧洲委员会（COE）、欧安组织（OSCE）、北约（NATO）和经济合作与发展组织（OECD）等。加入这些国际组织，为斯洛伐克带来了更为稳定的发展环境，但其也必须承担与语言有关的相应义务。

在全局层面，对斯洛伐克而言最重要的国际组织是联合国。捷克斯洛伐克自 1945 年起便是联合国的首批成员之一，该政体解体后其继承者捷克共和国和斯洛伐克共和国于 1993 年初得到联合国批准正式加入联合国。在联合国层面，《联合国宪章》和《世界人权宣言》等文件规定了"平等与非歧视"原则，要求所有的成员国不得基于语言歧视任何人。在这一原则下，斯洛伐克承诺的如言论自由、出版自由、结社自由、免受歧视和接受公正审判的权利等

---

[1] 参见斯洛伐克统计局 2021 年人口普查数据，网址：https://www.scitanie.sk/en/population/basic-results/structure-of-population-by-mother-tongue/SR/SK0/SR，2022-11-22 访问。

[2] 参见美国中央情报局（CIA）网站"世界概况"页面，网址：https://www.cia.gov/the-world-factbook/countries/slovakia/，2022-11-22 访问。

传统公民和政治权利，均得到政府的保护，其中与语言相关的则表现为在私人领域使用自己的语言，用自己的语言出版杂志，建立自己语言的学校和文化团体，在法庭上获得翻译支持等权利。在欧洲语境下，比较重要的还有《公民权利和政治权利的国际公约》第27条和《在民族或族裔、宗教和语言上属于少数群体的人的权利宣言》中有关"少数人"权利的规定，其中涉及对少数人群体提供更多的积极语言权利。

对斯洛伐克而言，欧盟、北约、欧洲委员会与经合组织都是仅次于联合国的重要全局性多边组织。斯洛伐克希望通过北约获得安全保障，通过欧洲委员会获得价值观层面的认可，通过经合组织参与国际经济分工，同时通过欧盟及其相关机构确保国家经济和社会的可持续发展。独立后的斯洛伐克于1993年6月加入欧洲委员会（Council of Europe），并于2004年5月加入欧盟。斯洛伐克加入欧盟的过程充满曲折，所谓的"斯洛伐克悖论"是斯洛伐克与欧盟关系的主要特征[1]。第二次世界大战结束后，欧洲构建了世界上最为复杂的人权和少数民族权利保障体系，这一体系于苏联解体后在欧洲委员会牵头下进行了较大程度的扩充和强化。这一体系以一系列普遍性公约为基础，包括《欧洲人权公约》（1950年）、《欧洲保护少数民族框架公约》（1994年）、《欧洲区域或小族语言宪章》（1992年）等核心文件。欧盟声称"平等对待少数民族是统一的新欧洲的基石"[2]，并完全赞同欧洲委员会的价值观，实际上将签署上述条件作为加入欧盟的标准。在此背景下斯洛伐克加入了上述国际条约，并对语言相关法律进行了系统的修改和完善，以满足欧盟提出的入盟标准。

但斯洛伐克的做法并非毫无保留，而是在很大程度上受到国内

---

[1] 参见伦敦大学学院欧洲研究所网站，报道"斯洛伐克、欧盟和斯洛伐克悖论"，网址：https://www.ucl.ac.uk/european-institute/news/2019/oct/slovakia-eu-and-slovak-paradox，2022-11-22访问。

[2] James A. Goldston, "Roma Rights, Roma Wrongs", *Foreign Affairs*, Vol. 81, No. 2, 2002, p. 146.

政治的影响，对小族语言进行了较多限制，这使斯洛伐克加入欧盟的过程充满悬念。《斯洛伐克宪法》（1992年9月1日颁布）第6.1条规定，斯洛伐克语是斯洛伐克共和国领土上的"国家语言"。1995年11月15日，斯洛伐克议会通过了关于斯洛伐克共和国国家语言的第270号法令，即《国家语言法》，强调了斯洛伐克语对于民族主义和意识形态的意义，致力于巩固斯洛伐克语的法律和现实地位。该法严重限制了少数民族语言的使用，而受到最大影响的是匈牙利语。在第二次世界大战期间《慕尼黑协定》（1938年）后捷克斯洛伐克失去了超级大国的支持，斯洛伐克谋求独立地位，将大量来到斯洛伐克参与国家建设的捷克人驱逐出境，但与邻国匈牙利在少数民族权利方面采取了互惠原则[1]。斯洛伐克独立建国后，匈牙利族成为其国内最大的少数族裔群体，拥有固定的居住区域，保持了匈牙利语教育体系。《国家语言法》的通过对匈牙利族群和匈牙利语形成了较大的压迫感，引起了国际社会的广泛关注。匈牙利族政党充分利用国际上的力量，包括邻国匈牙利政府以及旅居海外的匈牙利人团体在国际上制造舆论，给斯洛伐克政府施加压力。欧洲委员会、欧安组织和欧盟都敦促斯洛伐克能够通过一部关于小族语言使用的法律。匈牙利族政党合并组建了匈牙利联盟党（Hungarian Coalition），并在1998年大选后顺利进入政府。该党充分利用斯洛伐克政府急于加入欧盟的愿望，成功推动了1999年《少数民族语言使用法》的出台。该法是对前述《国家语言法》的一个反拨，旨在明确小族群体成员在官方场合使用其本族语言的规定，但从总体上看该法更多是出于回应国际压力，而非满足小族需求。

2003年，斯洛伐克加入欧盟的公投以压倒性优势生效。不过在斯洛伐克加入欧盟之后，斯洛伐克民族党再次入阁，在2009年通过了新的《国家语言法》，声称要消除斯洛伐克语在少数民族聚

---

[1] Daniel Luther, "Ceska komunita v Bratislave 20. storocia (A Case Study from Bratislava)", *Ministry of Education of the Slovak Republic and Slovak Academy of Sciences*, No. 2, 2004, p. 24.

居区所受到的歧视。2010年新的执政联盟上台，对上届政府的做法进行了修正，修改了《国家语言法》和《少数民族语言使用法》①。欧安组织和欧洲委员会也作为仲裁机构，对斯洛伐克出台的国家语言法案提出修改建议。斯洛伐克根据《欧洲人权公约》设立了监察专员，对政府机关及其他公共机构的侵犯活动或不作为活动进行干预。同时设立了主管人权、少数民族和区域发展事务的副总理，议会下也设立了人权和民族事务委员会，负责协调政府开展人权保障工作，其中包括语言权利的保障落实。

欧安组织也以语言权利为抓手，对斯洛伐克施加影响，以维护该地区的稳定安全环境。作为一个安全组织，欧安组织主要运用外交手段而非北约的军事设施来进行工作。其工作内容主要包括三个部分：与军事相关的安全问题；经济合作和环境保护；以及人权，通过推动相关国家在这三个方面的合作，促进其共同安全。斯洛伐克共和国于1993年1月1日加入欧安组织，在2005—2006年期间，斯洛伐克共和国担任欧安组织非军事安全委员会主席。2013—2014年，斯洛伐克共和国担任欧安组织经济和环境委员会主席。在斯洛伐克"语言法"风波的整个过程中，欧安组织都积极参与，委托专家对其前后多个版本的《国家语言法》和《少数民族语言使用法》进行评估并给出意见。2019年，斯洛伐克担任欧安组织轮值主席国，参与领导处理俄乌摩擦导致的欧洲地区复杂安全局势②。2022年俄乌冲突爆发后，大量乌克兰难民涌入斯洛伐克，使其境内乌克兰语使用群体大幅增加，斯洛伐克也采取了应急措施。

---

① 参见欧洲议会网站，13号简报《斯洛伐克与欧洲联盟的扩大》，网址：https://www.europarl.europa.eu/enlargement/briefings/13a2_en.htm，2022-11-22访问。
② 参见伦敦大学学院欧洲研究所网站，报道"斯洛伐克、欧盟和斯洛伐克悖论"，网址：https://www.ucl.ac.uk/european-institute/news/2019/oct/slovakia-eu-and-slovak-paradox，2022-11-22访问。

二 与邻国互动

斯洛伐克的政治精英希望遵循传统的"一个民族,一个国家"的单一民族国家模式构建国家[①],这对境内小族群体的语言权利形成了较为严重的威胁,因此面临着来自内部和外部的较大阻力。内部阻力主要来自以匈牙利族为主的小族群体。匈牙利族在天鹅绒革命之后就成立了自己的政党,积极参与政治活动,谋求保障本族利益;并与其他小族群体结成同盟,共同抵制斯洛伐克族的挤压。匈牙利族组建的匈牙利联盟党(Hungarian Coalition)和后来的桥党(MOST-Híd),先后在议会拥有一定议席,并曾在1998年参与执政,是斯洛伐克小族语言权利保护方面的中坚力量。外部阻力主要来自欧洲区域国际组织以及各小族群体的母国。在苏联解体之后,欧洲委员会、欧安组织和欧盟等机构出于消除潜在族际冲突、维护地区稳定的考虑,以加入欧盟为条件,要求各中东欧国家建立完善的人权和少数民族保护框架。斯洛伐克的国家身份构建过程与弃东向西的转型过程是同时发生的,这两个进程在小族群体权益保护领域存在较大目标冲突,因此经受了来自上述国际组织的巨大压力。此外,以匈牙利为代表的各小族群体母国也密切关注着斯洛伐克在处理小族群体语言权利方面的动向,通过发表抗议和制造国际舆论的方式施加间接影响。斯洛伐克与奥地利、捷克、匈牙利、波兰和乌克兰等五个国家接壤,斯洛伐克语也受到周边国家语言的影响,尤其以捷克和匈牙利对其影响更大。

(一)奥地利

斯洛伐克与奥地利在语言关系上较为平顺。奥地利共和国以德语为官方语言,但通过联邦法律赋予小族群体以语言权利。奥地利为少数民族在法律上规定了三种类型的小学:少数民族语言学校、双语学校和德语学校内的双语班。在小学教育阶段学生可以从英

[①] Zsuzsa Csergo, *Talk of the Nation: Language and Conflict in Romania and Slovakia*, New York: Cornell University Press, 2007, p.6.

语、法语、意大利语、克罗地亚语、斯洛伐克语、斯洛文尼亚语、捷克语或匈牙利语等语言中选择一种进行学习①。斯洛伐克族裔在奥地利主要分布于维也纳地区，该地区针对讲斯洛伐克语的儿童开设了专门学校，成立了私立学校协会（Komenský），为他们提供斯洛伐克语的教育机会②。

（二）捷克

斯洛伐克与捷克的语言关系较为紧密。长期以来捷克语对斯洛伐克语存在一定程度的影响，这一影响在捷克斯洛伐克时期受到官方的鼓励而更为明显。1920年捷克斯洛伐克宪法宣布捷克斯洛伐克语为官方语言，但存在捷克语和斯洛伐克语两种书面形式。在政府的实际管理中，捷克语得到了更多的支持，比如在斯洛伐克强制教授捷克语，而在捷克并不强制教授斯洛伐克语。1931年，捷克语言学家瓦茨拉夫·瓦兹尼（Vaclav Vazny）参与了第一版斯洛伐克语拼写规则的工作。第二次世界大战后，捷克语和斯洛伐克语的词汇存在着趋同趋势，一直持续到1960年代末捷克斯洛伐克改为联邦制之后。在捷克斯洛伐克时代，政府规定的双语制让几代捷克人和斯洛伐克人在两种语言中长大，例如新闻、电影均使用捷克语和斯洛伐克语两种语言。但自解体以后，捷克境内对斯洛伐克族的特定种族群体意识逐渐减弱，捷克年轻一代因缺乏接触，已对斯洛伐克语不太熟悉。然而，年轻的斯洛伐克人往往更了解捷克语，因为捷克语对斯洛伐克语的影响更深远。在斯洛伐克生活着不少捷克人，他们对斯洛伐克社会持积极的态度，能够很容易地融入进去。领土、文化、语言上的接近，以及共同的历史，使得许多斯洛伐克人不认为捷克文化是异质文化。2016年，约有2.25万名斯洛伐克

---

① 参见欧洲国家语言联合会网站，网址：http://www.efnil.org/projects/lle/austria/austria，2022-11-22访问。

② 参见欧洲委员会网站，奥地利国家报告，网址：https://www.coe.int/en/web/european-charter-regional-or-minority-languages/reports-and-recommendations，2022-11-22访问。

学生在捷克的大学学习①。

(三) 匈牙利

斯洛伐克与匈牙利的语言关系则较为紧张。自18世纪后，匈牙利王国一直推行匈牙利语化的政策，对其境内的斯洛伐克语则实施压制政策。19世纪70年代，匈牙利当局关闭了斯洛伐克语中学和重要的斯洛伐克文化组织，只剩下几个文化协会和出版社，只有少数斯洛伐克知识分子能够标准地使用斯洛伐克语。在匈牙利社会的现代化进程中，在很多领域都排除了斯洛伐克语的使用。尽管有这些不利的条件，斯洛伐克的精英们还是通过小说创作等方式设法保持了斯洛伐克语。1918年之前，匈牙利政府在斯洛伐克推行同化性政策，强制斯洛伐克人在学校里学习匈牙利语，并将社会上升渠道与匈牙利语紧密联系，导致斯洛伐克人在感情上对匈牙利语深恶痛绝。天鹅绒革命之后，斯洛伐克政府不再受到苏联的羁绊，立即采取了民族主义的政策，甚至在1991年就试图废除境内的匈牙利语标识，这导致了两族关系的恶化。1994年大选之后，民族主义政党"斯洛伐克民族党"（SNS）参与组阁，推动了1995年《国家语言法》的出台。该法对斯洛伐克语的使用领域进行了规定，要求在各种公共场合使用斯洛伐克语，同时宣布少数民族语言的使用将由其他法律规定（其实并不存在这一法律），压制了匈牙利语学校的双语学习，激化了两族间的矛盾，并导致了斯洛伐克与匈牙利两国关系的恶化。

除了在国内进行抗争，匈牙利族也充分利用国际上的力量，包括邻国匈牙利政府以及旅居海外的匈牙利人组织在国际上制造舆论，给斯洛伐克政府施加压力。比如1995年《斯洛伐克语言法》冲突之后，匈牙利与斯洛伐克签署了《斯匈双边睦邻友好合作条约》（1997年生效），该条约中明确规定将在各自国家内保护对方

---

① 参见欧洲委员会网站，斯洛伐克第四轮评估报告，网址：https://www.coe.int/en/web/european-charter-regional-or-minority-languages/reports-and-recommendations，2022 - 11 - 22访问。

族裔少数民族的利益。1996年，斯洛伐克通过了《领土和行政区域划分法》和《地方管理组织法》，通过对匈牙利族聚居区行政区划的重新划分，一定程度上了削弱匈牙利少数民族对地区政治的影响。2009年6月30日通过的《斯洛伐克共和国国家语言法》修正案引起了匈牙利和斯洛伐克境内匈牙利族的强烈反应。该修正案强调了斯洛伐克语的首要地位，适用于中央机构、地方政府和其他公共机构，要求所有人在与国家机构和法人的官方接触中使用斯洛伐克语[1]。

在这一背景下，匈牙利语的发展在斯洛伐克还是得到一定的保障。据斯洛伐克科技信息中心的数据，截至2015年9月15日，全国共有72所公立幼儿园以斯洛伐克语和匈牙利语为教学语言，262所以匈牙利语为教学语言，有8700多名儿童选择使用匈牙利语学习，占公立幼儿园就读儿童的6%以上。这些幼儿园大部分位于匈牙利少数民族人口达到20%的民族聚居区。政府少数民族全权代表办公室在少数民族文化补贴方案中对匈牙利语非正规教育予以促进，2017年为匈牙利母语教学研究以及中小学生专题活动提供支持[2]。

（四）波兰

捷克斯洛伐克和波兰在两次世界大战期间都存在边界问题。第一次世界大战结束后，波兰提出对其边界以南的部分领土拥有主权，该部分涵盖了目前斯洛伐克的一部分。第二次世界大战结束后，波兰和捷克斯洛伐克再次就过去的边界问题爆发了一系列短暂的边界冲突，后在苏联的压力下停止了纷争，并于1947年3月签署了两国友好互助条约。后来在1958年6月13日，波兰人民共和国与捷克斯洛伐克共和国之间终于签订了边界条约，结束了边界争端。两国承诺对边境地区跨境而居的波兰人和捷克斯洛伐克人的语

---

[1] 来源于挪威卑尔根大学Arjan H. Schakel教授个人主页，下载地址：https://www.arjanschakel.nl/images/RAI/europe_eu/SVK_2021.pdf，2022-11-22下载。

[2] 参见斯洛伐克统计局"统计年鉴"，网址：Štatistická ročenka [Statistical Yearbook] (2015). Slovak Centre of Scientific and Technical Information，2022-11-22访问。

言权利有所保障。

1991年，波兰与捷克和斯洛伐克联邦共和国签署了双边条约，进一步保障了对少数民族权利的保护。条约第21条侧重于波兰的斯洛伐克少数民族和斯洛伐克的波兰少数民族，规定签署国将支持这些少数民族发展他们的语言、传统和民族文化。但目前在波兰，几乎没有任何级别的学校以斯洛伐克语作为教学语言。斯洛伐克语一般作为一门选修科目，在高中以下的学校中教授，在高中阶段则一般不教授斯洛伐克语。波兰在一定程度上支持斯洛伐克语的教学。根据宪章，波兰在学前、小学和中学教育中创造提供少数民族语言教学的机会。波兰国家教育部定期收集在学校教授少数民族和地区语言的数据，发现学习斯洛伐克语的人数逐年上涨。在传媒方面，斯洛伐克少数民族在波兰创建的最重要的期刊是 *Život Life*（生活）杂志，每月发行约2300份，用以加强语言维护和社区联系，不过没有相关的广播或电视频道。波兰主要基于各种国家文件处理少数民族语言，例如《地区语言、民族和少数民族法》以及《斯洛伐克和波兰之间关于文化、教育和科学合作的双边协定》，对斯洛伐克语提供一定法律意义上的保障[1]。

（五）乌克兰

斯洛伐克在东部与乌克兰有97千米的共同边界。乌克兰的外喀尔巴阡州，即当年的喀尔巴阡乌克兰，原系捷克斯洛伐克的最东部地区。1945年，该地区被苏联吞并，苏联解体后归入乌克兰。斯洛伐克与乌克兰总体上关系良好，2021年的11月，斯洛伐克总理黑格尔（Eduard Heger）访问乌克兰，表示支持乌克兰改革和欧洲一体化进程，并将继续深化与乌克兰合作[2]。2022年俄乌冲突发

---

[1] 参见荷兰蒂尔堡大学《数字杂志》报道"波兰斯洛伐克少数民族的情况"，网址：https://www.diggitmagazine.com/academic-papers/case-slovak-minority-poland，2022 - 11 - 22访问。

[2] 参见中国—中东欧国家智库交流与合作网络网站报道"中东欧国家与俄乌冲突系列专题（十）：斯洛伐克对俄乌冲突的态度和立场"，网址：https://www.17plus1-thinktank.com/article/1477.html? source = article_ link，2022 - 11 - 22访问。

生后，大量乌克兰难民通过边境进入斯洛伐克，停留在此或转往其他欧洲国家。斯洛伐克政府根据国内法律规定要求乌克兰难民将16岁以下子女送到当地的学校就读，但要求他们学习斯洛伐克语课程①。根据联合国的数据，截至2022年4月21日，有500多万乌克兰难民离开了乌克兰，其中35万停留在斯洛伐克②，这对于总人口只有500万的斯洛伐克而言是一个巨大的人群，如果这一人群长期居留，将对两国未来关系产生重要影响。

三 与境内小族互动

斯洛伐克政府甫一建国便确定以斯洛伐克族为主体民族构建一个民族国家，并随即以语言为工具展开了紧锣密鼓的国族身份构建，这其中除了有民族主义政党的推动，也因为该国在国民的国族身份认同建设方面存在几个先天不足之处。一是无独立建国经历，民众缺乏国家认同。斯洛伐克族虽然较早就发展起了一定程度的民族身份意识，但其居住地自11世纪起就属于匈牙利王国，后成为奥匈帝国的一部分，从无独立建国的历史。第二次世界大战时期曾在纳粹德国支持下建立傀儡政府，脱离捷克斯洛伐克而获得短暂独立，但在此期间未有完全的独立自主，也非一段值得宣传的光荣历史。因此斯洛伐克族作为一个从未独立建国的民族，其民众没有形成过清晰的国家或国族身份认同。二是主体民族人口较少，不具充分优势。斯洛伐克的主体民族是斯洛伐克族，人口约436万，占国家人口总数的80.58%③，与周边大部分邻国相比这一比例并不高④。斯洛伐克境

---

① 参见斯洛伐克政府网站，网址：https://ua.gov.sk/en.html，2022-11-22访问。
② 参见BBC新闻报道"有多少乌克兰难民，他们都去了哪里"，网址：https://www.bbc.com/news/world-60555472，2022-11-22访问。
③ 与关于斯洛伐克人口的数据来自斯国家统计局《2013斯洛伐克共和国统计年鉴》"人口"部分，在此一并说明，下载地址：http://slovak.statistics.sk/PortalTraffic/fileServlet?Dokument=14cf05fb-bfa9-48fe-a276-f9851033dfae，2022-11-22下载。
④ 2001年各国普查结果，其邻国捷克、奥地利、匈牙利、波兰、乌克兰主体民族的人口比例分别为94.25、88.8%、92.3%、98%和77%。

内存在 12 个受到政府认可的少数民族[1]，以及其他一些小族语言社区，约占总人口的 20% 左右[2]。无论是从人口的绝对数量，还是从主体民族在国家人口结构中所占比例来看，斯洛伐克族都具有强烈的危机感。三是斯洛伐克语发展程度不高，易受外来影响。斯洛伐克语迟至 19 世纪中叶才形成规范书面语，且限于斯洛伐克的社会和经济水平，发展程度较低，易受到捷克语和德语等周边强势语言的影响，尤以捷克语影响为大。捷克语与斯洛伐克语非常接近，"在 500 个最常用的词中，230 (46%) 个完全相同，154 (30.8%) 个部分相同"[3]；捷克语在 14 世纪末就已经高度发达，自 15 世纪起就在斯洛伐克被作为书面语言使用，至今仍在斯洛伐克知识分子和普通大众中受到青睐，使斯洛伐克语呈现出一种极受政府警惕的捷克化倾向[4]。四是境内匈牙利族力量较大，存在不稳定因素。匈牙利族是斯境内最大的少数民族，人数约 46 万，占总人口的 8.47%。在奥匈帝国期间，匈牙利族曾对斯洛伐克族进行过残酷的强制同化；第一次世界大战结束后现匈牙利族居住的地区被划入捷克斯洛伐克，斯洛伐克族便采取了报复性同化措施；第二次世界大战期间该地区在德国干涉下短暂回归匈牙利，战后被清算"战争罪行"，再次遭到强制的斯洛伐克化（re-Slovakization）[5]，因

---

[1] 斯洛伐克并未在正式的法律文件中对少数民族的定义和名单进行认定，但在 1999 年递交给欧洲委员会的《少数民族保护框架公约》执行报告中列举了 11 个少数民族，包括匈牙利族、罗姆族、波希米亚族、卢塞尼亚族、乌克兰族、德意志族、摩拉维亚/西里西亚族、克罗地亚族、犹太族、波兰族、保加利亚族；2009 年递交给联合国人权理事会的第一轮国家报告中则承认该国有 12 个官方认可的少数民族和族裔群体，在上述 11 个少数民族的基础上增加了俄罗斯族。

[2] 鉴于中东欧地区的小族群体有瞒报民族身份的传统，且该国有大量罗姆族登记为斯洛伐克族，因此斯洛伐克小族人口的比例应高于统计数据。

[3] Meyerhoff, Miriam, "Hans Goebl, Peter H. Nelde, Zdeněk Starý, Wolfgang Wölck (eds.)", *International Journal of Applied Linguistics*, Vol. 2, 2000, p. 275.

[4] Buzássyová Klára, "Slovenčina ako stredoeurópsky jazyk", *Slovenčina na konci*, No. 20, 1997, p. 69.

[5] Martin Votruba, "Linguistic Minorities in Slovakia", in Christina Bratt Paulston, ed. *Linguistic Minorities in Central and Eastern Europe*, London: Multilingual Matters, 1998, p. 255.

此双方积怨很深。

斯洛伐克加入了一系列区域和国际公约，承诺对境内小族的语言权利给予保护①。斯洛伐克于1995年2月1日签署《欧洲保护少数民族框架公约》，后在其第128/1995号决议中批准，并于1998年2月1日生效。自1998年以来，斯洛伐克定期向欧洲委员会提交关于该公约在斯洛伐克境内实施情况的总结报告②。斯洛伐克1993年即加入《欧洲保护人权与基本自由公约》（即《欧洲人权公约》），承诺保护所有人免于歧视，包括语言歧视的权利。斯洛伐克于2001年2月20日签署了《欧洲区域或小族语言宪章》（以下简称《宪章》），同年7月20日获总统批准，于2002年1月1日生效。斯洛伐克就该文件发表了若干声明，其中强调了区域或小族语言可以在不损害国家语言斯洛伐克语的使用的情况下发展。它选择了九种语言作为受《宪章》保护的区域或少数民族语言，包括保加利亚语、捷克语、克罗地亚语、匈牙利语、德语、波兰语、罗姆语、卢塞尼亚语和乌克兰语③。

2021年的人口普查（见图4-1）显示，该国83.82%居民是斯洛伐克族，匈牙利族是第二大族群（7.75%），其次是罗姆族（1.23%）。其他少数民族包括：捷克族（0.53%）、乌克兰族（0.17%）、德意志族（0.06%）、摩拉维亚族（0.02%）、波兰族（0.07%）、俄罗斯族（0.06%）、保加利亚族（0.02%）、克罗地亚族（0.02%）、塞尔维亚族（0.02%）、犹太族（0.01%），其他民族的0.16%，未指定5.42%。斯洛伐克不是一个移民国家，在俄乌冲突前外来人口很少，据说大多数是华人或越南人，他们通常

---

① 参见欧洲委员会网站，报告"斯洛伐克保护和促进人权国家战略"，下载地址：https://www.coe.int/t/commissioner/source/NAP/Slovakia-National-Action-Plan-on-Human-Rights.pdf，2022-11-22下载。

② 参见斯洛伐克少数民族网站，网址：https://www.coe.int/en/web/minorities/slovak-republic，2022-11-22访问。

③ 参见欧洲国家语言联合会网站，网址：http://efnil.org/projects/lle/slovakia/slovakia，2022-11-22访问。

第三章 斯洛伐克"国家语言"建构

不申请斯洛伐克公民身份，人数也不得而知。

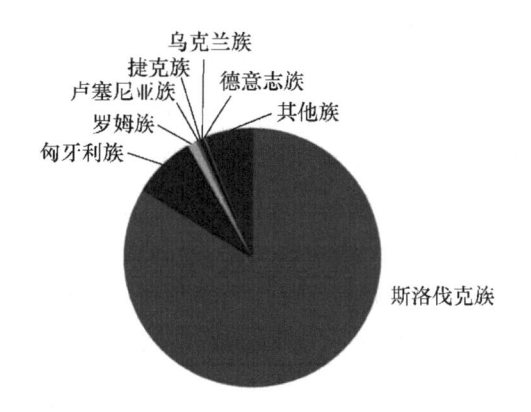

图 4-1　斯洛伐克人口民族结构（2021）

资料来源：参见斯洛伐克国家统计局2021年人口普查结果，地址：https://www.scitanie.sk/en/population/basic-results/structure-of-population-by-ethnicity/SR/SK0/SR，2022-11-22访问。

（一）匈牙利族

匈牙利族一直与斯洛伐克族存在着一定程度的紧张关系。斯洛伐克境内大多数匈牙利人（约60%）居住在斯洛伐克的西南部，自20世纪70年代以来匈牙利族的人口数量几乎停滞不前。匈牙利语作为斯洛伐克最大的小族语言，使用者人数相对较多、聚居程度高，是斯洛伐克境内生存活力最高的语言。第一次世界大战之后，斯洛伐克曾对该地区匈牙利族开展所谓的"再斯洛伐克化"，即给予遵守规定的人以捷克斯洛伐克公民身份（约193000人）。斯洛伐克独立后，斯洛伐克民族主义者将匈牙利语视为对斯洛伐克语国语地位的威胁，一直试图限制匈牙利语的生存空间，与匈牙利族发生过多次纷争。

斯洛伐克整体社会氛围一度对匈牙利族十分敌视，尽管两族混居地区的斯洛伐克人反而对匈牙利族人的态度要更为友好。两族纷争的一个重要领域是小族语言教育问题。传统上，匈牙利少数民族在斯洛伐克拥有完善的教育系统，公共教育的所有教育阶段以及教堂或私立学校的小学和中学阶段，均有使用匈牙利语作为教学语言。自 1994 年后斯洛伐克政府就试图对匈牙利语言学校实行更大的控制，在匈牙利少数民族学校开设更多斯洛伐克语课程。实际上，匈牙利语社区的大多数成员如今已经是匈牙利语和斯洛伐克语的双语者，如今整体上在转向斯洛伐克语。斯洛伐克学前教育层次的匈牙利语学校最多，越往上数量越少。2004/2005 学年，共有 52191 名学生在 297 所文法学校、25 所中级文法学校、25 所中等技术学校（高中）、31 所职业学校和学徒学校以匈牙利语作为教学语言学习。2004 年还成立了第一所匈牙利语大学——汉斯·薛利（Selye Jnos）大学[①]。

（二）捷克族

天鹅绒革命之后，捷克族在斯洛伐克成为一个少数民族，斯洛伐克政府为了稳固本民族的地位，通过各种立法规定和国际条约驱逐了一部分捷克公务员，并试图接管捷克公司和其他私营机构[②]，但总体而言捷克族在斯洛伐克仍享有较高的地位。捷克族相对分散地居住在全国各地，主要集中在较大城镇。捷克族被官方承认为少数民族，但由于捷克语和斯洛伐克语可以相互理解，部分捷克族可以在生活的各个领域只使用自己的母语，因此实际上都不能被视为少数民族。

（三）罗姆族

在斯洛伐克境内，根据 2021 年普查有 6.7 万罗姆族人，不过实际数字可能远高于此。他们主要生活在农村地区，社会环境糟糕，失业率高达 80%。斯洛伐克的大多数罗姆族是斯洛伐克族和罗姆族血统的混血儿，说中部罗姆语；在斯洛伐克—匈牙利边境地区，他们则是匈牙利语—罗姆语双语者。1999 年，政府通过了主

---

① 参见斯洛伐克汉斯·薛利大学网站，网址：https://www.ujs.sk/hu/，2022 - 11 - 22 访问。
② Daniel Luther, "Ceska komunita v Bratislave 20. storocia (A Case Study from Bratislava)", *Ministry of Education of the Slovak Republic and Slovak Academy of Sciences*, No. 2, 2004, p. 29.

要文件《斯洛伐克共和国政府支持罗姆少数民族的战略》及其他措施，承认罗姆语言和文化对斯洛伐克社会具有不可否认的价值，并宣布将资助促进罗姆少数民族文化和语言价值的活动。2004年，斯洛伐克教育部通过了在教育系统内教授罗姆语的临时措施，同时还提出确保罗姆人接受语言培训，指派了布拉迪斯拉发国家教育学院开发中小学罗姆语教学内容。2017年，斯洛伐克政府通过了罗姆人融入战略"2016—2018行动计划"，涉及教育、就业、医疗、住房以及金融领域的普惠措施，拨付1.3亿欧元促进罗姆人融入主流社会①。斯洛伐克修订了《中小学和学校设施融资法》，为罗姆人提供受教育的机会，确保被边缘化的罗姆人社区的儿童能有更好的幼儿园教育。2017年，政府修订了《土地转让、土地所有权结算、土地登记、土地基金和土地社区法》，解决罗姆人住宅土地所有权问题②。总体而言，如何让罗姆族更好地融入主流社会，是斯洛伐克政府未来一段时间的任务。

（四）乌克兰族和卢塞尼亚族

斯洛伐克境内的卢塞尼亚和乌克兰少数民族居住在斯洛伐克—波兰和斯洛伐克—乌克兰边界沿线的国家东北部地区，该地区的人口讲东斯拉夫方言。在捷克斯洛伐克时期，该国出现了乌克兰和卢塞尼亚少数民族的三个分支：乌克兰族、卢塞尼亚族和倾向于认同俄罗斯族的群体。在20世纪50年代，政府曾把这三个分支融合成一个乌克兰语群体。1989年政治变革后，乌克兰少数民族分裂成两个群体，即一个较小的乌克兰族群体和一个较大的卢塞尼亚族群体。2011年时，卢塞尼亚语进入部分幼儿园和小学的课堂③。

---

① 参见欧洲国家语言机构联合会网站，网址：http://efnil.org/projects/lle/slovakia/slovakia，2022-11-22访问。
② Gizella Szabómihály, "Language Policy and Language Rights in Slovakia", in Team of the Mercator-Legislation Programme, ed. "Working Papers" Collection-Mercator-Linguistic Rights and Legislation. Barcelona：Ciemen, 2006, p.10.
③ Gizella Szabómihály, "Language Policy and Language Rights in Slovakia", in Team of the Mercator-Legislation Programme, ed. "Working Papers" Collection-Mercator-Linguistic Rights and Legislation. Barcelona：Ciemen, 2006, p.10.

在斯洛伐克东部，一直存在着一个约 3 万人的乌克兰语社区。为了履行《欧洲区域或小族语言宪章》的要求，斯洛伐克在教育中提供乌克兰语的相关教育。2012 年时，有 5 所幼儿园以乌克兰语为教学语言，3 所以斯洛伐克语和乌克兰语为教学语言。此外，有 6 所小学以乌克兰语为教学语言，1 所以斯洛伐克语和乌克兰语为教学语言。在这些学校，小学教育的第一阶段用乌克兰语授课所有科目，在第二阶段则设置乌克兰语科目，此外也有音乐和艺术类课程用乌克兰语教授。但在 2013 年欧洲委员会的专家委员会报告中，此类幼儿园和小学的数量在不断减少，同时一些幼儿园存在着名义上使用乌克兰语教学，但实际上更多地使用斯洛伐克语的现象。斯洛伐克 2014 年给欧洲委员会的第四次定期报告中提到，用乌克兰语授课的教育机构数量仍在减少。截至 2015 年 9 月，共有 5 所国立幼儿园和 2 所学校采用乌克兰语授课，1 所学校采用斯洛伐克语和乌克兰语授课。专家认为，斯洛伐克没有充分重视提供乌克兰语的教育，当局没有充分告知家长和学生有关闭的可能性，也没有足够鼓励他们参与[1]。2022 年俄乌冲突后，斯洛伐克接受了大量乌克兰难民。根据该国第 283/1995 号法律以及进一步的附加条例定义，斯洛伐克当局必须确保所有难民都能用斯洛伐克语学习，尽快融入当地社会和文化。难民和寻求庇护者的子女必须按照东道国法律的要求接受义务教育，并有权在难民营免费学习斯洛伐克语课程[2]。

（五）德意志族

第二次世界大战结束后，捷克斯洛伐克将大量德意志族驱逐出境，使其人口从 1945 年的 280 万减少到 1947 年的 18 万，仅占总人口 2.1%。德意志族在 1945 年后被剥夺了公民身份，解散新闻机构，关闭了教育、文化和其他少数民族机构。尽管当时在公共场合

---

[1] 参见欧洲委员会网站，斯洛伐克第四轮评估报告，网址：https://www.coe.int/en/web/european-charter-regional-or-minority-languages/reports-and-recommendations，2022 - 11 - 22 访问。

[2] 参见欧洲国家语言联合会网站，网址：http://efnil.org/projects/lle/slovakia/slovakia，2022 - 11 - 22 访问。

并没有禁止使用德语，但德意志族的公民身份到 1948 年才予以恢复。1947 年捷克斯洛伐克出于实用主义考虑，曾试图将德语作为选修课引入学校，但因遭到媒体批评而未能实现。1968 年德意志族获得捷克斯洛伐克《宪法》认可成为少数民族，但德语依然遭到斯洛伐克主体人群的抵制①。这一状况在 1989 年之后得到好转，以德语或斯洛伐克语和德语作为教学语言的单语或双语学校开始出现。德意志族人数较少，虽然德语使用人数一直在稳步增长，但存在感不高。德语的教育应用也很少，目前在学前层次没有德语幼儿园，只在小学层次有 1 所德语小学和 1 所双语小学，没有更高层次的德语学校，不过有些学校将德语作为一门外语来教授和研究。

（六）犹太族

自 14 世纪起就有犹太人居住在布拉迪斯拉发，其中大多数从事商业和放贷。到 19 世纪时，许多犹太人采用了匈牙利的语言和习俗，并建立了社区。第二次世界大战期间，斯洛伐克政府与德国达成一项协议，用其境内的犹太人替代斯洛伐克人参加战争，致使大约 10 万斯洛伐克犹太人在战争期间丧生②。自 1945 年以来，斯洛伐克犹太人的数量一直呈下降趋势，从 2.4 万下降到 2021 年的 2007 人。斯洛伐克如今已没有犹太人的专门学校③。

（七）波兰族、保加利亚族、克罗地亚族

斯洛伐克在《欧洲区域或小族语言宪章》的执行报告中，承诺对保加利亚语、克罗地亚语和波兰语作出不同级别的保护。斯洛伐克的波兰族分散居住在斯洛伐克不同地区，部分集中居住在斯洛伐克—波兰边界的斯洛伐克一侧。波兰语也是一种西斯拉夫语，与捷

---

① Mira Nábělková, "Closely-Related Languages in Contact: Czech, Slovak, 'Czecho-slovak'", *International Journal of the Sociology of Language*, No. 183, 2007, p. 53.

② Gizella Szabómihály, "Language Policy and Language Rights in Slovakia", in Team of the Mercator-Legislation Programme, ed. *"Working Papers" Collection-Mercator-Linguistic Rights and Legislation*. Barcelona: Ciemen, 2006, p.

③ 本节数据参见世界犹太人大会网站，网址：https://www.worldjewishcongress.org/en/about/communities/SK，2022 - 11 - 22 访问。

克语和斯洛伐克语相近。如今斯洛伐克的保加利亚族的祖先大多是园丁，他们主要生活在布拉迪斯拉发，该地有一所保加利亚语私立（小学和中学）学校，共有125名学生。克罗地亚语是南斯拉夫语的另一种语言，16世纪时，克罗地亚人作为边境警卫被转移到匈牙利王国的北部边境。今天，克罗地亚少数民族主要集中在布拉迪斯拉发附近的四个村庄[1]。

四 斯洛伐克语的"非我"镜像

对斯洛伐克语而言，在塑造其自身形象的过程中，最重要的两个"非我"对象是捷克语和匈牙利语，前者与它在形态上过于相似，后者与它在地理上过于接近。实际上，捷克和匈牙利这两个国家对斯洛伐克语的发展均有较深影响。捷克是斯洛伐克的重要邻国，捷克语对斯洛伐克语有数个世纪的长期渗透。匈牙利在历史上对斯洛伐克地区进行过长期的有效管理，如今匈牙利族在斯洛伐克人口中占据着较大比例，匈牙利语在一定程度上与斯洛伐克语存在生存空间的竞争。而斯洛伐克当前的任务，就在于把这两种语言的影响限定在合理的范围内，并借此巩固斯洛伐克语的地位。

在中东欧地区，语言振兴必须与民族振兴结合在一起。捷克语与斯洛伐克语虽然是两种极为接近的语言，但两者的关系就如同两族的关系，一直是"不对称"的。这种非对称性体现在，斯洛伐克语在历史上的社会功能一直弱于捷克语，斯洛伐克语受到捷克语的影响更深，以及斯洛伐克人更愿意讲捷克语而捷克人更少主动使用斯洛伐克语[2]。两族试图通过对语言起源的考证来论证两种语言的同源性或独立性。捷克语言学家（František Trávníček 和 Václav Vážný，1988）在第二次世界大战之前的捷克斯洛伐克时期就提出

---

[1] Gizella Szabómihály, "Language Policy and Language Rights in Slovakia", in Team of the Mercator-Legislation Programme, ed. "Working Papers" Collection-Mercator-Linguistic Rights and Legislation. Barcelona: Ciemen, 2006, p. 10.

[2] Mira Nábělková, "Closely-Related Languages in Contact: Czech, Slovak, 'Czechoslovak'", International Journal of the Sociology of Language, No. 183, 2007, p. 53.

斯洛伐克语与捷克语是同源语言，都起源于一种捷克斯洛伐克原型语言，而从这些学者的很多作品来看，显然他们是支持捷克和斯洛伐克合并的。而斯洛伐克早期语言学家萨缪尔·卡姆贝尔（Samuel Czambel，1856—1909）的观点是斯洛伐克语的西部、中部和东部方言是从不同的来源分别形成的，后来发生了合并。现代斯洛伐克语语言学家如鲁道夫·克拉科维奇（Rudolf Krajčovič）也认为斯洛伐克语的来源是比较多的，在10—11世纪时斯洛伐克语在不同来源古斯拉夫语言融合的基础上，作为一种独立的斯拉夫语言发展起来。这意味着当14世纪捷克语进入斯洛伐克时，斯洛伐克语早就已经形成了①。

斯洛伐克精英分子在独立之后通过各种途径试图消除或降低捷克语，以及捷克斯洛伐克语的影响。比如《斯洛伐克语言文化》（1995年）一书中，斯洛伐克的一名官员称："尽管我们已经是一个独立的国家了，但我们政界人物仍然满口说着"捷克斯洛伐克语"，频率之高令人震惊②。"

匈牙利语是斯洛伐克曾经的宗主国语言，目前也是国内最大数目的小族群体语言，在斯洛伐克社会仍占有较为重要的一席之地。尽管匈牙利对斯洛伐克地区曾经实施过长期的有效统治，两种语言间也确实存在着相互影响，不过匈牙利语对斯洛伐克语的借用要远远多于斯洛伐克语对匈牙利语的借用③。鉴于斯洛伐克境内生活着较大比例的匈牙利族群体，对斯洛伐克语而言，匈牙利语的威胁主要不来自形态上的影响，而是生存空间上的竞争。如今斯洛伐克国土上大概有20%的人口主要使用匈牙利语。1918年之前，斯洛伐克地区的正式地名都使用匈牙利语，后来则都改成了斯洛伐克语。

---

① Rudolf Krajčovič, *Vývin Slovenského Jazyka a Dialektológia*, Bratislava: Slovenské Pedagogické Naklandatel'stvo, 1988, p. 10.

② Paul Magocsi, "A New Slavic Language is Born, Rusyn Society of Slovakia", *Revue des Études Slaves*, Vol 67, No. 1, 1995, p. 238.

③ Saundor Janos Tóth, "The Impact of Hungarian on Slovak Language Use in Bilingual Milieu", *Yearbook of Finno-Ugric Studies*, Vol14, No. 2, 2020, p. 227.

在斯洛伐克独立后，其议会内的匈牙利族政党极力维护匈牙利语的使用权利，比如要求在匈牙利族学校使用的教科书中，出现的地名要首先以匈牙利语形式出现，其次才是斯洛伐克语。

1995年斯洛伐克出台了《国家语言法》，要求在各种公共场合使用斯洛伐克语，限制匈牙利语的使用空间。但实际上该法不只针对匈牙利语，也限制捷克语的使用。2009年，斯洛伐克议对该法进行修改，要求优先使用斯洛伐克语作为官方语言，并对违法行为规定了经济处罚。这项修正案遭到了匈牙利族的严厉抵制，也导致了斯洛伐克和匈牙利之间的紧张关系，斯洛伐克禁止匈牙利总统拉兹洛·索廖姆（Laszlo Solyom）对斯洛伐克进行私人访问[1]。斯洛伐克的政治精英们担忧匈牙利族在要求语言权利之后还要提出领土自治的要求，因此坚决不予让步。斯洛伐克总理罗伯特·菲乔（Robert Fico）强调，要确保斯洛伐克人的语言权利，斯洛伐克语需要和少数民族语言一起出现在公共生活中[2]。

第三节　斯洛伐克"国家语言"建构主体

一　中央机构

根据斯洛伐克347/1990号法令（斯洛伐克共和国部委和其他中央行政机构组织法，目前执行的是2010年修正案），在国家层面的国家语言保护、发展和促进由文化部负责。文化部负责国家语言，即斯洛伐克语，在国家行政领域的主要管理目标，参与这些目标的实现，并确保有关国家语言的法律得到遵守。斯洛伐克文化部章程中规定，文化部是国家语言管理的中央机构，其工作职责包括国家语言保护，颁发国家语言标准，代表国家监察国家语言的保护

---

[1] 参见欧洲国家语言联合会网站，网址：http://efnil.org/projects/lle/slovakia/slovakia，2022–11–22访问。

[2] Jakub Groszkowski and Mariusz Bocian, "The Slovak-Hungarian Dispute over Slovakia's Language Law", *Osw Commentary*, Vol. 30, No. 2, 2009, p. 5.

等。在国家语言保护方面，文化部与财政部门、捐赠机构开展合作。

文化部实际上代表国家对制定和实施中长期国家语言政策负有最高责任。斯洛伐克承认斯洛伐克语是斯洛伐克共和国文化遗产中最宝贵的精神价值和最重要的特征。文化部制定了斯洛伐克国家语言全面保护和促进的法案，提出国家必须保持对语言政策，包括语言教育的影响。

1996年，根据第270/1995号法令，斯洛伐克设立中央语言委员会作为文化部部长在国家语言领域的咨询机构。理事会的工作范围由章程规定。理事会成员包括重要的语言学家、斯洛伐克语言文字部门的代表以及语言文化和术语领域的专家。该委员会的主要任务是监督《国家语言法》的实施遵守情况，提出有力保护和科学研究斯洛伐克国家语言的措施，评估国家语言编纂形式改革建议，并就有关争议提供专家意见。该委员会还协调术语委员会的工作，评估语言文献、词典和实用指南的出版情况。

教育部作为斯洛伐克共和国国家行政部门的中央机构，负责幼儿园、小学、中学和高等教育、教育设施和终身学习。该部通过具有普遍约束力的法律法规管理斯洛伐克境内的学校和学校设施。根据斯洛伐克2008年245/2008号法案修订的《学校法》，斯洛伐克学校及其设施的教学语言是国家语言。国际学校及其设施的教学语言是国家语言，教授另一种语言需要经教育部同意。少数民族公民的儿童在该法规定的条件下，也享有以本民族语言接受教育的权利。使用国家语言以外的教学语言进行的中小学教育和培训，也必须在其教学范围内设置斯洛伐克语言和文学作为必修课。聋哑儿童和小学生也享有接受聋哑人手语教育和培训的权利。在以少数民族语言提供教育的学校和班级中，有部分科目会使用国家语言讲授。在特殊学校中，有的科目如艺术教育、音乐教育、体育教育类，可能会用少数民族的语言教授。教育培训也可以外语进行（以下简称"双语教育"）。外语是指与斯洛伐克缔结协议的另一国的语言，提供双语教育的学校根据协议以相关国家的语言为第二教学语言，而非少数民族或民族的语言。在双语教育的学校或班级中，斯洛伐克语言和文学必须作为必修课作为教育的一部分。教授科目的教学语言也是进行考试的语言[1]。

此外，在斯洛伐克北部地区的小城马丁，还坐落着斯洛伐克国家文化协会（Matica slovenská）。该机构最早成立于1863年，后来历经变迁，一直存续至今。在捷克斯洛伐克期间，它作为一个政府机构运行，在1989年之后逐步演化成独立的民间机构。该机构的主要使命是增进海内外斯洛伐克人的爱国主义情怀，促进青年人了解国家历史、文化、传统并为之发展而努力的热情。

斯洛伐克语的研究由斯洛伐克科学院语言研究所和其他相关研究机构负责。语言研究所是一个由专家组成的代表机构，从事斯洛伐克语资料手册的编写和出版。其前身是成立于1941年的斯洛伐克语言学会，于1961年更名为语言研究所。它主要从事普通语言学、语言学研究文化、技术术语和专有名词研究，并将研究成果应用于手册编纂和技术术语创制。文化部与斯洛伐克科学院签署国家语言领域的合作协议，并每年评估其履行情况。

二 议会党派

斯洛伐克在1989年之后实行多党制度，在1993年独立后逐渐发展并形成现在的形式。截至2012年3月时，全国共有236个登记政党，有61个活跃政党[2]。斯洛伐克政党数量较多，力量较为分散，通常没有一个政党能单独获得权力，一般通过合作组建联合政府。斯洛伐克政界的一个奇特现象就是民粹主义占据主流，但该国的民粹主义并不像其他国家一样鼓吹"正义的人民"和"腐败的

---

[1] 参见斯洛伐克法律汇总法案245/2008，网址：https://www.zakonypreludi.sk/zz/2008-245#p12，2022-11-22访问。

[2] 参见斯洛伐克政府网站，网址：http://portal.ives.sk/registre/zoznamPS.do?action = azzu，2022-11-22访问。

精英"之间的对立,而是利用族裔之间的差异鼓动选民①。就民粹主义力量内部而言,有专家认为其基本的区分标准是他们对权力执行的态度,即"硬"(即专制)和"软"(即普遍的非专制)的民粹主义者②。在加入欧盟进程启动前的早期转型期,斯洛伐克民族党(Slovenská národná strana; Slovak National Party; SNS)是一个典型的民族主义、民粹主义政党。该党成立于1990年,很快就获得足够选票进入议会,随即开始推进斯洛伐克国家独立的概念,是1990至1992年间斯洛伐克分离主义运动背后的重要政治力量。斯洛伐克民族党将斯洛伐克共和国视为斯洛伐克人的民族国家,并试图推进少数民族同化的理念,其领导人因针对政治代表和少数民族成员持续不断的对抗性言论、咄咄逼人的语气和攻击性言论而广为人知。它在1992—1994年、1994—1998年、2006—2008年、2016—2020年期间,均是执政联盟的一部分,因此能够影响所有重要领域的公共政策。该党代表了一种激进的民族主义力量,由于其性质、纲领、价值观、意识形态背景和吸引选民的方式而被视为民粹主义的政治力量,是斯洛伐克政界的一个重要力量,2016年还加入联合政府,但2020年未能获得足够选票。

与此同时,斯洛伐克多数少数民族都建立了社会团体,致力于维护本族权益,发展和推广本族文化。人数较多的民族则组建政党,在国家和地方层次的各种选举中争取席位。比如在2005年的州郡议会选举中,匈牙利联盟党共计获得53个席位;在2006年的议会选举中,匈牙利联盟党获得20个席位,占11.68%;在市镇级别的议会选举中匈牙利联盟党获得1952个席位,当选215个市长或镇长③。此外罗姆人也组建了多达14个政党,在市镇议会中获得36席,并取得6个市、镇长。在议会选举中,小族群体候选人最大

---

① Kevin Deegan-Krause, "Populism, democracy, and nationalism in Slovakia", *Populism in Europe and the Americas: Threat or Corrective for Democracy*, 2012, p. 182.
② Mesežnikov Grigorij, "Nationalism has Simply Asserted Itself Much Easier", 2008.
③ 参见斯洛伐克第三轮《少数民族保护框架公约》国家报告(2009),第56页,2022.11.22访问。

的竞争对手无疑是斯洛伐克族候选人，这种公开的竞争反映了小族群体与斯洛伐克族在社会资源上的争夺。小族团体和政党成员能较忠实地代表本族的利益，能主动将最底层的语言问题向上反映，寻求有效力量的介入。

三 地方行政

在斯洛伐克境内，目前有140个城镇拥有匈牙利语名称[①]，123个城镇拥有德语名称[②]，这意味着这些城镇居住着相当比例的少数民族群体。而相关城镇的政府就具有确保《国家语言法》得以贯彻落实的责任，相关领域包括公共区域告示、大众传媒等。文化部常需要与内政部和各市政府开展合作，以确保其制定的规章得到贯彻。比如斯洛伐克文化部分别在2013年、2017年对各地方政府的网站进行监测，发现有地方政府未按照《国家语言法》的要求，为所有信息提供斯洛伐克语版本，随即要求各地方政府进行整改。

第四节 斯洛伐克"国家语言"建构理念

一 指导理念

捷克查理大学的马列宇·斯洛博达（Marián Sloboda，2008）提出，国家意识形态可以被具象化。他把国家定义为一个在功能上相互关联的组织机构集合，包括国家机关（立法、行政、司法、监察）、专门部门（警察、情报等）以及国有机构（学校、医院等），认为这个机构集合负责执行国家意志，而国家意志是体现在该国法律中的。至于国家意识形态，在不同的国家有不同的表达方式，在白俄罗斯等国是明确写在教育部文件中，并冠以"国家意识形态"

---

① 参见维基百科斯洛伐克匈牙利地名，网址：https://en.wikipedia.org/wiki/Hungarian_toponyms_in_Slovakia，2022-11-22访问。
② 参见维基百科斯洛伐克地名的德语名称列表，网址：https://en.wikipedia.org/wiki/List_of_German_names_for_places_in_Slovakia，2022-11-22访问。

之名。

斯洛伐克的语言管理理念是典型的"一个国家、一个民族、一种语言"模式。该国宪法序言明确指出："斯洛伐克是斯洛伐克民族的国家"，该表述意味着该国是典型的民族国家。这也意味着，国歌，国徽和语言等需要被提升为具备国家象征的属性。因此宪法第6条第1款规定："在斯洛伐克共和国境内，国家语言为斯洛伐克语。"根据法律，在斯洛伐克共和国境内，斯洛伐克语优先于任何其他语言，是所有人的语言，具有完全不同和特殊的地位，无论是在官方口头和书面通信中。国家语言确保国家所有公民的社会融合、国家行政的有效执行和统一的信息流，被用作一种普遍理解的交流方式。

斯洛伐克政界以民粹主义占据主流，在很长一段时间内诉诸民族主义情绪号召选民支持，因此各种政客在公开发言中也支持斯洛伐克语而抑制小族语言。在1995年《国家语语言法》投票前夕，就有政客宣称："任何投反对票的人都是对斯洛伐克人意愿的背离，应受到公开批判。"《国家语言法》被视为斯洛伐克国家建构的重要支柱[1]，将斯洛伐克语描述为"斯洛伐克语是体现斯洛伐克民族独特性的最重要特征，最具价值的文化遗产，是斯洛伐克共和国主权的体现，是其公民的交际工具，确保斯洛伐克人民在本国的自由权利和平等尊严。"

尽管斯洛伐克自1990年以来有几个政府掌权，但历届政府在国家语言政策方面一直都遵循斯洛伐克语特殊地位的基本原则。文化部《斯洛伐克共和国国家语言保护纲要》（作为161—2001号法令的一部分）指出，"国家语言是确保国家社会、文化和政治稳定的手段。国家的利益在于尊重斯洛伐克语作为国语的国家代表和国家整合功能，并巩固斯洛伐克书面［标准］语言作为公共交流手段

---

[1] Kinga Gál and Farimah Daftary, "The New Slovak Language Law: Interntal or External Politics?", ECMI Working Papers, Flensburg: European Center for Minority Issues, 2000, p.1.

的地位。"

二 相关法律

斯洛伐克的国内法可以分为宪法和普通法两个层次。宪法层次包括《宪法》以及与捷克共同继承的《基本权利和自由宪章》。1992年，斯洛伐克议会通过独立宣言，宣称斯洛伐克是斯洛伐克人的民族国家。同年通过的《宪法》第6条规定"斯洛伐克语是斯洛伐克共和国的官方语言；其他语言的使用根据相关法律规定。"

在普通法层面，斯洛伐克于1990年就制定了《官方语言法》（1990年），指定斯洛伐克语为国家唯一的官方语言，要求所有的官方文件都使用斯洛伐克语。1995年，斯洛伐克在《宪法》第6条的基础上，通过了《国家语言法》（1995年），用于取代1990年的《官方语言法》。该法规定，在斯洛伐克境内，斯洛伐克语是所有公民的共同交流语言，确保所有人在尊严和权利方面的自由和平等；并将斯洛伐克语的使用推至教育、传媒、警务、军队、消防、司法、经济和医疗服务。2009年6月，当时的民族主义政府对《国家语言法》进行了修改，对国家语言的使用进行了更为严格的规定，并指出少数民族语言的使用由其他相关法律规定，并加强了落实机制。2010年大选，一个中间偏右的执政联盟上台，再次对《国家语言法》进行了修正，减少了对于其他语言使用的过度限制。

斯洛伐克在司法、行政管理、教育等各个具体领域也有不少法律对语言的使用作了相关规定，如《刑事诉讼条例》（1961年）、《民事诉讼条例》（1963年）、《国家教育管理和学校自治法》（1990年）、《广播电视法》（2010年）、《姓名法》（1993年）、《信息自由法》（2000年）等。

第五节 斯洛伐克"国家语言"建构策略

一 语言法律地位

斯洛伐克语是斯洛伐克共和国《宪法》和《国家语言法》认

定的国家语言和官方语言，在法律地位上毫无疑问超过其他任何境内使用的语言。

1992年9月1日通过的《斯洛伐克宪法》是斯洛伐克建国历程中的一个关键步骤。斯洛伐克于1992年7月17日通过《主权宣言》，而《宪法》的通过则意味着该国走向独立的法律程序已经完成。《宪法》赋予了斯洛伐克民族国家主体民族的地位，也赋予了斯洛伐克语官方语言的地位。

《宪法》在提供基本人权和少数人权利保障方面取得了进展。但其对少数民族赋予语言权利的同时也限定了条件："本宪法保障的少数民族公民行使权利不得威胁斯洛伐克共和国的主权和领土完整，或歧视其他公民"（第34.3条）。这一条实际上限制了其境内匈牙利族寻求领土自治的可能，也试图防止匈牙利族聚居区对混居在其中的斯洛伐克族予以"同化"。

1995年，在民族主义政党联合政府执政期间，斯洛伐克政府的国家建设进程伴随着对少数民族权利的反对。政府公开表示，斯洛伐克国家将建立在民族原则的基础上[1]。斯洛伐克民族党（SNS）于1995年4月提出《国家语言法》的最初提案，称拟"为在斯洛伐克共和国语言混杂地区创造深入学习国家语言的条件。"当年11月15日，斯洛伐克全国委员会通过了关于斯洛伐克共和国国家语言的第270/1995号法。该法由米哈尔·科瓦奇（Michal Kováč）总统签署，于1996年1月1日生效，同时宣布1990年的《官方语言法》失效。政府认为，该法终于赋予了斯洛伐克语应有的地位，即国家语言而非官方语言，并援引欧洲其他国家的类似政策，以及开展"仅限英语"或"官方英语"运动的美国反对在中小学教育中实施双语教育[2]。但该法实际上也承担着保护斯洛伐克语免

---

[1] Sharon Fisher, "Ethnic Hungarians Back Themselves Into a Corner", *Transition* 1, No. 24, 1995, p. 58.
[2] Miklós Kontra, "English Only's Cousin: Slovak Only", *Acta Linguistica Hungarica*, Vol. 43, No. 3 – 4, 1995/1996, p. 345.

受外国，特别是"美国主义"的影响。

《国家语言法》在一定程度上排除了非斯洛伐克族参与国家建设的可能。其他民族对此提出了质疑，似乎"斯洛伐克语是斯洛伐克人的国语，斯洛伐克人是斯洛伐克共和国唯一的国家形成要素。""匈牙利族和其他少数民族已成为其所在国家的租客，因为斯洛伐克人将其变成了他们自己的民族国家。"斯洛伐克政府"其几乎没有隐藏的目的是弥补斯洛伐克语的"历史恩怨"，旨在消除少数民族的语言认同，并利用国家的语言优势作为同化工具"（少数民族保护协会，1996：6）。

与此同时，斯洛伐克政府还发起了多项举措，旨在使斯洛伐克文化更加具备"斯洛伐克"特征①。政府于1996年通过了一项关于国家象征的法律，限制播放外国国歌和展示外国国旗。

二　语言本体规划

斯洛伐克在斯洛伐克语的本体规划方面采取了较多措施，这一工作的一个重要方面就是确保斯洛伐克语与捷克语保持一定的距离。在第一次世界大战和第二次世界大战之间，斯洛伐克曾在德国纳粹的支持下短暂独立，而在此期间斯洛伐克精英曾经试图对斯洛伐克语进行编撰。第二次世界大战结束后，斯洛伐克加入社会主义阵营，战时的斯洛伐克科学与艺术学院语言研究所（Jazykovedný ústav）于1952年更名为斯洛伐克语言研究所（Ústav slovenského jazyka），第二年并入共产主义斯洛伐克科学院。1956年，捷克斯洛伐克科学院开始编写出版斯洛伐克语词源词典，但表现出明显的捷克化倾向，旨在强调捷克和斯洛伐克历史上的共同点。

斯洛伐克独立之后，斯洛伐克政府在本体规划方面开始采取措施。实际上，斯洛伐克通过《国家语言法》限制了原本无处不在的捷克语在几乎所有公共领域的使用，特别是教育系统的存在。但民

---

① Sharon Fisher, "Ethnic Hungarians Back Themselves Into a Corner", *Transition* 1, No. 24, 1995, p. 58.

间依然有非常大的捷克语使用需求，而越来越多的民众不知道正确的捷克语规范，因此急需要捷克语—斯洛伐克语双语词典。1997年时，出版了一部简明《捷克语—斯洛伐克语和斯洛伐克语—捷克语相异词形词典》（Konštantín Horecký 1997）。2004年斯洛伐克出版了首部较完整的《捷克语—斯洛伐克语和斯洛伐克语—捷克语词典》（Táňa Balcová and Štefan Greňa 2004）。不过斯洛伐克在1991年时就出版了一部《斯洛伐克语正字法和正确书写原则》（Ivor Ripka 1991），后于1998年和2000年更新再版至长达500页，试图对斯洛伐克语进行去捷克化规范。

当前斯洛伐克语使用规范的权威词典之一是《斯洛伐克语简明词典》（Kačala and Pisárčiková 1997，第三版），实际上从1991年第一版就开始了去捷克化工作。Milan Majtán 的7卷本《斯洛伐克语历史词典》（1991—2005）则将18世纪甚至更早的一些斯拉夫词汇都纳入那时还不存在的斯洛伐克语，完成了斯洛伐克语寻根问祖的历史建构工作。从此斯洛伐克语就具备了悠久的历史，与其《宪法》中声称的千年历史相呼应。

1999年，斯洛伐克有史以来第一部权威百科全书《贝利亚纳百科全书》（即斯洛伐克百科全书，其名称来自斯洛伐克历史上一名著名的学者马提杰·贝尔（Matej Bel，1684—1749）开始由斯洛伐克科学院百科全书所编撰出版。该书计划出版12卷，包括自然科学、精神文化和技术三大部分，拟包含15万条词目，目前已出版8卷，并从2018年起在线推出。在中欧民族语言民族主义范式中，百科全书的出版是一个民族及其语言"成熟"的标志，因此该套丛书完全出版之后，将为斯洛伐克语言和民族建构画上一个阶段性句号。有意思的是，斯洛伐克语维基百科成立于2003年，2006年底即达到1260万字，相当于25卷传统书籍，已经超过《贝利亚纳百科全书》，成为斯洛伐克第一部真正通用的百科全书。尽管捷克已经编撰了较多捷克语百科全书，且斯洛伐克人可以较为轻松地阅读使用，但斯洛伐克政府显然认为使用捷克的词典或百科全书是有损民族尊严的。

近年，斯洛伐克语言研究所致力于编撰八卷本权威《当代斯洛伐克语词典》，由 S. Jarošová 担任主编。这部作品于 2006 出版第 1 卷，目前已经出到第 3 卷。这部词典涵盖了 100 多个科学领域的词汇，使用更为现代化的计算机技术进行编撰，参考了斯洛伐克语国家语料库等超过 35 亿词汇的语料库。在其简介中，该词典指出将不仅对斯洛伐克语的词汇进行全面展示，还将为建构语言文化表达方式做出贡献。

三　语言教育研究

在斯洛伐克共和国，语言政策是政府文化政策的一部分。国家法律规定，在行政管理、教育、大众传媒、文化活动和公众集会等场合，在军事、消防、司法和行政诉讼、经济、卫生和其他服务领域都需要使用斯洛伐克语。斯洛伐克国家课程标准规定，所有学生必须获得使用斯洛伐克语进行交际的能力，各级各类学校所有学生（包括来自少数民族和外国人的学生），必须修读斯洛伐克语言和文学科目。该课程不仅强调学生要获得流畅和正确交流所必需的知识和技能，还要学习斯洛伐克文化，积极认同斯洛伐克作为一个现代民主国家的事实。该目标也适用于斯洛伐克学校系统内的所有学生，包括生活在斯洛伐克的少数民族和外国人[1]。

斯洛伐克的义务教育持续 10 年（通常从 6 岁开始），由各种类型的学校提供：小学（6—15 岁）、中学文法学校（4 年、5 年或 8 年学习课程）和中等职业学校（2 年、3 年或 4 年学习课程）。大部分中小学是公立学校（占 90%）。其余的是教会或私人拥有的私立学校。高等教育由公立、州立和私立大学组成。

官方语言在教育中的应用由《国家语言法》第 4 节规定：

（1）所有小学和中学都必须教授国家语言。除官方语言之外其

---

[1] Marek Pieniążek and Stanislav Štěpáník eds., *Teaching of National Languages in the V4 Countries*, Prague: Faculty of Education of Charles University in Prague, 2016, p. 151.

他语言用于教学或考试应根据相关法规执行。

(2) 斯洛伐克共和国境内所有学校和学校设施的教学人员，除外籍教师和讲师外，都必须掌握和使用口头和书面形式的国语。

(3) 学校和学校设施中的所有教学文件和其他文件都须用国语编写。在以少数民族语言进行教育的学校和学校设施中，教学文件以两种语言编写，即国语和少数民族语言。

(4) 斯洛伐克共和国教育中使用的教科书和材料以国语出版，用于少数民族、族裔群体和其他外语教学的教科书和文本除外，其出版和使用由专门的法律规定。

(5) 在高等教育机构的国家语言使用、对其他语言的教学、使用其他语言进行教学、使用其他语言的教材和材料，不受(1)(2)(4)款限制。

在奥匈帝国期间（止于1918年），斯洛伐克人的主要教育语言是拉丁语和匈牙利语，德语也是其中一种教育语言。斯洛伐克语只能在非常有限的地区使用，而且只能在最低级别使用（主日学校、乡村学校、民间学校）。最早的三所以斯洛伐克语为教学语言的语法学校是在1862年以后才建立的，但不久之后在1874年就全部关闭。斯洛伐克语作为教学语言的真正转折点是1918年第一个捷克斯洛伐克共和国的建立。捷克语和斯洛伐克语成为所有类型和各级教育的教学语言，尽管在斯洛伐克的学校主要使用捷克语教科书，也接受捷克派来的教师，直到后来才逐渐被斯洛伐克教师所取代[1]。

1945年以后，斯洛伐克语成为正式的国家教学语言，不过是作为"捷克斯洛伐克语"的一个变体在使用。1969年，捷克斯洛伐克成为两个独立国家的联邦——捷克社会主义共和国和斯洛伐克社会主义共和国，自此以后斯洛伐克语成为斯洛伐克社会主义共和国境内唯一的官方教学语言。1993年1月1日，斯洛伐克共和国作为捷克斯洛伐克的两个继承国之一，延续了这一传统，同时也继承

---

[1] Elisabeth Bakke, "Čechoslovakizmus v školských učebniciach (1918 – 1938)", *Historický časopis*, Vol. 47, No. 2, 1999, p. 233.

了捷克的教育哲学、目标和组织等方面的特点。

斯洛伐克在2004年加入欧盟之后，根据规定采纳了其部分教育原则（如"M+2"规则，即学习母语以及2门外语）。这导致斯洛伐克的语言教育体系出现相应的变化，体现在《中小学外语教学概念》基本文件中。该教育原则要求学生学习其国语，即斯洛伐克语，以及作为第一外语的英语（最迟从小学三年级开始），并再学习一门外语（从小学六年级开始）。学习者可以从五种外语中选择一门作为第二外语：德语、法语、俄语、西班牙语和意大利语。来自匈牙利族或俄罗斯族少数民族的学生可以在以其民族语言作为教学语言的学校学习，但必须将斯洛伐克语课程作为必修课，还必须学习另外两门外语。斯洛伐克语也作为第二语言强制教授给永久或暂时居住在斯洛伐克的学生——国立或私立小学和中学的学生，例如外国人、难民等的子女。

在少数民族语言教育方面，斯洛伐克的相关做法体现在《少数民族教育的理念》中（Conception of Education of National Minorities）[1]。该文件旨在为斯洛伐克共和国所有公民的平等教育创造适当的条件，尤其是对于少数民族的语言教育。使用少数民族语言作为教学语言的学校，必须将斯洛伐克语作为第二语言进行语言教学，并为少数民族学生编写斯洛伐克语言教材和文学教科书。

四 语言领域应用

（一）司法行政

斯洛伐克语作为斯洛伐克共和国的国家语言，在司法和行政领域拥有优先使用的权限。

根据《斯洛伐克共和国宪法》第六条[2]：

---

[1] 参见 https：//www.minedu.sk/koncepcia-vychovy-a-vzdelavania-narodnostnych-mensin/，2022-11-22访问。

[2] 参见欧洲委员会网站，网址：https：//www.venice.coe.int/webforms/documents/default.aspx? pdffile = CDL-AD（2010）035-e，2022-11-22访问。

（1）斯洛伐克共和国境内的官方语言是斯洛伐克语；

（2）法律应规定在官方通讯中禁止使用国语以外的语言。

斯洛伐克《国家语言法》第3条规定：国家机关、地方自治机关、其他公共行政机构、该公共机关设立的法人和依法设立的法人在公务通信中使用国家语言；上述当局和法人的雇员和公务员，以及在运输、邮电和电信行业工作的人员，斯洛伐克共和国武装部队、武装警卫队、其他武装部队和消防队，必须掌握并在官方交流中使用国家语言。国家法律、政府法令和其他具有普遍约束力的法律规定均需使用国家语言，包括由地区自治当局发布的法律，以及决定和其他公共文件的语言，但由使用少数民族语言或外语作为教学语言的学校颁发的学校证书除外。所有官方文书（包括出生、婚姻和死亡登记、会议记录、决议、统计、记录、决算、官方记录、面向公众的信息、供公众使用的教会和宗教团体的文书和文件等）使用国家语言。所有机关和法人在其所有信息系统和相互交流中应使用国家语言，在与当局和法人进行正式沟通时，自然人或法人应使用国家语言。

第7条第1款规定，法院与公民之间的相互交流，司法诉讼、行政诉讼、执法机关诉讼程序中的交流，以及法院、行政机关和执法机关的裁决和记录，应当以国家语言进行并发布。

根据国际法以及斯洛伐克《宪法》《民法》和《刑法》等法律规定，在斯洛伐克的司法程序中，可以使用少数民族语言，不过前提是当事人不会使用斯洛伐克语。在行政管理方面，《少数民族语言使用法》（1999年，2011年修改）规定，在少数民族聚居比例达到当地人口15%的地区，少数民族可以享受该族语言的行政管理服务[①]。

（二）大众传媒

出于保障言论自由的需要，斯洛伐克《宪法》规定，任何公民

[①] 何山华：《中欧三国：国家转型、语言权利与小族语言生存》，商务印书馆2018年版，第214页。

出版媒体作品无需批准。《出版物法》（1997年）也规定不得限制少数民族期刊、不定期出版物或视听作品。不过斯洛伐克《国家语言法》（1995年）规定，在斯洛伐克共和国境内广播的无线电服务和电视服务应使用国家语言；地方电台或电视台不得完全使用少数民族语言播送，任何播送的少数民族语言节目都必须另择时间用斯洛伐克语播送相同内容的节目。

2010年，斯洛伐克通过了《斯洛伐克广播电视法》（2010年），对公立的斯洛伐克电视台和斯洛伐克广播电台进行合并，并对其节目内容进行改革。该法第5条第一段规定："使用与斯洛伐克境内少数民族和民族群体在内容和地区分布上都平衡的语言进行广播；……对上述节目的播送在时间长度安排上应与捷克境内少数民族和民族群体人口结构相一致；为确保民族节目的制作和播送，斯洛伐克广播电视台应设立独立部门对此负责。"该法的一个重要意义就是要求对播送时间的安排要与民族人口结构相一致。

（三）社会应用

斯洛伐克对于公共场所和很多社会领域的语言使用都进行了严格的规定，确保斯洛伐克语的优势地位得以彰显的同时，对小族语言的使用进行了限制。

2011年，斯洛伐克政府修改了《国家语言法》和《少数民族语言法》。新的《国家语言法》规定，在社会服务或护理机构，如医院、老人院和酒店，工作人员一般情况下应使用斯洛伐克语提供服务，但如服务对象母语不是斯洛伐克语，也可使用其可以交流的语言。在少数民族聚居城市，少数民族成员可以使用其母语，但工作人员没有使用少数民族语言的义务。《少数民族语言法》则规定在少数民族聚居城市，少数民族成员可以在健康护理和社会护理机构、儿童社会和法律保护机构、社会惩教或感化机构使用少数民族语言。但上述机构并无义务确保提供少数民族语言的服务。

2011年，斯洛伐克政府也修改了《使用少数民族语言标识市镇名称法》，去除了原先禁止使用少数民族语言地名的一些规定。2011年的《国家语言法》规定，公共场所的信息，包括商店、体育场馆、饭店、街道、机场、公交车站和火车站及公共交通工具上的信息，都必须用斯洛伐克语，如果涉及其他语言，应放在相同内容的斯洛伐克语之后，且字体不得大于斯洛伐克语；在少数民族聚居城市，可以将少数民族语言信息置于斯洛伐克语之前。2011年的《少数民族法》则规定，在少数民族聚居城市，涉及对生命、健康或财产安全的信息必须在斯洛伐克语之外也用少数民族语言进行标示。《国家语言法》规定：城市及其所属区域的名称、街道和其他公共区域的名称、其他地理名称以及官方地图和行政地图中包含的数据都应使用国家语言。斯洛伐克共和国公民有权免费将他/她的姓名和姓氏修改为斯洛伐克拼写形式。

在少数民族语言地名的使用方面，匈牙利族与斯洛伐克政府之间曾展开过博弈。斯洛伐克在脱离奥匈帝国之后，就立即对原先匈牙利语的村镇名字重新取用了斯洛伐克语名字，不过在有的地方可以同时使用匈牙利语和斯洛伐克语名字。1948年之后，所有未曾改名的村镇都被改成了斯洛伐克语名字，在路标、印章和官方文件中只能使用斯洛伐克语名字。1994年之后，情况有所改变，根据《使用少数民族语言标识市镇名称法》（1994年），在少数民族居民超过20%的地方，其地界可以在斯洛伐克语之后同时使用少数民族语言，但在官方印章和地图等处依然只能使用斯洛伐克语。而且使用斯洛伐克人名命名的地方不得使用少数民族语言，即使少数民族居民超过20%。根据《少数民族语言使用法》（1999年），在少数民族居民超过20%的地方，地方当局可以在斯洛伐克语路标下同时使用少数民族语言标注，但公共行政部门建筑必须同时使用斯洛伐克语[①]。

[①] 何山华：《中欧三国：国家转型、语言权利与小族语言生存》，商务印书馆2018年版，第152页。

第六节 斯洛伐克"国家语言"建构效果

语言是文化的核心，是一个民族的精神所在，具有身份标识的功能，也是国家认同建构的常见工具之一。就斯洛伐克的情况而言，其"国家语言"建构的效果应当从两个方面来检验，即其国民是否对斯洛伐克语的认同超过对捷克语的认同，以及该国少数民族对斯洛伐克语的认同是否超过其民族语言，或少数民族对斯洛伐克的国家认同是否超过对其母国的认同。

在社会主义捷克斯洛伐克时期，斯洛伐克的生活水平、消费和教育水平几乎与捷克的水平持平，两地的居民也拥有几乎相同的大众媒体和文化。斯洛伐克的语言文化得到了高度发展，斯洛伐克语年均出版书籍数量从650本上升到1985年的3000本，而同时期捷克语图书的出版量仅为4000本。这说明在联邦时期斯洛伐克寻求平等的努力取得了很好的效果，斯洛伐克语图书占捷克斯洛伐克图书产量的43%，捷克语图书占57%，斯洛伐克语占该国流行图书的31%，捷克语图书占63.1%（1991年）。此外，1945年至1989年间，斯洛伐克开设了9所新的高等学府，捷克仅开设了5所，使斯洛伐克快速减少了与捷克高度发达的高等教育之间的差距。

有意思的是，捷克斯洛伐克解体后，斯洛伐克的图书生产部门停滞不前，甚至出现萎缩。20世纪80年代末至2004年间，捷克书籍年出版量从4000本飙升至15700本。在同一时期，斯洛伐克的图书产量从1996年的3000本缓慢增加到4000本，但后又下降到2500本。在1998年达到4500本书的峰值，之后又下降到每年3500到4000本书之间波动。20世纪80年代末，捷克和斯洛伐克每10万居民出版书籍为60和40本，但2002年时该数字变成了140和60本，显然落后于联邦时期。

斯洛伐克独立之后，其经济发展水平落后于捷克，而捷克出版商则随着捷克经济的蓬勃发展也不断提高供应，导致了捷克语书籍呈爆炸式增长。这就使斯洛伐克面临一个尴尬的局面，即尽管国家在1993年后就声称要将斯洛伐克语作为国家语言予以保护和推广，但实际上其在文化市场的地位反而下降了。在20世纪80年代末，捷克语和斯洛伐克语书籍的年产量比为4∶3，但到2004年，这一比例变为15.7∶4。在斯洛伐克，大多数最新的技术、自然和社会科学学术教科书，以及大多数小说和专业文学的翻译都只有捷克语版本。捷克主要的日报和新闻周刊在斯洛伐克各地都有出售。捷克也有大量廉价的世界文学丛书，与斯洛伐克语报纸一起出售。捷克语出版物通常占斯洛伐克书店存货的三分之一。

斯洛伐克学生和普通读者每天阅读捷克语出版物几乎是自然而然的事，但捷克人并不每天阅读斯洛伐克语出版物。1993年以后，斯洛伐克语书籍在捷克的书店里很少见。2003年在捷克共和国进行的一项民意调查显示，80%的受访者表示很好地理解斯洛伐克语，30%的人认为他们能用这种语言说话，但只有19%的人承认读过斯洛伐克语出版物。捷克语出版物在斯洛伐克的普及率是历史上最高的，而斯洛伐克语书籍和期刊在捷克共和国的普及率则比1993年之前小得多（本节以上数据来自Kamusella 2009）[①]。

另一方面，匈牙利族对斯洛伐克国家的认同似乎在不断上升。匈牙利语作为斯洛伐克国内最大的少数民族语言，有超过60万人（约占该国人口的11.5%），但该语言群体的比例和绝对人数一直在下降。例如，1991年至2011年，讲匈牙利语的人数减少了约10万人，降幅达20%（斯洛伐克共和国统计局，2012），根据斯洛伐克共和国统计局公布的统计数据（2010年），自2011年以来，同样的趋势仍在继续：说匈牙利语的少数民族人数进一步减少，而占主导地位的群体人数稳步增加。导致匈牙利语族群减少的一个重要因素可能与跨语言婚姻的增加有关。如今，大约有三分之一讲匈牙利语的人与斯洛伐克人结婚，绝大多数混合语言家庭的孩子登记为

[①] Tomasz Kamusella, *The Politics of Language and Nationalism in Modern Central Europe*, New York：Palgrave Macmillan, 2009, p. 897.

斯洛伐克语使用者。

《国家语言法》和《少数民族语言使用法》允许在匈牙利人至少占当地人口15%的行政区域使用匈牙利语。《国家语言法》规定了匈牙利族必须学习斯洛伐克语，但没有规定斯洛伐克人有任何义务学习匈牙利语，因此斯洛伐克学校很少将匈牙利语作为选修课来教授，匈牙利语在正式场合中的使用仍然是偶然和模糊的。匈牙利少数民族中受过高等教育的人的比例约为斯洛伐克多数民族的一半。

根据Laszlo Vincze等人在2017年所做的调查，在匈牙利族中学生中收集了自我报告问卷数据（N=311）。在此调查中，参与者自愿填写了一份匈牙利语纸笔问卷。受试者平均年龄为17.80岁（SD=1.29）。大约68%的受访者是女性，32%是男性，并将所收集的数据通过贝叶斯算法（Bayesian statistics）进行分析，并于2021年发表的针对斯洛伐克的匈牙利人对匈牙利语的民族语言认同的调查结果可以发现，匈牙利族发生了明显的语言迁移，即更多的人转向使用斯洛伐克语。各类调查显示，斯洛伐克的匈牙利族具有异常高的同化倾向[1]。例如，即使有相应的匈牙利语学校存在，匈牙利族父母也经常让子女进入斯洛伐克语学校就读[2]，体现出消极的民族语言认同。国家语言政策、国家法律制度、学校教育、社会环境以及对斯洛伐克语作为国家语言的认同、语言活力和语言能力等因素都促使少数民族转向斯洛伐克语。除此之外，斯洛伐克的一些法律法规也使得"被动"国家语言认同度的上升，例如：在医疗保健方面，《国家语言法》原则上要求使用斯洛伐克语，除非患者无法用这种语言交流。虽然法律允许在少数群体达到20%的门槛时使用少数群体语言，但它明确指出，医务人员没有义务使用斯

---

[1] László Gyurgyík,. *A szlovákiai magyarság demográfiai folyamatai 1989-től 2011-ig: különös tekintettel a 2001-től napjainkig tartó idészakra*. Fórum Kisebbségkutató Intézet, 2014.

[2] Laszlo Vincze et al, "Ethnolinguistic Identity, Coping Strategies and Language Use among Young Hungarians in Slovakia", *European Journal of Applied Linguistics*, Vol. 9, No. 2, 2021, p. 209.

洛伐克语以外的任何语言。2016年的一项质性调查显示，斯洛伐克的匈牙利族对斯洛伐克比对匈牙利表现出更多认同：在访谈中虽然有受访者拒绝在斯洛伐克和匈牙利之间做二选一的选择，但他们表达出对斯洛伐克语的较高认同，比如有很多人声称与斯洛伐克族有很好的关系，经常在交谈中混用斯洛伐克语和匈牙利语；他们对匈牙利未能提供更多的支持表示失望；在到了匈牙利之后，被匈牙利人视为外来者予以排斥、对其匈牙利方言表示难以理解、先入为主地认为其在斯洛伐克的生活条件很糟糕。尽管匈牙利族表示其对所生活地区的认同高于对斯洛伐克国家的认同，但在一定程度上，我们可以看出斯洛伐克境内的小族群体对斯洛伐克国家和语言的认同程度在上升。

第四章

塞尔维亚"国家语言"建构

第一节 塞尔维亚的社会文化背景

一 塞尔维亚民族—国家形成历史

塞尔维亚共和国（The Republic of Serbia），简称塞尔维亚，位于欧洲东南部，是巴尔干半岛中部的内陆国，与黑山、波斯尼亚和黑塞哥维那（波黑）、克罗地亚、匈牙利、罗马尼亚、保加利亚以及北马其顿接壤。至少3500年前，塞尔维亚这片地区可能已经有较大型的村落。塞尔维亚族，简称塞族，是塞尔维亚的主体民族。公元8世纪，斯拉夫民族来到现在的塞尔维亚，后在拜占庭帝国的影响下改信东正教。最早以"塞尔维亚"为名的国家是10世纪中叶由察斯拉夫·卡罗尼米洛维奇（Časlav Klonimirović）所建立的。12世纪后半叶到14世纪中期，塞尔维亚人是巴尔干地区的一支重要力量，当时尼曼雅王朝崛起，统一了塞尔维亚各部落，并首次将科索沃地区并入塞尔维亚王国。14世纪中叶沙皇斯特凡·杜尚在位期间塞尔维亚获得较大发展，颁布《斯特凡·杜尚法典》。奥斯曼帝国于14世纪后期开始征服巴尔干半岛，并于1389年科索沃战役中击溃塞尔维亚人。1459年塞尔维亚被土耳其人占领后，长期遭受外国的统治，许多塞尔维亚人移居奥匈帝国伏伊伏丁那地区。

到 15 世纪末，奥斯曼帝国已完全征服了塞尔维亚，并开始了长达 500 多年的统治，塞尔维亚大部分地区直到 1718 年仍处于奥斯曼帝国的控制下。在俄国的协助下，塞尔维亚与土耳其人进行谈判，并获得一定的自治权。尽管当时的塞尔维亚民族在文化上还十分落后，塞尔维亚公国的识字率在 1827 年还不到 0.5%[①]，但启蒙运动和法国大革命影响了塞尔维亚的知识分子，着手撰写塞尔维亚的历史，这标志着塞尔维亚民族精神的觉醒[②]。塞尔维亚在 1804 年和 1815 年两次革命当中获得了高度自治，建立了塞尔维亚公国。1830 年，奥斯曼帝国授予塞尔维亚公国完全的自治权。1877—1878 年俄土战争后获得独立，加速了塞尔维亚民族聚合的过程。1878 年"柏林会议"后，国际社会承认塞尔维亚王国。

20 世纪初的两次巴尔干战争中，塞尔维亚收复了科索沃地区，并兼并了马其顿等地区，塞尔维亚人和黑山人开始设想某种南斯拉夫人精神上的团结。1914 年 6 月 28 日，奥匈帝国皇位继承人斐迪南大公夫妇被塞尔维亚族青年普林西普在萨拉热窝枪杀。7 月 28 日，奥匈帝国因此事向塞尔维亚宣战，导致了第一次世界大战的爆发。塞尔维亚于 1914 年末成功地抵抗了奥匈帝国三次进攻，但在 1915 年，同盟国（包括奥匈帝国、德国、保加利亚）共同向塞尔维亚发动攻势，并占领了其全境。1918 年第一次世界大战同盟国战败，塞尔维亚得以复国，同年 12 月塞尔维亚人和其他南部斯拉夫人联合成立了统一的国家，即塞尔维亚—克罗地亚—斯洛文尼亚王国，王国的首都是贝尔格莱德，伏伊伏丁那也同塞尔维亚统一。然而从一开始，各民族间存在的种族、文化及宗教等方面的差异埋下了冲突的隐患。克罗地亚人在克罗地亚农民党领袖斯捷潘·拉迪奇（Stjepan Radić）的领导下，希望将南斯拉夫改变为一个三个民

[①] Traian Stoianovich, "The Pattern of Serbian Intellectual Evolution, 1830 – 1880", *Comparative Studies in Society and History*, Vol. 1, No. 3, March 1959, p. 250.

[②] Mihael Antolović, "Modern Serbian Historiography Between Nation-building and Critical Scholarship: The Case of Ilarion Ruvarac (1832 – 1905)", *Hungarian Historical*, Vol. 5, No. 2, May 2016, p. 332.

族共存的民主联邦制国家。拉迪奇坚持共和制纲领，要求让克罗地亚人民享有自治权，摆脱塞尔维亚的压迫。1928年6月20日，拉迪奇与农民党成员参与国民会议时遭遇枪击，两人当场死亡。枪击案后不久，矛盾更加激化，亚历山大国王进行了一些激烈的改革。1929年亚历山大国王废除宪法，下令议会休会，国名改为南斯拉夫王国。其领土包括今天的塞尔维亚、黑山、克罗地亚、斯洛文尼亚、波黑和北马其顿[1]。

第二次世界大战爆发后，德国入侵了并占领了欧洲大部分地区，包括南斯拉夫的邻国匈牙利、罗马尼亚和保加利亚。1941年4月，轴心国入侵并瓜分南斯拉夫，伏伊伏丁那大体被匈牙利兼并，科索沃并入阿尔巴尼亚，塞尔维亚其余部分则由德军占领。塞尔维亚在铁托的领导下组成南斯拉夫民族解放军开始反抗德国的占领。1945年苏联红军进入南斯拉夫，铁托成为国家领袖，建立了共产主义国家南斯拉夫社会主义联邦共和国（南联邦），包括了塞尔维亚、黑山、斯洛文尼亚、波斯尼亚和黑塞哥维那、克罗地亚和马其顿，同时塞尔维亚人民议会确认伏伊伏丁那和科索沃实行自治。起初，南联邦与苏联联盟，但在20世纪40年代中期，铁托对斯大林的专断感到不满，1948年南联邦与苏联决裂。1961年，铁托与埃及、印度、印度尼西亚、阿富汗等国首脑在贝尔格莱德召开会议，反对任何形式的"殖民主义、帝国主义和新殖民主义"，标志着不结盟运动的兴起。南斯拉夫社会主义联邦共和国在铁托的领导下，推行社会主义市场经济，在这个时期成为东欧共产主义国家当中较富裕的国家。1980年铁托逝世后，南斯拉夫经济不断下滑，民族矛盾激化，最终导致了南联邦在1990年代初解体。1991年斯洛文尼亚、克罗地亚和马其顿宣布独立。1992年，波斯尼亚和黑塞哥维那宣布为主权国家，同年塞尔维亚和黑山两国重组成立南斯拉夫联盟共和国（南联盟）。1999年，塞尔维亚共和国在科索沃战争中

---

[1] Michael A. Schuman, *Serbia and Montenegro* (*Nations in Transition*), New York: Facts on File, 2004, p.27.

遭到北约的轰炸，战争以国际社会接管科索沃告终。2003 年，南斯拉夫联盟共和国重新组建，改国名为塞尔维亚和黑山，组成松散的国家共同体。2006 年 5 月 21 日，黑山通过公民投票决定正式独立，6 月 3 日黑山议会正式宣布独立，6 月 5 日塞尔维亚议会亦宣布独立并且成为塞黑联邦的法定继承国，塞黑联邦因而解散。10 月 28 日，塞尔维亚就是否接受新宪法草案举行全民公决，获得通过。在塞尔维亚本土，塞尔维亚族占人口约 90%，在伏伊伏丁那，塞尔维亚族占人口的 63%。在波斯尼亚和黑塞哥维那，塞尔维亚族分别占塞族共和国和布尔奇科特区人口的 88% 和 43%。在黑山，塞尔维亚族是第二大民族，占总人口约 29%。

二 "国家语言"消解与建构历史

塞尔维亚语是南斯拉夫社会主义联邦共和国时期"塞尔维亚—克罗地亚语"的变体之一。南斯拉夫社会主义联邦共和国解体后，由于政治原因，"塞尔维亚—克罗地亚语"分为塞尔维亚语、克罗地亚语、波斯尼亚语以及黑山语等四种标准化形式。因此，塞尔维亚语与克罗地亚语、波斯尼亚语以及黑山语几乎可以无障碍地交流。在塞尔维亚跟波黑，该语并用西里尔字母和拉丁字母，并且两种字母都得到官方认可（两种字母的区别见图 5-1）。但在克罗地亚，该语仅用拉丁字母书写，西里尔字母并不得到官方的认可。

在公元 4 世纪，罗马帝国分为西罗马和东罗马，克罗地亚地区归属于西罗马，而塞尔维亚地区归属于东罗马（拜占庭帝国），这种行政归属对两地区当时的语言并无影响，但对后来在宗教、文化等方面出现的差异埋下伏笔。19 世纪，塞尔维亚语言学家和民俗学家武克·卡拉季奇（Vuk Karadžić）发起了语言改革，将本地语言与教会语言区分开来。在斯洛文尼亚人叶尔奈伊·科匹达尔（Jernej Kopitar）的影响下，卡拉季奇首先出版了一本语法书（*Pismenica srpskoga jezika*，1814），然后出版了一本塞尔维亚语词典（*Srpski rječnik*，1818），他选择了广泛使用的"什托"方言（Sh-

西里尔字母	拉丁字母	西里尔字母	拉丁字母
А	A	Н	N
Б	B	Њ	Nj
В	V	О	O
Г	G	П	P
Д	D	Р	R
Ђ	Đ	С	S
Е	E	Т	T
Ж	Ž	Ћ	Ć
З	Z	У	U
И	I	Ф	F
Ј	J	Х	H
К	K	Ц	C
Л	L	Ч	Č
Љ	Lj	Џ	Dž
М	M	Ш	Š

图 5-1 塞尔维亚语西里尔字母与拉丁字母对比

tokavian/Štokavian），为后来的塞尔维亚语奠定了基础。同时克罗地亚的柳德维特·盖伊（Ljudevit Gaj）发起了伊利里亚运动，并参与了标准语言和正字法，他认为所有南斯拉夫人在语言和文学上是统一的，因此都可以成为伊利里亚人。然而在19世纪中期，一些参与伊利里亚运动的人意识到这是不切实际的，唯一现实的则是根据"伊耶化"发音（Ijekavian）和"什托"方言创造一个克罗地亚人和塞尔维亚人共同的语言标准。

1850年3月，卡拉季奇和朱罗·丹尼契奇（Đuro Daničić）组织并出席了会议，与克罗地亚和斯洛文尼亚的作家开会讨论他们的文学作品在多大程度上可以统一为标准化塞尔维亚—克罗地亚语。会议就克罗地亚人和塞尔维亚人共同文学语言的构思发展在一般指导方针上达成一致；这些符合卡拉季奇的基本语言和正字法前提，并且部分符合克罗地亚语在伊利里亚运动前的一些方言特点，最终达成了《维也纳文学协议》(The Vienna Literacy Agreement),承认南斯拉夫方言的共性,并列举了它们共享的一套基本语法规则。在南斯拉夫,尤其是南斯拉夫社会主义联邦共和国的历史上,官方认为该协议为克罗地亚语和塞尔维亚语的最终编纂奠定了坚实的基础。不过在后来随着后来新的国家标准语言出现,即20世纪90年代波斯尼亚语、克罗地亚语和塞尔维亚语的出现,该协议又受到了批评。

1954年12月,25位塞尔维亚、克罗地亚和波斯尼亚的作家、语言学家于诺维萨德讨论塞尔维亚—克罗地亚语和正字法问题,旨在就南斯拉夫内部种族和语言分歧的达成统一,创建塞尔维亚—克罗地亚语全国通用的语言标准,最终签署了《诺维萨德协定》(Novi Sad Agreement)。《协定》达成了十项结论,表示"塞尔维亚人、克罗地亚人和黑山人的民族语言是相同的,拥有"埃化"发音(Ekavian)和"伊耶化"(Ijekavian)两种发音,使用字母的地位相等"等,促成了语言上的统一,将克罗地亚语和塞尔维亚语统称作"塞尔维亚—克罗地亚语"或"克罗地亚—塞尔维亚语"。该协议侧重于两种变体之间的相似之处,主要关注的是为了联邦化的南斯拉夫的利益而协调不同的语言变体。协议规定,来自塞尔维亚东部变体和克罗地亚西部变体的语言学家和知识分子群体将共同努力建立一本统一的词典和术语表。位于诺维萨德的塞尔维亚马蒂查文化协会(Matica srpska)和位于萨格勒布的克罗地亚马蒂查文化协会(Matica hrvatska)于1960年出版了正字法手册,发展塞尔维亚—克罗地亚标准语言。虽然受到塞尔维亚和南斯拉夫各级党政官员和知识分子的广泛赞誉,但该正字法受到克罗地亚知识分子的反对。他们认为这项工作过于以塞尔维亚人为中心,声称字典偏爱该语言的东部变体(塞尔维亚,黑山,波黑使用的语言,有"埃化"和"伊耶化"两种发音)而非西部变体(克罗地亚使用的语言,"伊耶化"发音)[①]。

---

① Vesna POŽGAJ HADŽI, "Language Policy and Linguistic Reality in Former Yugoslavia and Its Successor States", *Inter faculty*, Vol. 5, 2014, p. 49.

20世纪90年代初,南斯拉夫社会主义联邦共和国解体后,"塞尔维亚—克罗地亚语"分化独立成为塞尔维亚语和克罗地亚语。克罗地亚人拒绝使用西里尔字母而选用拉丁字母。塞尔维亚出于保持民族特征的考虑继续使用西里尔字母,但同时也使用拉丁字母。但是如何处理西里尔字母表成为塞尔维亚面临的一大难题。由于早期人们使用西里尔字母是将宗教文本翻译为早期斯拉夫语,西里尔字母与塞尔维亚东正教保持着密切的关系,塞尔维亚东正教也在一定程度上反映了塞尔维亚的文化。而在20世纪后期和21世纪,全球交流主要以英语进行,一些曾经的苏联共和国选择放弃西里尔字母,转而使用拉丁字母。塞尔维亚也出现了类似的趋势,即采用南斯拉夫各地广泛使用的拉丁字母表,年轻人更多使用拉丁字母。但同时塞尔维亚一部分人认为,西里尔字母代表着塞尔维亚民族,濒临灭绝,需要保护该字母表。对塞尔维亚而言值得宽慰的是,塞尔维亚在塞尔维亚—克罗地亚联合语言形成时有着强大的文学传统,这意味着在克罗地亚脱离后,不需要在塞尔维亚重新建立新的语言认同。总的来说,自南斯拉夫解体以来,塞尔维亚语变化较小[1]。

第二节 塞尔维亚的内外关系

一 与国际组织互动

自独立之后,塞尔维亚政府积极参与区域合作,长期将融入欧洲大西洋一体化进程作为外交的首要战略目标。塞尔维亚自2000年11月10日起成为欧洲安全与合作组织(OSCE)的成员。2000年11月27日,在维也纳欧安组织部长理事会会议上,塞尔维亚签署了欧安组织的关键文件,包括《赫尔辛基最终法案》《巴黎宪章》《伊斯坦布尔宣言》,接受并遵循这些文件产生的所有规则、

---

[1] Eric A. Rice: Language Politics in Bosnia, Croatia, and Serbia, Master's thesis, Naval Postgraduate School, 2010.

标准和义务。2006年塞尔维亚和黑山解体后,塞尔维亚、黑山分别以独立国家身份加入欧安组织。塞尔维亚作为申请加入欧盟的国家,致力于与欧安组织在塞尔维亚的特派团合作,根据要求进行政治和社会改革。欧安组织设有少数民族事务高级专员,要求塞尔维亚确保整个社会的语言多样性,尊重和保护少数民族的语言权利,包括少数民族人民在私人和公共领域使用其语言的权利①。

塞尔维亚于2001年加入欧洲委员会(Council of Europe),作为欧洲委员会的成员,塞尔维亚共和国签署了《欧洲人权公约》《欧洲保护少数民族框架公约》《欧洲区域或小族语言宪章》等条约,就国内小族语言权利的保护做了相关政策调整。《欧洲人权公约》禁止语言等任何理由的歧视;在法庭诉讼等环节以被告所理解的语言告知对其指控的性质和原因。欧洲委员会提出"一个多元化和民主的社会不仅应尊重属于少数人的每个人的族裔、文化、语言和宗教特性,而且应创造适当的条件,使他们能表达、维护和发展这一特性"(《欧洲保护少数民族框架公约》,1994)。塞尔维亚承诺尊重并保护少数民族的语言及权利,保障少数民族人民在私下或公共场合使用自己语言的权利,确保少数民族人民接受母语教育的机会及权利。欧洲委员会牵头制定的《欧洲区域或小族语言宪章》基于《欧洲人权公约》对区域或小族语言提出了一系列保护条例,强调跨文化和多语言的价值,采取有利于区域或小族语言的特别措施,保障这些语言使用者与其他群体的平等,禁止各种基于语言的歧视。这些条件的制定在一定程度上是为了防止在巴尔干地区因语言发生严重的族际冲突。

欧盟对于塞尔维亚的申请加入持谨慎态度,甚至提出以"承认科索沃独立"为条件。欧盟声称其语言政策建立在尊重所有成员国的语言多样性和欧盟范围内的文化平等的基础上,旨在保护欧洲语

---

① 参见欧安组织官网有关欧安组织驻塞尔维亚代表团的介绍,网址:https://www.osce.org/mission-to-serbia,2022-09-10访问。

言的多样性①。塞尔维亚积极签署欧洲委员会牵头制定的一系列条约，在《宪法》中保障少数民族语言权利，在国内设立少数民族委员会等措施，试图达到欧盟设定的标准，表现出较为配合的态度。《环球时报》2018年的一项统计显示，55%的塞尔维亚民众支持加入欧盟，反对者占21%。欧盟委员会在2018年2月的欧盟峰会上提到，如果顺利，塞尔维亚与黑山将于2025年加入欧盟。

二 与邻国互动

塞尔维亚与阿尔巴尼亚、波斯尼亚和黑塞哥维那、保加利亚、克罗地亚、匈牙利、北马其顿、黑山和罗马尼亚等八个国家接壤。塞尔维亚于21世纪初开始与邻国签署一系列关于《关于相互保护少数民族权利的协定》：罗马尼亚（2002年）、匈牙利（2003年）、马其顿（2004年）和克罗地亚（2004年）②。

（一）阿尔巴尼亚

塞尔维亚与阿尔巴尼亚因科索沃地区而结下宿怨。自12世纪起，塞尔维亚王国就将资源丰富的科索沃地区纳入统治范围，从此视其为塞尔维亚民族的发祥地和文化摇篮。14世纪，塞尔维亚败于奥斯曼帝国后北迁，阿尔巴尼亚人随即在奥斯曼鼓励下迁往科索沃地区。20世纪初，在第一次巴尔干战争中，塞尔维亚在五百年后夺回科索沃，而此时该地区已有相当比例的阿尔巴尼亚人，两族从此结怨甚深。1941年南斯拉夫被轴心国瓜分时，科索沃被划给阿尔巴尼亚，大量塞尔维亚人被迫逃离此地。第二次世界大战结束后，南斯拉夫将科索沃归入塞尔维亚共和国，亲法西斯的阿尔巴尼亚分子遭到清洗。在40年代末铁托与斯大林决裂后，阿尔巴尼亚

---

① 欧盟官网详细介绍了欧盟的特点是文化和语言的多样性，欧盟国家使用的语言是其文化遗产的重要组成部分，网站：https://european-union.europa.eu/principles-countries-history/languages_en，2022-09-10访问。

② Beretka Katinka and Tamás Korhecz, "The Agreement Between Serbia and Hungary on the Protection of National Minority Rights-Revision Welcomed", *Hungarian Journal of Legal Studies*, Vol. 60, No. 2, January 2019, p. 296.

选择与南斯拉夫共产主义政府断交。在20世纪90年代南斯拉夫战争中，塞尔维亚和黑山国家联盟于1999年与阿尔巴尼亚断绝外交往来。进入21世纪，两国关系略有缓和，但2014年11月阿尔巴尼亚总理访问塞尔维亚期间在两国领导人会晤中提出塞尔维亚必须尊重"科索沃的独立无可否认"的事实，引发塞方强烈不满。

如今阿尔巴尼亚在塞尔维亚首都贝尔格莱德设有大使馆，两国都是欧洲委员会、欧洲安全与合作组织（OSCE）、中欧自由贸易协定（CEFTA）和黑海经济合作组织（BSEC）的正式成员。阿尔巴尼亚的官方语言为阿尔巴尼亚语，阿尔巴尼亚的主要方言有两种：南部的托斯克（Tosk）和北部的盖格（Gheg），两者差别不大。自第二次世界大战以来，阿尔巴尼亚使用的标准阿尔巴尼亚语一直以托斯克方言为基础。

（二）波斯尼亚和黑塞哥维那

波斯尼亚和黑塞哥维那（波黑）的官方语言为波斯尼亚语、塞尔维亚语和克罗地亚语。20世纪90年代，"塞尔维亚—克罗地亚语"分为多种新语言：塞尔维亚语、克罗地亚语、波斯尼亚语和黑山语。在民族主义思想的驱动下，波斯尼亚和黑塞哥维那语言学家编写了新的语法书并制定了新的拼写规则，尽可能将他们的语言与其他语言区分开来。不过由于语法和词汇的主要部分保持不变，所以不同语言之间的交流并没有障碍。最大的区别是尽管拉丁字母在所有语言中都通行，而塞尔维亚语更倾向于使用西里尔字母书写，而这两种文字在历史上一直是可以互换的，因此这四种标准语言的很多人都可以阅读拉丁字母和西里尔字母。在波黑，烟盒上的禁止吸烟是用三种语言书写的，唯一的区别是塞尔维亚语的版本是用西里尔字母书写的，其他则完全相同。

由于波黑官方语言有三种，波黑的公共行政、公共广播和教育系统中都同时使用三种语言。这种"三合一"的做法在1995年签署的《代顿和平协议》上也有体现，该协议以三种语言撰写和签署。在战后的波黑，所有官方文件都需要译成三个版本。联邦政府网站也同时提供三种语言的版本。语言竞争在波黑一直是政治辩论的主题之一①。

(三) 保加利亚

保加利亚与塞尔维亚在语言文化上较为接近，双方在文化领域合作较多，但在马其顿和科索沃的问题上存在争议。南斯拉夫解体后，保加利亚是第一个承认马其顿独立的国家；2008 年，保加利亚承认科索沃的独立主权国家地位。

如今两国在对方互设大使馆，保持了总体较平稳的关系。保加利亚是欧盟成员国，这意味着该国已经签署了前述《欧洲人权公约》《欧洲保护少数民族框架公约》《欧洲区域或小族语言宪章》等条约。

(四) 克罗地亚

克罗地亚与塞尔维亚曾同属南斯拉夫社会主义联邦共和国，两国的语言也曾被融合成同一种语言。但其实早在第二次世界大战期间，克罗地亚就采取行政措施来清除克罗地亚语中的塞尔维亚语和其他被认为是"外国"或"非克罗地亚语"的成分②。1967 年克罗地亚学者发表了《关于克罗地亚书面语言的名称和地位的宣言》，否认《诺维萨德协定》，宣称克罗地亚语和塞尔维亚语是不同的语言。1991 年克罗地亚宣布独立后，宪法规定克罗地亚的官方语言为克罗地亚语，同时强调"所有少数民族成员有表达其民族身份和文字的自由，并保证行使文化自主权。"

克罗地亚的《宪法》《克罗地亚少数民族权利宪法》《少数民族语言和文字教育法》和《少数民族语言和文字使用法》均承认塞尔维亚语是克罗地亚官方承认的少数民族语言之一。塞尔维亚语和克罗地亚语是曾经的"塞尔维亚—克罗地亚语"的两个标准化变

---

① Lidija Pisker, "The Politics of Language in Bosnia and Herzegovina", (October 2018), https://www.equaltimes.org/the-politics-of-language-in-bosnia? lang = en#. YjiqwupBwdU.

② Tomasz Kamusella, *The Politics of Language and Nationalism in Modern Central Europe*, New York: Palgrave Macmillan, 2009, p. 229.

体,在2011年人口普查中,克罗地亚的大多数塞尔维亚人表示克罗地亚标准化变体是他们的第一语言。根据1996年克罗地亚与塞尔维亚签署的《伊尔杜协议》(*Erdut Agreement*),东斯拉夫尼亚、巴拉尼亚和西斯雷姆地区提供塞尔维亚语教育,但这一权利并非一直得到保障。2015年4月,联合国人权委员会敦促克罗地亚政府确保少数民族使用其语言的权利,特别是武科瓦尔等城市使用塞尔维亚西里尔字母的情况。

(五) 匈牙利

塞尔维亚与匈牙利两国有共同的边界,且有本族同胞生活在对方境内,约有25万匈牙利裔生活在塞尔维亚,约7000塞尔维亚裔生活在匈牙利境内。两国在第一次世界大战和第二次世界大战间均有冲突。在20世纪90年代前南斯拉夫解体后,匈牙利很早就支持克罗地亚的独立。南斯拉夫曾将部分匈牙利裔驱逐出境。后来匈牙利也较早承认科索沃的独立。2013年之后,两国实现和解,关系趋于缓和。

塞尔维亚与匈牙利在2003年签订了关于互相保护少数民族的双边协议——《关于保护居住在塞尔维亚和黑山的匈牙利少数民族和居住在匈牙利共和国的塞尔维亚少数民族权利的协定》。协定保障了少数民族使用母语、学习母语和接受母语教育的权利,保护和发展了少数民族文化。塞尔维亚和匈牙利之间的协议通过政府间少数民族混合委员会提供了一个特别的监测和执行机制,该委员会由塞尔维亚和匈牙利两国政府任命同等数量的代表组成,塞尔维亚的匈牙利自治政府代表和匈牙利的塞尔维亚人必须参与[①]。匈牙利《民族和少数民族权利法》将保加利亚、罗马尼亚、希腊、克罗地亚、塞尔维亚和斯洛伐克等13个民族认定为匈牙利本土的少数民族,承认"在匈牙利共和国,任何人都可以在任何地方和任何时间自由使用其母语。"

---

① Beretka Katinka and Tamás Korhecz, "The Agreement Between Serbia and Hungary on the Protection of National Minority Rights", *Hungarian Journal of Legal Studies*, Vol. 60, No. 2, January 2019, p. 300.

(六) 北马其顿

塞尔维亚与马其顿曾同属南斯拉夫社会主义联邦共和国。2008年马其顿共和国承认科索沃独立后,两国曾一度中断外交关系,后恢复;2017年,马其顿总理宣布支持科索沃加入联合国教科文组织,塞尔维亚政府予以谴责。

根据塞尔维亚2011年普查结果,在塞尔维亚有2万多马其顿族;马其顿2002年普查显示有3.6万塞尔维亚族。2004年,两国签订双边条约,承诺保护在塞尔维亚的马其顿族人和马其顿领土上的塞尔维亚族人。

北马其顿的官方语言是马其顿语,而阿尔巴尼亚语具有共同官方地位。大约三分之二的人口使用马其顿语,其余大部分人使用马其顿语作为第二语言。阿尔巴尼亚语是最大的少数民族语言,另外五种少数民族语言是土耳其语、罗姆语、塞尔维亚语、波斯尼亚语和罗马尼亚语。2001年的宪法修正案规定,在地方一级,除了马其顿语外,阿尔巴尼亚语、土耳其语、罗姆语和塞尔维亚语等语言用于地方行政官方语言。

(七) 黑山

塞尔维亚和黑山在历史上有非常紧密的关系,双方关系密切。原南斯拉夫社会主义联邦共和国解体后,塞尔维亚与黑山两个加盟共和国于1992年首先组成南斯拉夫联盟共和国,该联邦后于2003年2月4日重组并更名为"塞尔维亚和黑山"。2006年5月21日,黑山举行独立公投,独派以微弱的优势获胜,随后黑山议会正式宣布黑山独立。6月5日,塞尔维亚议会宣布继承原塞尔维亚和黑山国家共同体的国际法主体地位,塞黑解体为塞尔维亚共和国与黑山两个主权国家。

历史上,黑山的语言被称为塞尔维亚语、黑山语或者"我们的语言"。在南斯拉夫解体后,部分独立派提出将黑山语与塞尔维亚语区分开来。2004年,黑山政府更改了学校课程,将语言必修课名词从"塞尔维亚语"改为"母语(塞尔维亚语、黑山语、克罗地亚语、波斯尼亚语)"。政府声称这一改变可以更好地反映公民使用语言的多样性,并保护使用其他语言的非塞族公民的人权。2007年黑山共和国议会通过黑山独立后的第一部宪法,规定黑山语是黑山的官方语言。波斯尼亚语、克罗地亚语、塞尔维亚语和阿尔巴尼亚语均为官方使用语言。

黑山境内黑山族占45%,塞尔维亚族占29%,波什尼亚克族占8.6%,阿尔巴尼亚族占4.9%[1]。黑山《少数民族法》规定,少数民族成员在地方政府总人口的比例为15%,官方将会使用其语言及文字。黑山政府创办的媒体有义务以少数民族语言播放节目。少数民族群体可以以他们的语言接受教育。2008年1月,黑山政府成立了黑山语言编纂委员会,旨在根据国际规范对黑山语言进行标准化。2010年6月,普通教育委员会通过了第一个黑山语法。

(八) 罗马尼亚

塞尔维亚与罗马尼亚总体关系良好,罗马尼亚不支持科索沃单方面宣布独立。而罗马尼亚的这一立场,与其国内有较多的匈牙利族人口有关。根据2011年的普查结果,罗马尼亚有约1.8万名塞尔维亚族,而塞尔维亚有约3万罗马尼亚族。

根据1991年通过的罗马尼亚《宪法》,罗马尼亚语为官方语言。宪法第32条保障少数民族群体在《教育组织法》规定的条件下学习母语和接受母语教育的权利。2003年宪法修正案提到在少数民族公民有重大影响力的区域公共行政部门和服务部门使用少数民族语言,少数民族公民可以在法庭上使用母语和口译员。罗马尼亚的教育法规定"少数民族有权依法设立和管理自己的民办高等教育机构",如匈牙利少数民族便设立了自己的私立大学教育机构[2]。

---

[1] 参见中国外交部网站"黑山国家概况",网址:https://www.mfa.gov.cn/web/gjhdq_676201/gj_676203/oz_678770/1206_679258/1206x0_679260/,2022-10-05日访问。

[2] Sergiu Constantin, "Linguistic Policy and National Minorities in Romania", *Noves Sl Revista De Sociolingüística*, Vol. 3, No. 3, 2004, p. 2.

（九）科索沃地区

科索沃于2008年单方面宣布从塞尔维亚独立，但塞尔维亚只承认其为自治省。此地91%为阿尔巴尼亚族，4%为塞尔维亚族，还有5%是其他少数民族[①]。北约1999年对科索沃的干涉，促使该地区的官方语言由塞尔维亚语（以西里尔字母为基础的塞尔维亚—克罗地亚语）改为阿尔巴尼亚语[②]。2006年7月科索沃通过的《语言使用法》规定阿尔巴尼亚语和塞尔维亚语是科索沃的官方语言。《语言使用法》补充了《反歧视法》和《欧洲保护少数民族框架公约》等用于保护区域或少数民族语言的条约。根据《语言使用法》，如果语言社区人口占市镇总人口的5%，那么这个语言也可以在市级被承认为官方语言，与阿尔巴尼亚语和塞尔维亚语具有相同的地位[③]。科索沃还通过了《少数民族语言使用行政规程》，设立语言专员办公室，成立语言政策执行委员会等，保障科索沃全境所有族裔群体的语言权利。2013年科索沃与塞尔维亚签署《布鲁塞尔协议》，双方关系逐渐正常化。

三　与境内小族互动

根据塞尔维亚2011年人口普查，塞尔维亚是一个多民族国家，83.3%人口（不计科索沃地区）是塞尔维亚族，总计有5988150人，匈牙利族是塞尔维亚最大的少数民族，占全国人口的3.5%，有253899人。第二是罗姆人，占总人口的2.1%，有147604人。

（一）阿尔巴尼亚族

在2011年人口普查之前，塞尔维亚政府和阿尔巴尼亚族聚居的普雷舍沃（Preševo），布亚诺瓦茨（Bujanovac）和梅德韦贾

[①] Kimete Canaj, "Language Policy and Language Planning in Kosova", *International Journal of Teaching and Education*, Vol. VIII, No. 2, 2020, p. 49.

[②] Tomasz Kamusella, *The Politics of Language and Nationalism in Modern Central Europe*, New York: Palgrave Macmillan, 2009, p. 240.

[③] Kimete Canaj, "Language Policy and Language Planning in Kosova", *International Journal of Teaching and Education*, Vol. VIII, No. 2, 2020, p. 38.

(Medveđa) 市建立协调机制，以满足阿尔巴尼亚少数民族参与人口普查的条件。相关地方将普查表格译成阿尔巴尼亚语，并将人口普查方法手册翻译成阿尔巴尼亚语，同时分发了一份用阿尔巴尼亚语编写的普查材料，邀请该族人员参与人口普查。由于有阿尔巴尼亚族的政治人物呼吁抵制人口普查，最终塞尔维亚统计局的官方数据显示有5809名阿尔巴尼亚人居住在塞尔维亚共和国。2001年以前，普雷舍沃地区的媒体不被允许使用阿尔巴尼亚语。2003年普雷舍沃电视台开始以阿尔巴尼亚语播出。布亚诺瓦茨和梅德韦贾也有以阿尔巴尼亚语播出的节目。近年相关权利保障工作有所推进。

(二) 波什尼亚克族[①]

2011人口普查显示，塞尔维亚共有145278名波什尼亚克族。波斯尼亚语已被引入塞尔维亚的教育体系。2016年，教育、科学和技术发展部 (Ministry of Education, Science and Technology Development) 与波什尼亚克少数民族国家委员会签署了合作备忘录，编写波斯尼亚语教科书。2016年4月，教育促进研究所根据《教育和抚养制度基础法》和《少数民族委员会法》编写少数民族语言文化课程，培训内容展示了各民族特性。27名斯洛伐克、罗马尼亚、波什尼亚克、匈牙利、克罗地亚和卢塞尼亚少数民族代表参加培训。从学前教育到高等教育，波什尼亚克族可接受波斯尼亚语教学，同时塞尔维亚也为学前教育机构教师、中小学教师及专业助理教授提供波斯尼亚语教学。

(三) 保加利亚族

2011人口普查显示，塞尔维亚有18543名保加利亚族，他们主要居住在塞尔维亚与保加利亚接壤的两个城市：波斯勒格勒 (Bosilegrad) 和迪米特洛夫格勒 [(Dimitrovgrad (Tsaribrod)]。迪米特洛

[①] 据董希骁 (2019)，该民族的名称译为波什尼亚克族，而其语言被译为波斯尼亚语。不过波黑塞族共和国认为"波斯尼亚语"与国名"波斯尼亚和黑塞哥维那"雷同，容易给人一种该国"唯一正统"官方语言的错误印象，因此波什尼亚克人的母语应被称为"波什尼亚克语"，以体现族群认同，而非国家认同。

夫格勒（Dimitrovgrad）市的网页使用保加利亚语，所有行政诉讼也可使用保加利亚语。同时市政府、市议会等官方文件及选举过程都有保加利亚语版本。

塞尔维亚的保加利亚族主要宗教是东正教，教堂的部分礼拜用保加利亚族可以理解的教会斯拉夫语进行。在贝尔格莱德语言学院可以学习保加利亚语，在塞尔维亚和南斯拉夫文学系也可学习保加利亚文学。

（四）布涅瓦茨族

根据2011年人口普查，塞尔维亚有16706名布涅瓦茨族。2013年塞尔维亚通过了新的《初等教育法》，并于2017年和2018年进行了修订。该法第12条规定，少数民族的教育工作应以少数民族的语言和文字进行。特殊情况下，对于少数民族成员，教育工作可以用少数民族的语言和文字以及塞尔维亚语双语进行。当以少数民族语言、外语或双语接受教育时，必须学习塞尔维亚语。因此布涅瓦茨族的学生可以在小学用塞尔维亚语上课的同时，学习具有布涅瓦茨民族特色的课程。2015年11月23日，塞尔维亚国家行政和地方自治部长成立了一个特别工作组，负责起草《少数民族全国委员会法修正案》文本，工作组成员包括了布涅瓦茨少数民族国家委员会的代表。

（五）弗拉赫族

弗拉赫族是居住在塞尔维亚东部的少数民族，该民族主要使用塞尔维亚语和弗拉赫双语。有罗马尼亚学者认为弗拉赫族是罗马尼亚人的一个分支，但该民族有较强的自我认同，即自认为其在文化和语言上既不同于塞尔维亚人也不同于罗马尼亚人。在2011年的人口普查中，塞尔维亚有35330人登记为弗拉赫族，43095人表示自己使用弗拉赫语，而在该次普查中塞尔维亚族和罗马尼亚族都是可选项[①]。根据《宪法》和《塞尔维亚保护少数民族自由和权利

[①] 参见塞尔维亚2011年人口普查报告，下载地址：http://media.popis2011.stat.rs/2011/prvi_rezultati.pdf，2022-10-06下载。

法》，塞尔维亚禁止对弗拉赫族的任何歧视。2013—2014学年，针对弗拉赫少数民族学生，在七所小学进行试点项目，将弗拉赫民族文化作为选修课，教授弗拉赫语。

（六）希腊族、土耳其族

塞尔维亚2011年的人口普查显示塞尔维亚共有725名希腊族和647名土耳其族，人数相对于其他民族来说较少，但是塞尔维亚的贝尔格莱德大学语言学院的新希腊语研究系研究希腊语言和文学，并且塞尔维亚的伊斯兰社区提供土耳其语服务。

（七）南斯拉夫族

根据2011年人口普查，有大约23303塞尔维亚居民认为自己是南斯拉夫族，没有其他种族自我认同。此外，塞尔维亚还有塞尔维亚族、克罗地亚族、黑山族和其他种族的人自称为南斯拉夫族，但是他们不认为自己是南斯拉夫国家的一部分。

（八）匈牙利族

如果不算科索沃的阿尔巴尼亚族，匈牙利族是塞尔维亚第二大族群，他们主要生活在塞尔维亚北部的伏伊伏丁那。伏伊伏丁那是一个提倡多语言、多文化和多宗教的自治省，匈牙利语是伏伊伏丁那的六种官方语言之一。2013年6月12日，匈牙利少数民族国家委员会代表参与了《少数民族委员法》修正案的起草。塞尔维亚提供匈牙利语双语教学，匈牙利族学生可以选择匈牙利族民族文化课程。2011年，塞尔维亚出版并分发以塞尔维亚语和匈牙利语编写的小册子（含民族专员的管辖权和信息）、传单和投诉表格等，匈牙利族也可以浏览匈牙利语网站。

（九）马其顿族

2005年，塞尔维亚的马其顿族成立全国少数民族委员会。潘切沃（Pančevo）的马其顿信息和出版中心月刊《马其顿的愿景》（Makedonska videlina）是用马其顿语印刷的。在伏伊伏丁那广播电视和潘切沃地方电视台可以收看到马其顿语节目。马其顿族学生在小学接受塞尔维亚语教学，但塞尔维亚教科书出版研究所也为马其顿族学生出版以马其顿语编写的教科书。从 2010—2011 学年起，潘切沃的小学组织了马其顿语与民族文化元素的研究。在马其顿少数民族全国委员会的倡议下，2015—2016 学年开始，维尔沙茨（Vršac）和莱斯科瓦茨（Leskovac）的小学也开始这种教学模式。

（十）德意志族

在 2011 年人口普查中，塞尔维亚有 4,064 德意志族。在塞尔维亚德语被认为是外语，因此各个阶段的教育都在教授德语。在中学阶段，有几所中学使用德语实施双语教学。

（十一）罗姆族

根据 2011 年的人口普查，罗姆族是塞尔维亚第三大族群，人数为 147,604。虽然人数众多，但大量塞尔维亚罗姆族居住在贫民窟和所谓的"纸板城市"中，许多罗姆族儿童没有上过学。塞尔维亚社会存在着对罗姆族的持续歧视和社会排斥，在公民享受教育、就业、住房和法律保护等方面存在不公现象。为了改善罗姆族的生活待遇，提高罗姆族的地位，2013 年 6 月塞尔维亚通过了《2015 年 1 月 1 日前改善罗姆族地位战略行动计划》。为了更好地帮助罗姆族融入塞尔维亚，2013 年塞尔维亚成立了"改善罗姆族地位及罗姆融入十年计划执行委员会"（Council for the Improvement of the Status of Roma and Implementation of the Decade of Roma Inclusion），其中包含了罗姆族代表。在教育方面，塞尔维亚在地方自治单位设置了 175 名教学助理，其中有 35 名专门为学龄前儿童提供帮助，为罗姆族学生接受教育作出了重大贡献。在 2013 年《战略计划》到期后，塞尔维亚也制定了新的计划，涉及了罗姆人的住房、卫生健康、失业就业和妇女权益等方面。

（十二）罗马尼亚族

2011 年人口普查结果显示，塞尔维亚有 29332 名罗马尼亚族。塞尔维亚很多区域都开展罗马尼亚语的教学。2015—2016 学年起，扎耶查尔（Zaječar）的学校开设了罗马尼亚语课程，科拉多沃（Kladovo）和尼格丁（Negotin）的中学也有罗马尼亚族文化相关课程。2016年，教育、科学和技术发展部与罗马尼亚少数民族国家委员会签署合作备忘录，出版罗马尼亚语的教科书。而诺维萨德的哲学学院、罗马尼亚研究系、贝尔格莱德的教师教育系、罗马尼亚语（作为母语）系和学前教师教育专业职业研究学院提供罗马尼亚语高等教育。贝尔格莱德大学也研究罗马尼亚语言和文学。塞尔维亚共和国也与罗马尼亚签署了保护少数民族的双边协定，确保维护和发展罗马尼亚族语言、文化权利以及宗教身份。

(十三) 卢塞尼亚族

塞尔维亚在2011年人口普查中共有14246名卢塞尼亚族。卢塞尼亚这一名称在19世纪之前被用于指代如今乌克兰及周边地区的斯拉夫人，即罗斯人。在一定意义上，如今的乌克兰人也可自称为卢塞尼亚人，不过这一名称如今主要指喀尔巴阡地区的少数民族群体。该群体中有部分人具有乌克兰认同，也有部分具有独立的民族认同意识，自称卢塞尼亚人。在维尔巴斯（Vrbas）、扎巴里（Žabalj）和库拉（Kula），卢塞尼亚族学生可以在学前教育、小学、中学学习卢塞尼亚语。塞尔维亚官方资助伏伊伏丁那卢塞尼亚文化研究所。研究所是2008年初成立的。卢塞尼亚语言、文学和文化学会与该研究所合作出版了两卷《卢塞尼亚国家语言词典》。2016年，研究所为了增进卢塞尼亚族、斯洛伐克族和罗马尼亚少数民族成员之间的相互了解，启动了"Carpathian Parallels"研究项目。

(十四) 斯洛伐克族

根据2011年人口普查，塞尔维亚的斯洛伐克族人数为52750，占全国人口的0.7%。他们主要居住在科瓦契察（Kovačica）和巴奇佩特洛瓦茨（Bački Petrovac）。塞尔维亚的斯洛伐克族讲斯洛伐克语，但他们中的大多数人信仰新教，而不是像其他一样信仰天主教。在阿里布纳尔（Alibunar），巴奇（Bač），巴奇巴兰卡（Bačka Palanka），巴奇佩特洛瓦茨，贝尔琴（Beočin），兹雷尼亚宁（Zrenjanin），因吉亚（Inđija），科瓦契察，诺维萨德（Novi Sad），奥扎奇（Odžaci），旧巴佐瓦（Stara Pazova）和什德（Šid）等地区，小学一般用斯洛伐克语教授。诺维萨德的哲学学院、斯洛伐克研究系、桑博尔的教师教育学院和诺维萨德的学前教师教育专业职业研究院提供斯洛伐克语高等教育。贝尔格莱德大学、斯洛伐克研究系、斯洛伐克语言文学研究所语言文学系可以学习斯洛伐克语言文学。

（十五）斯洛文尼亚族

塞尔维亚有4033名斯洛文尼亚族。在斯洛文尼亚共和国少数民族事务办公室的参与支持下，塞尔维亚人权和少数群体权利办公室和保护平等专员开展了"促进人权和对歧视零容忍结对项目"，以提高少数民族、公务员与和公众对《欧洲保护少数民族框架公约》的理解认识。该项目内容之一是为参与报告和监测《欧洲保护少数民族框架公约》执行情况的相关机构提供人员培训。

（十六）乌克兰族

根据2011年人口普查，有4903名乌克兰族生活在塞尔维亚。在贝尔格莱德大学可以学习乌克兰语，在斯拉夫语研究系也可以学习乌克兰语言文学。在诺维萨德大学的哲学学院的卢塞尼亚语言和文学研究专业内，乌克兰语是4年的必修科目，而在俄罗斯语言和文学研究专业内，乌克兰语是选修科目。

（十七）克罗地亚族

2002年塞尔维亚承认克罗地亚是少数民族。2011年人口普查结果显示，塞尔维亚共有57900名克罗地亚族，其中47033人居住在伏伊伏丁那。塞尔维亚的部分地区从学前教育起会开始教授克罗地亚语，以帮助克罗地亚族了解自己本民族文化。贝尔格莱德大学语言学院文学系可以学习克罗地亚文学。诺维萨德大学也设有克罗地亚语言文学的课程，学生可自行选择并完成。塞尔维亚共和国与克罗地亚签署了保护少数民族双边协定，旨在维护和发展克罗地亚族语言和文化等权利。

（十八）黑山族

根据2011年人口普查，有38527名黑山族生活在塞尔维亚，是伏伊伏丁那省第六大种族。该民族主要信仰东正教。黑山语在小伊佐什（Mali Iđoš）市是行政语言。

（十九）捷克族

塞尔维亚共有1824名捷克族人。塞尔维亚小学一、二、三年级有用捷克语印刷的教材，捷克少数民族学生在小学用塞尔维亚语上课。但是白教堂市（Bela Crkva）和科文（Kovin）开设带有民族文化元素的捷克语课。在贝尔格莱德大学语言学系、斯拉夫语系可以学习捷克语言文学。捷克少数民族全国委员会印刷出版了双语印刷出版物（捷克语和塞尔维亚语）。委员会同时也资助了捷克语广播电台。

（二十）其他少数民族

根据2011年塞尔维亚的人口普查，塞尔维亚的少数民族还有戈兰尼族、阿什卡利族、埃及族、犹太族、穆斯林族、俄罗斯族、绍尔茨族等，但由于人口数量较少，与塞尔维亚的互动不多，相关资料不多，此处不做赘述。[1]

四 塞尔维亚语的"非我"镜像

与罗马尼亚人或匈牙利人不同的是，塞尔维亚人没有一种独特的语言可以将他们与邻国区分开来，其语言与克罗地亚人、波什尼亚克人和黑山人基本相同。塞尔维亚语与波斯尼亚语和克罗地亚语的不同之处在于书面形式。塞尔维亚语使用西里尔字母，克罗地亚语是用其他罗马天主教国家的拉丁字母书写的，波斯尼亚语曾一度使用阿拉伯字母，但也使用了拉丁字母。总体而言，塞尔维亚语和波斯尼亚语的标准化过程更加包容，愿意接受更广泛的习语并使用借词（德语和土耳其语），而克罗地亚语的语言政策更倾向于纯净化。

---

[1] 本节数据来自欧洲委员会2018年的文件Fourth Report submitted by Serbia pursuant to Article 25, paragraph 2 of the Framework Convention for the Protection of National Minorities，下载地址：https://rm.coe.int/4th-sr-serbia-en/16808d765e，2021-09-13下载。

在前南斯拉夫时期，语言问题既反映了民族间的紧张关系，也加深了民族间敌意。在中东欧地区，与宗教和种族一样，语言是民族认同的重要标志。1991年南斯拉夫解体后，塞尔维亚—克罗地亚语分裂成塞尔维亚语、克罗地亚语、波斯尼亚语和黑山语。

1960年塞尔维亚—克罗地亚语的正字法进行了改革，并发行了两本新的正字法手册。其他规范性手册（语法书、现行使用手册）和论文等大多限于塞尔维亚标准语言的解决方案。塞尔维亚语言政策支持语言统一的理念，但存在消除克罗地亚语言独特性的倾向[1]。塞尔维亚人非常关注两种文字（西里尔字母和拉丁字母）以及两种发音（"埃化"发音和"伊耶化"发音）的官方地位[2]。《诺维萨德协定》规定"塞尔维亚—克罗地亚语拥有'埃化'发音和'伊耶化'两种发音"，标准化塞尔维亚语认同这两种发音，然而标准化克罗地亚语和标准化波斯尼亚语仅接受"伊耶化"发音。

1960年代后期，克罗地亚文化工作者就开始将这种语言称为"克罗地亚文学语言"或"克罗地亚或塞尔维亚语"。1967年克罗地亚学者发表了《关于克罗地亚书面语言的名称和地位的宣言》，否认《诺维萨德协定》，宣称克罗地亚语和塞尔维亚语是不同的语言[3]，要求南联邦四种语言（斯洛文尼亚语、克罗地亚语、塞尔维亚语和马其顿语）之间享有平等地位。甚至在1991年克罗地亚宣布独立前，克罗地亚民族主义者弗兰乔·图伊曼（Franjo Tuđman）就曾试图"清洗"克罗地亚社会中长期存在的塞尔维亚元素[4]。克罗地亚独立后，宪法规定克罗地亚语为官方语言，并颁布了多部法

---

[1] Ivo Pranjković, "The Croatian Standard Language and the Serbian Standard Language", *International Journal of the Sociology of Language*, No. 147, 2001, p. 34.

[2] Marko Samardžija, "146. New Approaches to Standardization in the South Slavic Language Area", in Karl Gutschmidt, Tilman Berger, Sebastian Kempgen and Peter Kosta, eds. *Halbband*2, Berlin, München, Boston: De Gruyter Mouton, 2014, p. 2005.

[3] Tomasz Kamusella, *The Politics of Language and Nationalism in Modern Central Europe*, New York: Palgrave Macmillan, 2009, p. 230.

[4] Eric A. Rice: Language Politics in Bosnia, Croatia, and Serbia, Master's thesis, Naval Postgraduate School, 2010, p. 32.

律表明塞尔维亚语是克罗地亚的少数民族语言之一。克罗地亚人认为塞尔维亚语对他们民族和国家构成威胁，因此克罗地亚出版了克罗地亚语词典和语言使用手册。

"塞尔维亚—克罗地亚语"是前南斯拉夫时代官方的提法，随着南斯拉夫解体，塞尔维亚与克罗地亚各自恢复了自己语言的名称。不像克罗地亚对塞—克语的改变，塞尔维亚语仍然是它被称为塞—克语的样子。塞尔维亚出版了一些作品，在一定程度上表达了南斯拉夫语的提法已经过时和代表政治倒退的观点。今天，不论塞尔维亚还是克罗地亚，两国的官方和民间都不承认有"塞尔维亚—克罗地亚语"或"克罗地亚—塞尔维亚语"的存在。他们认为塞尔维亚语和克罗地亚语是两种非常相似但又互相独立的语言。所以在塞尔维亚，这种语言被称作塞尔维亚语，而在克罗地亚则被称作克罗地亚语。但在民间，大多数民众完全了解这些语言是基本相同的，在我们的采访中，有人举例说如果有塞尔维亚人在求职简历中"外语"一栏写上克罗地亚语、波斯尼亚语，肯定是要被笑话的。

除了塞、克两国恢复自己语言的名称以外，前南斯拉夫时代曾经是"塞尔维亚—克罗地亚语"标准音所在地的波黑也主张他们说的语言是不同于塞语和克语的语言，并自称自己的语言为"波斯尼亚语"。波黑的情况相较于塞尔维亚和克罗地亚则更复杂。1850年的《维也纳文学协议》和1954年的《诺维萨德协定》都没有涉及波斯尼亚语。1991年社会政治变化导致塞—克语的解体，塞尔维亚语和克罗地亚语很容易分开，因为前者用西里尔字母书写，后者用拉丁字母书写。但实际上波斯尼亚语与克罗地亚语之间没有任何书写上的差异，两者使用相同版本的拉丁字母表[1]。因此波黑有三种标准语言：波斯尼亚语、克罗地亚语和塞尔维亚语。这些语言在波黑的不同地区均有不同程度的使用。波黑的塞族人想要强调自己塞族的民族性，波斯尼亚的塞族领导人拉万多·卡拉季奇（Rado-

---

[1] Tomasz Kamusella, *The Politics of Language and Nationalism in Modern Central Europe*, New York: Palgrave Macmillan, 2009, p. 54.

van Karadžić）要求波斯尼亚塞族人使用东部变体（Ekavian），与波什尼亚克人和克罗地亚人使用的语言区分开来①。塞尔维亚也派遣语言学家到波斯尼亚的大学开发塞尔维亚语课程。塞纳希德·哈利洛维奇（Senahid Halilović）在1996年出版了一本波斯尼亚语的正字法，他表示存在一种叫波斯尼亚语的语言，它与克罗地亚语和塞尔维亚语有很大的不同。1998年，波斯尼亚教育、科学、文化和体育部与波斯尼亚语言文学研究所在比哈奇举办了一次会议，讨论波斯尼亚语的现状和未来。这次会议是第一次讨论波斯尼亚语的地位，与克罗地亚语和塞尔维亚语的区别②。2001年波黑宪法修正案规定了这三种语言地位平等。2002年，60名波什尼亚克知识分子签署《波斯尼亚语言宪章》，强调"波斯尼亚语是波什尼亚克人的语言③。"三种标准语言共存的情况，使波黑面临很多语言规划上的问题，导致各方都很难说对波黑的语言政策满意。

第三节　塞尔维亚"国家语言"建构主体

一　国家层面

（一）塞尔维亚议会

从法律意义上看，塞尔维亚对塞尔维亚语负有责任的最高机构是议会。议会于2006年11月通过了塞尔维亚的第一部独立宪法。在《宪法》中塞尔维亚通过相关条款对语言使用进行了规定④。《宪法》第10条规定了塞尔维亚基本的语言政策——"塞尔维亚共和国官方使用塞尔维亚语和西里尔文字"，以及"其他语言和文字

---

① Eric A. Rice: Language Politics in Bosnia, Croatia, and Serbia, Master's thesis, Naval Postgraduate School, 2010, p. 46.
② Eric A. Rice: Language Politics in Bosnia, Croatia, and Serbia, Master's thesis, Naval Postgraduate School, 2010, p. 49.
③ Vesna Požgaj Hadži, "Language Policy and Linguistic Reality in Former Yugoslavia and Its Successor States", *Inter Faculty*, Vol. 5, 2014, p. 49.
④ 参见塞尔维亚政府官网，网址：http://www.srbija.gov.rs/cinjenice_o_srbiji/ustav.php，2022 - 10 - 22访问。

的官方使用应受基于宪法的法律约束"。此外，宪法还保护塞尔维亚语以外的语言的使用，"禁止语言的歧视"，保护小族群体"在法庭诉讼或与国家的其他互动中使用自己的语言。"甚至对小族群体的具体语言权利进行了规定。

（二）塞尔维亚语标准化委员会

塞尔维亚教育部和文化部的职权范围里均没有明确包括对塞尔维亚语的管理。目前在专业层面对塞尔维亚语的使用规范进行研究和指导的国家级机构是塞尔维亚语标准化委员会。该委员会成立于1997年底，由使用标准塞尔维亚语的三个地方的艺术和科学学院（贝尔格莱德的塞尔维亚学院、波德戈里察的黑山学院和萨拉热窝的塞尔维亚共和国学院）共同成立，共同参与此事的还包括多所高校的语言和哲学学院以及塞尔维亚历史最悠久的出版商[1]。该委员会致力于解决塞尔维亚语言使用中存在的问题，成立了一系列分会：音韵学委员会、词法和构词法委员会、句法学委员会、词汇学和词典编纂委员会、正字法问题研究委员会、语言标准化历史研究委员会、公共关系委员会、教育行政出版活动及媒体语言标准化委员会等。

塞尔维亚语标准化委员会的工作涉及了塞尔维亚语言管理诸方面的工作。在成立初期，塞尔维亚语标准化委员会拥有的实际权力微乎其微，其作用实际上可以归结为一个咨询委员会，无法处理涉及政府权力的很多问题。后来该委员会的成员埃贡·费克特（Egon Fekete）提出了机构宗旨的问题："委员会究竟是一个出版书籍的语言学家团体，还是一个在'语言文化'领域具有明显和公认影响力的更广泛论坛呢？"[2]。费克特表达了对电视播音中语言所产生巨大影响的担忧——"播音员会产生语法错误和韵律/重音错误，他

---

[1] Jelena Filipović, and Julijana Vučo, "Language Policy and Planning in Serbia: Language Management and Language Leadership", *Anali Filološkog Fakulteta*, Vol. 24, No. II, 2012, p. 9.

[2] Branislav Brborić, Gačević, R. and Jasmina Vuksanovic, eds., *Serbian Language Standardization Committee Documents*. Belgrade: Institute for Serbian Language, 2002, p. 12.

们的语言领域中有很多错误的东西，一切几乎都是混乱的"。他主张开展运动广泛提高语言关注度，否则"公共话语"就要失去影响力，这也意味着要对委员会进行一定的改革。首先，委员会成员应与政治当局建立密切关系——"我们必须与当局建立直接关系，（因为）我们不能让这仅仅停留在公告层面，而是要达到人与人之间交流的层面"。随后数年中，委员会给当时塞尔维亚最重要的政治人物与部门如总理、总统、教育部等发出了十余封信件，并且经常与相关政治人物会面。

在进入21世纪后，委员会实施了更多面向公众话语的活动，试图通过专注于"公共话语"，对公共话语中使用的语言产生直接影响。该委员会发起了数个大规模运动来实现这一目标，如"让我们培育塞尔维亚语言"运动（2015年启动），由贝尔格莱德文化秘书处、语言学院和贝尔格莱德市图书馆发起，并得到塞尔维亚公共广播服务（RTS）的支持。根据贝尔格莱德语言学院塞尔维亚语言和文学系于2015年11月29日的发布官方声明，该运动旨在"告知学校、非学校教育领域以及媒体，保护语言是一项严肃而负责任的任务"[1]。

在很长的时间内，人们认为塞尔维亚语标准化委员会的指导机构是塞尔维亚科学与艺术学院。塞尔维亚科学与艺术学院成立于1886年11月1日，其首批会员都由塞尔维亚国王选择或批准，是塞尔维亚的最高学术机构。不过在2021年10月7日，塞尔维亚科学与艺术学院发布了一则声明，称塞尔维亚语标准化委员会是一个独立机构，与其无隶属关系[2]。2022年4月21日，塞尔维亚媒体《政治报》的一则报道中，塞尔维亚科学与艺术学院院长与塞尔维亚语标准化委员会主席进行会面，两者均认为需要对塞尔维

---

[1] 参见塞尔维亚广播电视台网站，网址：http://www.rts.rs/page/stories/sr/story/125/drustvo/2121345/brboric-kampanja-negujmo-srpskijezik-dala-rezultate.html（last accessed: December 2018），2022 - 10 - 24访问。

[2] 参见塞尔维亚广播电视台网站，网址：https://www.rts.rs/page/stories/sr/story/125/drustvo/4542166/sanu-odbor-standardizacija-srpskog-jezika.html，2022 - 10 - 24访问。

亚语标准化委员会与政府的关系进行清晰界定①。这实际上暴露了塞尔维亚的一个尴尬之处，即实际上政府并未成立或指定专门的机构来对塞尔维亚语进行专门的管理，塞尔维亚语标准化委员会在本质上可能是一个民间的独立机构，尽管其影响力渗透到不少政府部门。

（三）塞尔维亚语委员会

根据塞尔维亚2021年9月通过的《塞尔维亚语言在公共生活中的使用与西里尔字母的保护和保存法》，塞尔维亚将成立一个塞尔维亚语委员会，负责协调落实该法的实施。该委员会将对塞尔维亚语和西里尔字母的使用情况进行评估，就语言政策的制定和实施提供建议，为塞尔维亚语和西里尔字母的发展，及其在相关领域的使用规范提供建议②。

二　地方层面

（一）伏伊伏丁那和科索沃

塞尔维亚共和国包括两个自治区或省份。塞尔维亚在伏伊伏丁那和科索沃均存在较大的国语建构难度，因为这两个地区都有相当的自治权。

一个是位于共和国最北部的伏伊伏丁那。该地区与罗马尼亚、克罗地亚和匈牙利接壤，是多民族聚居地区，语言环境相当复杂。伏伊伏丁那面积约为21500平方千米，约有200万居民，约占塞尔维亚总人口的20%。塞族人在这里占多数人口，但同时居住着大量匈牙利族（约34万人）、克罗地亚族、罗马尼亚族、罗姆族等其他民族人群，各族对该省的语言教学管理都有着一定的影响③。

---

① 参见塞尔维亚《政治报》，网址：https://www.politika.rs/sr/clanak/505559/Da-se-briga-o-srpskom-jeziku-vrati-pod-okrilje-SANU，2022-10-24访问。
② 参见塞尔维亚新闻网站，网址：https://www.b92.net/eng/news/society.php?yyyy=2021&mm=09&dd=02&nav_id=111607，2022-10-24访问。
③ Dubravka Valić Nedeljković, "Education and Mass Media in the Languages of Ethnic Communities in Vojvodina", in Ranko Bugarski and Celia Hawkesworth Eds., *Language in the Former Yugoslav Lands*. Bloomington, IN: Slavica, 2004, p.41.

在伏伊伏丁那第二大城市苏博蒂卡，教授塞尔维亚语的公立学校也需要开设匈牙利语选修课①。塞尔维亚出于申请加入欧盟的考虑，对其国内立法进行了相应修改，在国家、省甚至市行政一级设立了新的监察员机构，接受有关语言权利的申诉。宪法法院的相关判决确认，伏伊伏丁那的公共教育（从幼儿园到大学）仍由省级管辖，其语言权利方面的特权也得到了宪法法院的承认。同时，法律赋予地方政府保护少数民族消极语言权利和促进积极权利的义务②。伏伊伏丁那45个市镇中，7个市镇以塞尔维亚语是为唯一官方语言；31个市镇和其他3个市镇境内部分定居点以匈牙利语为官方语言，10个市镇以斯洛伐克语为官方语言，8个市镇以罗马尼亚语为官方语言，俄语在5个市镇是官方语言，克罗地亚语、捷克语和黑山语各在1个市镇被用作官方语言。在伏伊伏丁那地区，有539所小学和110所中学使用少数民族语言进行教育，不过少数民族语言学生人数和班级每年都在下降。

另一个自治省便是科索沃，该地区于2008年单方面宣布独立，获得美国和部分西方国家的承认，但塞尔维亚始终坚持对其拥有主权。科索沃位于塞尔维亚最西南部，沿着阿尔巴尼亚和马其顿的边界，面积只有10887平方千米，人口与伏伊伏丁那相当，2022年时估计是180万③。科索沃人口的大约92%，是信奉逊尼派伊斯兰教的阿尔巴尼亚族；塞尔维亚族和黑山族是东正教基督徒，约占该地区人口的6%④。塞尔维亚族认为科索沃是其民族文化的发祥地，

---

① A. Isakov, "Mađarski i hrvatski jezik kao izborni predmeti", *Politika* (November 2008), https://www.politika.rs/sr/clanak/62733/Србија/Мађарски-и-хрватски-језик-као-изборни-предмети.

② Beretka Katalin, A Hatalmi Szintek Közötti Hatáskörmegosztás Problémaköre, Különös Tekintettel a Vajdaság Autonóm Tartomány Alkotmányos Jogállására és Jogalkotására, Ph. D. dissertation, Széchenyi István Egyetem, Állam-és Jogtudományi Doktori Iskola, 2014.

③ 参见世界人口网站，"科索沃的人口"，网址：http://www.worldpopulationreview.com，2022-10-08访问。

④ 参见世界人口网站，"科索沃的人口2019"，网址：http://www.worldpopulationreview.com，2022-10-24访问。

阿尔巴尼亚族是后来者，而阿尔巴尼亚族则认为科索沃自古以来是其祖先生活的地区，两族为该地区的归属在历史上发生过多次冲突。科索沃因此一直以来都是基督教塞族和穆斯林阿尔巴尼亚族之间冲突的根源。1999年6月，在联合国安理会第1244号决议的支持下，科索沃实质上成为联合国的"保护国"，在这之后该地区塞族人的比例出现急剧下降[1]，使用塞尔维亚语的人口也发生下降。

(二) 少数民族委员会

塞尔维亚设立了一个国家少数民族委员会，以协调与少数民族有关的问题，并提出相关立法。全国少数民族委员会成员包括文化、教育、人权和少数民族权利、内政、司法、公共行政、宗教、青年和体育部长。少数民族委员会于2009年10月举行了第一次会议，以制定执行程序[2]。根据《少数民族委员会法》，塞尔维亚成立少数民族委员会，并给予少数民族群体一定程度的自治权[3]。

第四节 塞尔维亚"国家语言"建构理念

塞尔维亚有比较长的语言规划传统，形成了一定的语言标准化文化[4]。在这种文化中，语言被视为国家地位的象征，即全社会都需要认同规划者所选择的标准。即使这种标准在交际实践中并不总是使用，但仍然有必要被明确表达出来，并对社会结构产生影响[5]。在过去的两个世纪，塞尔维亚遵循了语言标准化的民族主义模式，

---

[1] 参见联合国难民事务高级专员公署网站，"世界自由2009－科索沃（塞尔维亚）"，网址：https://www.refworld.org/docid/4a6452a8c.html，2022－10－28访问。
[2] 参见塞尔维亚政府网站，"政府官员"，网址：http://www.srbija.gov.rs/，2022－10－28访问。
[3] 参见塞尔维亚政府网站，"政府活动"，网址：http://www.srbija.gov.rs/，2022－10－28访问。
[4] James Milroy, "Language Ideologies and Consequences of Standardization", *Journal of Sociolinguistics*, Vol. 5, No. 4, December 2002, pp. 530－555.
[5] Paul V. Kroskrity, "Language Ideologies", in Alessandro Duranti, ed. *A Companion to Linguistic Anthropology*, Malden, MA, USA, Oxford, UK, Victoria, Australia: Blackwell Publishers, 2004, pp. 496－517.

即在语言政策上坚持单一的标准变体，哪怕塞尔维亚实际上有两个主要文化中心（贝尔格莱德和诺维萨德）[1]。这一背景也决定了塞尔维亚和其他许多标准化语言文化一样，在实践中存在高度集中化、制度化的语言管理。

一 民族主义标准化

塞尔维亚语的民族主义标准化进程始于18世纪，当时奥匈帝国的部分地区（今天的伏伊伏丁那）居住着塞尔维亚人。该地区的主要语言管理者是奥匈当局和塞尔维亚东正教。奥匈当局为促使塞尔维亚东正教人口转向天主教，在斯拉夫罗马天主教徒居住的地区引入拉丁语。塞尔维亚东正教大主教和其他神职人员因此向奥匈当局发函抗议，称"语言的丧失将导致民族身份的丧失"[2]。从这个时期起，塞尔维亚的语言就被其使用者视为文化瑰宝，当成与美术作品价值相似的国家遗产，有人认为需要以其原始形式予以保存[3]。

19世纪初，塞尔维亚发生了反抗土耳其人的起义，试图摆脱奥斯曼数个世纪的统治。在此阶段，欧洲的现代性概念被引入巴尔干半岛，民族觉醒观念也随之产生。民族国家的理念，作为民族认同载体的民族语言的概念，在中东欧地区逐渐流行。新成立的塞尔维亚国家试图通过一种明确定义的标准化国家语言来建构其国家认同："19世纪重新崛起的塞尔维亚国家及其人民以新觉醒的民族身份需要迅速解决标准语言问题。"[4]

---

[1] Dragoljub Petrović, "Languages in Contact: Standard Serbian Phonology in an Urban Setting", *International Journal of Sociology of Language*, No. 151, 2001, pp. 19–40.

[2] Aleksandar Belić, *O Velikim Stvaraocima-Vuk Karadzic, Djuro Danicic, Petar II Petrovic Njegos, Branko Radicevic, Stojan Novakovic, Ljubomir Stojanovic*, Beograd: Zavod za udžbenike i nastavna sredstva, 1998.

[3] Dirk Geeraerts, "Cultural Models of Linguistic Standardization", in René Dirven, Roslyn Frank and Martin Pütz, eds. *Cognitive Models in Language and Thought*, Berlin: Mouton de Gruyter, 2003, pp. 25–68.

[4] Ranko Bugarski, "Language, Identity and Borders in the Former Serbo-Croatian Area", *Journal of Multilingual and Multicultural Development*, Vol. 33, No. 3, 2012, p. 219.

第四章　塞尔维亚"国家语言"建构 | *139*

　　自20世纪90年代以来，尽管全球化进程不断深化，中东欧地区的民族主义思想依然基础深厚。巴尔干地区根据民族、宗教、语言等划分明确的群体，其语言政策体现出明显的民族主义倾向，比如塞族人必须拥有东正教信仰、说塞尔维亚语、使用西里尔字母①。在南斯拉夫解体后，曾经的塞尔维亚—克罗地亚语的语言分裂成许多如今以新的国家名称命名的标准化语言时，民族主义意识形态更加得到彰显②。塞尔维亚援引西欧的国家为例，按照民族主义标准化模式对塞尔维亚语进行重新建构，将其作为最重要的文化和历史遗产，视为民族国家地位的象征③。有学者认为，塞尔维亚语言标准化政策已经演变成吉勒茨所说的身份民族主义，在这种民族主义中，"国家从人民的文化身份中获得其政治合法性"④。因此，自塞尔维亚成立（1878年）以来，在塞尔维亚科学与艺术学院（以下简称SASA）的主导下，语言标准化作为自上而下的语言管理方式由国家、教会、科学和文化机构长期实施。这种观念的传播甚至在社会上形成了一定的语言歧视，即具有特定语言背景的人被认为无法胜任某种工作。一名高校教授宣称莱斯科瓦茨镇的所有人都不是真正的塞尔维亚人（非标准托拉克语和标准塞尔维亚语之间存在差异），来自该地区的学生也不应该在大学里学习塞尔维亚语⑤。

---

① Jelena Filipović and Julijana Vučo, "Language Policy and Planning in Serbia: Language Management and Language Leadership", *Anali Filološkog Fakulteta*, Vol. 24, No. 2, 2012, p. 9.

② Ranko Bugarski, "Language, Identity and Borders in the Former Serbo-Croatian Area", *Journal of Multilingual and Multicultural Development*, Vol. 33, No. 3, 2012, p. 219.

③ Sue Wright, "Language Policy and Language Planning", in Carmen Llamas, Louise Mullany and Peter Stockwell, eds. *The Routledge Companion to Sociolinguistics*, London: Routledge, 2006, p. 164.

④ Dirk Geeraerts, "Cultural Models of Linguistic Standardization", in René Dirven, Roslyn Frank and Martin Pütz, eds. *Cognitive Models in Language and Thought*, Berlin: Mouton de Gruyter, 2003, p. 25.

⑤ Tanja Petrović, *Srbija I Njen Jug*: "*Južnjački Dijalekti*" *Između Jezika, Kulture I Politike*. Beograd: Fabrika knjiga, 2015, p. 76.

二 小族语言保护

为尽快加入欧盟，塞尔维亚接受了欧盟关于小族语言保护的理念，对境内少数民族语言提供保护，并通过相关法规体现。

塞尔维亚本国《宪法》第 79 条规定："少数民族成员有权表达、保存、培养、发展和公开表达民族、种族、文化、宗教特性；在公共场所使用其标志；使用他们的语言和文字；在占人口绝大多数的地区，在国家机构、公共权力下放的组织、自治省机构和地方自治单位面前，也以其语言进行诉讼；在公共机构和自治省的机构中以其语言进行教育；建立私立教育机构；在他们的语言中使用他们的名字和姓氏；在占人口绝大多数的地区，传统的地方名称、街道名称、定居点名称和地形名称也用其语言书写；以其语言提供完整、及时和客观的信息，包括表达、接收、发送和交流信息和思想的权利；依法建立自己的大众媒体。"

塞尔维亚作为南斯拉夫联盟共和国的合法继承人，该国于2001年11月批准了《边境保护条约》，其中包括对少数民族具体权利的保护。2005 年，塞尔维亚和黑山国家联盟大会批准了《欧洲区域或小族语言宪章》，其中赋予塞尔维亚所有儿童选择中小学教育语言的权利。《宪章》规定，用母语（塞尔维亚语或少数民族语言之一）完成教育过程；与主体民族成员一起上学的少数民族学生，可以选择"具有民族文化元素的母语"作为选修课。在 2007 年提交给欧洲委员会的一份报告中[①]，塞尔维亚表示该国一直致力于接纳使用少数民族语言的人，并为之付出巨大努力。例如，教育和体育部允许罗姆族助教帮助在塞尔维亚学校就读的罗姆族学生。此外，欧洲安全与合作组织（欧安组织）帮助塞尔维亚实现了警察部队的现代化，内政部以少数民族语言提供警察培训课程。

---

① 参见欧洲委员会网站，塞尔维亚《欧洲区域或小族语言宪章》2007 年第一轮国家执行报告，网址：https://www.coe.int/en/web/european-charter-regional-or-minority-languages/reports-and-recommendations，2022 - 10 - 26 访问。

第五节 塞尔维亚"国家语言"建构策略

一 语言法律地位

2006年11月塞尔维亚通过并实施其新宪法——《塞尔维亚共和国宪法》，是该国第一部独立的宪法。《宪法》第10条赋予了塞尔维亚语和西里尔字母官方语言文字的地位，即"在塞尔维亚共和国，官方使用塞尔维亚语和西里尔字母。"《宪法》同样为国民赋予了一定语言权利：第21条禁止任何基于语言的直接或间接歧视，保护使用塞尔维亚语以外的语言；第199条规定在法庭诉讼或与其他国家机构的互动中，每个人都有权使用自己的语言；第75条提到少数民族成员"依法参与决策或决定与其文化、教育、信息和官方使用语言文字有关的某些问题"；第79条全面地讨论了少数民族语言在多种场合下的使用等[1]。

实际上，1991年《塞尔维亚官方语言和文字使用法》中，已经有类似的规定。该法第1条规定塞尔维亚的官方语言是塞尔维亚语，官方文字是西里尔文字。该法律中还包含了其他语言文字使用规定，如在使用拉丁字母的时候，要同时使用西里尔字母；国内主要道路的交通标志、地方名称和地理名称也应使用西里尔字母和拉丁字母书写。关于少数民族语言，该法规定如果在最近一次人口普查中，某少数民族的比例达到15%，那么该少数民族的语言可以作为当地政府官方语言的一种（该人口普查是在2010年修改了塞尔维亚语言和文字官方使用法之后才进行的），即使之后下降到15%以下，在共和国一级下降到2%，之前获得的语言权利也不能被撤销。作为官方语言，意味着少数民族成员可以在官方和法律事务中使用自己的语言，与司法机构沟通，在官方和其他文件中使用自己的语言，在投票时填写选票。《塞尔维亚共和国宪法》没有使

---

[1] 参见塞尔维亚共和国宪法法院网站，网址：http://www.ustavni.sud.rs/page/view/139-100028/ustav-republike-srbije，2022-10-26访问。

用"母语"一词，而是使用自己的语言、各自理解的语言、官方使用的语言等表达方式。因此塞尔维亚法律中没有对母语这一概念的法律定义。在人口普查中，则根据普查问卷上的操作性定义进行处理，母语是"一个人在童年早期学会的语言"。

2021年9月，塞尔维亚通过了《塞尔维亚语言在公共生活中的使用与西里尔字母的保护和保存法》，旨在保护发展塞尔维亚语和西里尔字母，以及相关的文化传统，促进其在公共生活中的使用①。在该法中，西里尔字母被称为"母文字"（mother script）②。

二 语言本体规划

在塞尔维亚将其国语名称从"塞尔维亚—克罗地亚语"改为"塞尔维亚语"之后，塞尔维亚并没有像克罗地亚那样，采取系统的措施清除其语言中其他民族的元素。塞尔维亚语言学家认为，纯洁主义会降低塞尔维亚语的交际潜力，使国民在语言使用上陷入困扰。塞尔维亚人对其语言有相当的自信与自豪，不愿意因为邻国的行为而被动调整自己的现有语言政策。对塞尔维亚人而言，其纯洁主义就是清除其语言中的教会斯拉夫语元素。

在南斯拉夫解体之后，塞尔维亚在本体规划方面的主要措施就是重新强化西里尔字母的使用，这是塞尔维亚语最初使用的书面形式。在南斯拉夫期间，由于使用拉丁字母的克罗地亚和斯洛文尼亚的加入，塞尔维亚民众也自然地接触了拉丁字母。由于拉丁字母具有高度的实用性，易于使用在计算机、印刷以及后来的网络等媒体上，拉丁字母得到了很好的流通。而彼时的南斯拉夫政府也有意识地接受了拉丁字母的使用，以维护国家的统一。南斯拉夫解体之后，塞尔维亚再次开始强调西里尔文字于塞尔维亚的象征性地位。

---

① 参见塞尔维亚政府网站，网址：https://www.srbija.gov.rs/vest/en/177790/bill-on-use-of-serbian-language-protection-of-cyrillic-alphabet-adopted.php，2022-10-26访问。

② 参见B92广播电视公司官方网站，网址：https://www.b92.net/eng/news/society.php?yyyy=2021&mm=09&dd=02&nav_id=111607，2022-10-26访问。

塞尔维亚大量生产西里尔文打字机，出版西里尔文字的书籍。然而，在私营企业占主导的商业领域，拉丁字母仍然占据主导地位。塞尔维亚各地城镇街道上的广告大多使用拉丁字母（而且大多用英语）书写。街头的涂鸦作品也是如此，显示年轻一代更倾向于拉丁字母。媒体中也出现了分化，一些亲西方的报纸，由于接受了西方的资助，都使用拉丁字母出版发行。这一情况也促使塞尔维亚于2021年通过了《塞尔维亚语言在公共生活中的使用与西里尔字母的保护和保存法》，以保护和促进西里尔字母在公共生活中的使用。

早在19世纪中期，塞尔维亚人的标准语言就有两种版本，即"埃化"和"伊耶化"两种发音，这也导致了不同的拼写方式。由于克罗地亚族和波什尼亚克族在书面语中采取"伊耶化"变体，导致了塞尔维亚西部地区也使用这种变体，而与其他塞族人区别开来。南斯拉夫解体后，语言名称的变化和克罗地亚语的分裂，使塞尔维亚国内产生了编写新的正字法手册的需要。这一工作由历史悠久的文化组织"塞尔维亚马蒂查文化中心"（Matica srpska）负责，该组织自1954年以来一直为塞族人处理语言政策和正字法提供咨询。该组织联合塞尔维亚、黑山和波斯尼亚和黑塞哥维那专家，于1989年推出了新的正字法，并于1993年被教育部和文化部确认为官方正字法。该时期也出现了很多不同版本的正字法参考书，但因质量良莠不齐，均未获得官方认可。

尽管塞尔维亚语已经在一般意义上完成了标准化，但仍有许多细节有待更新和确认。塞尔维亚于1997年成立了塞尔维亚语标准化委员会，该委员会是一个跨学院和大学的机构。委员会的目标是全面、详细地对塞尔维亚语进行系统标准化，包括"埃化"和"伊耶化"两种发音[1]。委员会为构词法、句法和音位学等方面问题制作了一系列规范性专著，提供了标准化的解决方案。

---

[1] 参见塞尔维亚电子图书馆 Rastko 项目网站，网址：http://www.rastko.rs/filologija/odbor/sporazum-potpisnici_ c. html#_ Toc33106408，2022 - 10 - 26 访问。

三 语言教育研究

鉴于塞尔维亚试图加入欧盟，其语言政策受到欧盟相关要求的影响。该国试图在语言教育规划中体现与国际社会以及境内小族群体的平等互动关系，即"不同语言的使用者在基本平等的基础上进行合作，以确保在同一屋檐下成为欧洲大家庭的成员"[1]。

自第二次世界大战结束之后，塞尔维亚教育法赋予所有儿童选择中小学教育语言的权利。塞尔维亚《教育法》规定，学校教育和教学工作及活动应以塞尔维亚语进行。少数民族成员的教育教学工作和活动应当以其母语进行。如有特殊情况，应以双语或塞尔维亚语提交申请。在《教科书法》（2018）中对使用语言和字母也做了相关规定，教科书、手册、附加教学工具、教学工具和教学媒介以塞尔维亚语和西里尔文发行。在塞尔维亚中小学教育中，学生有以下数种选择：1. 用母语（塞尔维亚语或少数民族语言之一）完成教育；2. 小族群体儿童可以与塞族儿童一起上学，同时选择"具有民族文化元素的母语"作为选修课；3. 选择双语教育（塞尔维亚语和少数民族语言之一）。

当前塞尔维亚教育体系中存在四种语言：作为母语的塞尔维亚语、面向小族群体作为第二语言的塞尔维亚语、小族语言、英法俄德等外语。使用上述语言接受教育的权利，受到相关法律的保障，然而在现实实践中不同语言所受到的重视程度并不相同。有批评者指出，教育系统中存在着一种信念，即将塞尔维亚语作为国家认同和统一的象征，将与其他语言的相互影响视为对塞尔维亚文化遗产的威胁。

四 语言领域应用

西里尔字母在塞尔维亚具有重要的象征价值。在塞尔维亚民族

---

[1] Ranko Bugarski, *Jezik U Društvenoj Krizi*, Belgrade：Čigoja štampa, 1997, p. 96.

形成早期，就使用西里尔字母将宗教文本翻译成早期斯拉夫语，因而它与代表着塞尔维亚文化的塞尔维亚东正教保持着密切的关系，这一历史使西里尔字母代表着塞尔维亚民族身份。但是由于拉丁字母在塞尔维亚的广泛使用，有一些民间组织也参与到对西里尔字母的促进和保护工作中，如 Ćirilica（西里尔）通过其网站及出版的多种小册子，宣传塞尔维亚人有义务去保护西里尔字母。实际上国家媒体默认使用西里尔字母发布内容，但在其网站上使用两种字母提供相同的内容，而与西欧关系更密切或对政府持批评态度的媒体也更倾向于使用拉丁字母出版。

根据2021年通过的《塞尔维亚语言在公共生活中的使用与西里尔字母的保护和保存法》，在塞尔维亚和塞族共和国，所有国家和地方行政机构、公共企业、学校、国有资本占多数的国家和国际企业，都需要在工作中使用塞尔维亚语和西里尔字母。塞尔维亚的两大公营广电集团，一是全国性的塞尔维亚国家广播电视台（Radio Television Serbia，简称 RTS/PTC），另一个是伏伊伏丁那（Vojvodina）省的伏伊伏丁那广播电视台（Radio Television Vojvodina，简称 RTV/PTB），以及其他公共媒体，也需要在法律文书、名字印刷、物品和服务信息、使用说明、服务条款、发票、账单、收据等方面使用塞尔维亚语和西里尔字母。

在文化领域，如果是由公共资金单独或参与赞助的文化活动，必须使用西里尔字母的标识。所有运营资金中超过一半来自公共资金的机构，在运营中都必须使用塞尔维亚语和西里尔字母。该法的一种重要目的是鼓励私人领域对塞尔维亚语和西里尔字母的使用，该法规定，如果私人企业和私营媒体在数字媒体和印刷发行中使用塞尔维亚语和西里尔字母，则可以得到税收上的减免或其他管理上的优惠。对于违反相关规定的行为，则会对主办方给予罚款。

塞尔维亚语相关的翻译也是一种重要的文化活动。如2010年翻译了2549本书（英语1438本，法语215本，德语170本，意大利语191本，西班牙语74本，匈牙利语149本），也有部分翻译来自斯拉夫语（225 种来自俄语，4 种来自捷克语，13 种来自波兰语，21 种来自斯洛伐克语，19 种来自斯洛文尼亚语，18 种来自马其顿语，12 种来自保加利亚语）；而从塞尔维亚语到其他语言的翻译，2010 年有 591 部作品[①]。这导致塞尔维亚对语言技术的最大需求是在翻译领域，但因为缺乏用于统计机器翻译训练的平行语料库、塞尔维亚语存在多种变体等原因，目前塞尔维亚语机器翻译的开发工作不能尽如人意。

第六节　塞尔维亚"国家语言"建构效果

总体而言在整个中东欧地区，由原"塞尔维亚—克罗地亚语"分裂出来的四种语言，即塞尔维亚语、克罗地亚语、波斯尼亚语和黑山语，其使用者都对其母语有着很高的认同。一位美国斯拉夫语言专家描述了他在 20 世纪 90 年代在前南斯拉夫地区访问时的经历，他在克罗地亚的一场学术交流活动中，无意使用了塞尔维亚语的"七月"而非克罗地亚语的"七月"，结果被当场指出这一错误，并被工作人员拉到一边重复了所有十二个月的正确克罗地亚语形式。而当他到了塞尔维亚之后，他的贝尔格莱德口音受到赞扬，在采访过程中被当作塞族人。数年后他出差经过萨拉热窝机场，被一名地勤人员称赞他的波斯尼亚语水平，而他自己都不知道自己会讲波斯尼亚语。这一经历有助于我们了解该地区民众对其自身语言的高度认同。

但在如今的塞尔维亚，其国家认同建构不可避免地受到其"双文双语"现状的影响。塞尔维亚语的"双文"，指塞尔维亚语可以使用西里尔字母和拉丁字母拼写，两者之间可以非常容易地互相转换。2006 年的《宪法》指定西里尔字母官方文字，是"母文"，同时给予拉丁字母官方使用文字的地位。2014 年的一

---

① Georg Rehm and Hans Vszkoreit, eds., The Serbian Language in the Digital Age, Berlin: Springer, 2012, p. 49.

项调查显示，47%的塞尔维亚人口倾向于使用拉丁字母，而36%倾向于西里尔字母，其余的两者都不喜欢①。鉴于克罗地亚、波斯尼亚和黑山都使用拉丁字母，这使塞尔维亚感到自身的民族传统感受到威胁。2021年，塞尔维亚专门立法推进在公共领域使用西里尔字母。

塞尔维亚的"双语"，指塞尔维亚语有"埃化"和"伊耶化"两种发音。标准塞尔维亚语是用西里尔字母和拉丁字母书写的"埃化"发音变体，克罗地亚语和波斯尼亚语是用拉丁字母书写的"伊耶化"变体，但也有一部分塞尔维亚人使用"伊耶化"发音。塞尔维亚《宪法》未指定官方发音，这导致了部分民众的焦虑和质疑，认为这种做法显示了对其中一种发音的偏好。塞尔维亚国内在语音使用上的差异，甚至体现在中小学教材中，也为塞尔维亚内部语言认同的建构造成一定的混乱。

这种"双文双语"的情形，显示了斯拉夫语言学家布加尔斯基所说的"强大的外部认同；软弱的内部认同"，即尽管塞尔维亚族在对外时显示出对其语言高度的认同，但在内部这种认同存在大量的争议和争论。这种争论不仅导致民众在使用中的分化，也导致了语言学家等专家之间无休止地争论，以及他们开发出的各种相互冲突的标准和规范。尽管塞尔维亚政府努力强化其语言认同，但塞尔维亚语言内部的这种分裂，自1991年以来一直是其语言规划进程的一个障碍。不过自20世纪90年代以来，塞尔维亚语言学界占据主导地位的观点，是保持现状，即继承原"塞尔维亚—克罗地亚语"的塞尔维亚部分，而不对其做太激进的改革。

---

① K. Zivanović, "Ivan Klajn: Ćirilica Će Postati Arhaično Pismo", Danas, (December 2014), https://www.danas.rs/vesti/drustvo/ivan-klajn-cirilica-ce-postati-arhaicno-pismo/

第五章

北马其顿"国家语言"建构

第一节 北马其顿的社会文化背景

一 北马其顿民族—国家形成历史

北马其顿的主体民族是马其顿族，其传统上所居马其顿地区为古希腊文明北端的边疆地区。公元前4世纪时该地区崛起的马其顿帝国，曾征服小亚细亚、波斯、埃及等地，把希腊文化传播到西亚各地。一手缔造了马其顿帝国（即亚历山大帝国）的亚历山大去世后，该地区先后由罗马帝国、拜占庭帝国（希腊人所主导）等统治。

南斯拉夫部落在公元6世纪定居于今天的北马其顿，并自那时起奠定了现代马其顿南北之分（南部为希腊人，北部为斯拉夫人）的基础。10世纪末，现在的北马其顿地区出现了第一个斯拉夫人的国家，成为保加利亚第一帝国的政治和文化中心，这也导致了马其顿人深受保加利亚语言文化影响。1018年，整个北马其顿作为保加利亚的行政区被纳入拜占庭帝国。在13和14世纪，塞尔维亚人统治了该地区。在15世纪，现代北马其顿的西部领土成为阿尔巴尼亚和奥斯曼军队之间的战场，发生过多次重要战役。

19世纪时希腊、保加利亚、塞尔维亚复国运动相继展开，民族主义高涨，马其顿成为三国的必争之地。1913年三国在共同针对奥斯曼帝国的第一次巴尔干战争中获胜，奥斯曼将马其顿割予三国，但三国之间又因马其顿具体分割方案爆发第二次巴尔干战争，最终希腊、塞尔维亚击败保加利亚，在战后和平条约中现北马其顿部分并入塞尔维亚。不久后在1915年至1918年间又被保加利亚占领。1918年第一次世界大战结束后，马其顿连同塞尔维亚成为南斯拉夫王国的一部分。第二次世界大战结束后，归入铁托所领导的南斯拉夫联邦人民共和国（1963年改称南斯拉夫社会主义联邦共和国），后于1946年马其顿地区被从塞尔维亚分开，成为南斯拉夫直辖的社会主义共和国。1991年11月20日，马其顿宣布独立，定宪法国名为"马其顿共和国"。1993年，因希腊反对其使用"马其顿"作为国名，以"前南斯拉夫马其顿共和国"的暂时国名加入联合国。2019年2月12日，宣布改名为"北马其顿共和国"。2019年6月，北马其顿签署了加入北约的协议。

从历史上看，自14世纪末巴尔干地区被奥斯曼帝国占领后，马其顿这个名称在之后的五百年间就处于消亡状态。直到19世纪初，希腊的宗教和学校宣传才使马其顿斯拉夫人这个名称再次出现。20世纪初，贝尔格莱德、索菲亚、塞萨洛尼基和圣彼得堡的知识分子群体第一次表达了马其顿民族主义，但那时讲南斯拉夫语的人被定义为马其顿—保加利亚人。第一次世界大战后，出现"马其顿内部革命组织"（IMRO），旨在建立独立自治的马其顿国家。共产国际是第一个承认独立马其顿民族和语言的国际组织，并且在1934年发布了一项关于承认一个单独的马其顿民族的决议。不过当时亲保加利亚人口占大多数，马其顿的民族意识还处于萌芽阶段。

二战后，在铁托的南斯拉夫共产党领导下，南斯拉夫重组为联邦制国家，于1946年获得新南斯拉夫社会主义联邦共和国内的自治共和国地位，即"马其顿人民共和国"。在1963年的南斯拉夫宪法中，改名为马其顿社会主义共和国。于此同期，1944年基于韦莱斯（马其顿地名）周围使用的斯拉夫方言编纂成马其顿语。当时的南斯拉夫当局持续推动马其顿人的民族认同和马其顿语的发展。

1991年9月25日，马其顿议会正式通过了《独立宣言》，使马其顿共和国脱离南斯拉夫成为一个独立的国家，新的马其顿共和国宪法于1991年11月17日通过。此后，马其顿共和国与希腊和保加利亚产生了长久的民族认同和语言文化方面的冲突，这也对马其顿对外国际关系的发展产生了消极的影响。除了民族、语言被质疑外，马其顿政府与境内少数民族的关系也十分紧张。占据约四分之一人口的阿尔巴尼亚族曾于2001年与政府发生武装冲突，后在欧盟和北约斡旋下签署和平协议①。

二 "国家语言" 消解与建构历史

马其顿语属于印欧语系斯拉夫语族南斯拉夫语支的东分支。早期马其顿语曾为教会斯拉夫语的基础方言，但大多数时候被视为保加利亚语的一种方言，直到20世纪中叶才形成标准语。马其顿语的最大近亲是保加利亚语，其次是塞尔维亚语、克罗地亚语和斯洛文尼亚语，都具有巴尔干语系的鲜明特点，这些语言共同构成了一个巴尔干地区的语言连续体。

公元6世纪时，斯拉夫人定居在巴尔干半岛并创造了自己的方言，随后在"标准"古教会斯拉夫语发展时期，马其顿语开始萌芽发展并一直持续到11世纪上半叶。这一时期，马其顿人开始对古教会斯拉夫语进行修订，该时期奥赫里德文学学校的作品广为人知。在11世纪和13世纪，出现了马其顿语翻译创作的一些宗教文献，包括圣徒的赞美文本和布道文，形成所谓的古马其顿教会斯拉夫语。从11世纪起，马其顿方言在保加利亚—马其顿方言连续体的范围内开始变化发展。奥斯曼帝国统治时期，马其顿语出现了语言、语法的变化，很大程度上反映了当时斯拉夫语言和巴尔干语言

---

① Valentina Mironska Hristovska, "МАКЕДОНСКОТО АЗИЧНО ПРАШАЊЕ ВО ЛИТЕРАТУРНИОТ 19 ВЕК", Филолошки студии, No. 6, 2008, p. 12.

的特点，同时还融入了部分土耳其语词汇；在此期间，书面语言的发展停滞，但口语方言之间的距离越来越远。从16世纪到17世纪间用马其顿语书写的文字存世不多，出现过第一个含马其顿语的印刷作品，一份多语种"会话手册"①。

18世纪下半叶，马其顿方言开始被用于教会和教学作品，不过白话马其顿语被称为"保加利亚语"。19世纪上半叶，奥斯曼帝国的南斯拉夫民族主义开始兴起。这一时期保加利亚和马其顿斯拉夫人试图创建他们自己的宗教和学校，并创建共同的现代马其顿—保加利亚文学标准。1840年至1870年期间，马其顿知识分子提出要基于马其顿方言创建共同的保加利亚文学语言，但保加利亚人对此持否定态度，称马其顿语是一种"堕落的方言"，并要求马其顿斯拉夫人学习标准的保加利亚语。到1870年代初，奥斯曼当局承认独立的保加利亚自治教会和独立的保加利亚民族社区，同时期马其顿民族主义兴起，认为马其顿斯拉夫人是巴尔干半岛上一个独特的民族，使用马其顿语②。

1875年，贝尔格莱德出版了一本《三语词典》，是一本以"问答"风格组成的马其顿语、阿尔巴尼亚语和土耳其语的短语手册，标志着在印刷品上出现了支持马其顿语的观点③。1903年，克尔斯特·佩特科夫·米西尔科夫第一次尝试创造独立文学语言，出版《*Za makedonckite raboti*》（有关马其顿的故事）。应该说，在此期间标准化的南斯拉夫诸语言，包括保加利亚语和马其顿语），仍未通过现代术语进行严格的区分。不过在1934年，共产国际发布决议支持编纂单独的马其顿语。1944年8月2日，在第一次马其顿民族

---

① Horace Lunt, "A Survey of Macedonian Literature", *Harvard Slavic Studies*, Vol. 1, 1953, p. 363.

② Liliya Markova, "Nationalism and Ethnic Origin in the Western Balkans vs Euro Integration: The Case of the Republic of Macedonia", in Marjan Gjurovski, ed. *Security System Reforms As Precondition For Euro-Atlantic Integrations*, Skopje: University St. Kliment Ohridski-Bitola, 2018, p. 223.

③ Victor Friedman, "Macedonian Language and Nationalism during the 19th and Early 20th Centuries", *Balcanistica*, Vol. 2, 1975, p. 83.

解放反法西斯大会（ASNOM）会议上，马其顿语被宣布为官方语言。自此，它成为最后一种达到标准文学形式的斯拉夫语言。

由于马其顿境内有包括阿尔巴尼亚族在内的多个少数民族，1974年的宪法在确定马其顿语为官方语言的同时，也保证少数民族的语言在少数民族占多数或是人数众多的城市中可正式使用。但1989年的宪法修改限制了少数民族的语言权利，由此导致了民族摩擦和少数民族的普遍不满。2001年宪法修正案对少数民族语言的官方使用进行了重大调整。该法规定，马其顿语是国家全境的官方语言，用于代表国家进行国际交流；阿尔巴尼亚语因使用人数达到人口20%的门槛，也被赋予官方语言地位。在地方一级，除马其顿语以外的其他语言，如果使用人口达到20%的标准，则为官方语言。据此，阿尔巴尼亚语、土耳其语、罗姆语和塞尔维亚语在部分地方被作为官方语言使用。

第二节　北马其顿的内外关系

一　与国际组织互动

马其顿于1995年11月9日正式加入欧洲委员会，并作为成员国遵守欧洲委员会牵头制定的三个国际文件《欧洲人权公约》（1950年）、《欧洲保护少数民族框架公约》（1994年）、《欧洲区域或小族语言宪章》（1992年），保护其境内的语言和文化多样性。

在加入欧洲委员会的同年，马其顿于10月12日加入了欧安组织（OSCE）。1992年9月18日，欧安组织决定在马其顿设立欧安组织特派团，得到马其顿政府的认同和支持。欧安组织在马其顿首都斯科普里设立少数民族事务高级专员（HCNM）机制和民主机构和人权办公室（ODIHR），以应对可能危及地区和平与稳定的种族紧张局势。HCNM曾经建议马其顿政府修改地方自治法律，强调正式使用少数民族语言和文字的重要性。1995年，议会通过一项关于地方自治的法律，允许在少数民族占人口20%时，在"地方自治单位"中正式使用少数民族语言。

2020年3月27日，北马其顿在耗时多年后加入北大西洋公约组织（NATO）。此事拖延较久的重要原因就是与希腊的国名争端，希腊反对其使用马其顿的国名，因而多次否决了马其顿加入北约的申请。与此同时，在改名之前，希腊因同样原因否决了该国加入欧盟的谈判。该问题解决后，保加利亚又以两国友好条约落实缓慢为由在2020年否决该谈判。2022年7月，北马其顿与欧盟开启入盟谈判。

一般认为北马其顿自独立以来一直努力加入各种西欧主导的国际组织，主要是为了通过与欧洲的一体化，促进国内民主转型和经济改革。而参与欧安组织和北约等框架，可以确保其国内的安全和长期的地区稳定。

二　与邻国互动

北马其顿自古代以来就是巴尔干地区的一部分，其当前领土已经与古代的马其顿王国有所偏差，在地理和文化上与周边邻国存在着复杂的关系。目前北马其顿是一个内陆国家，东边、北边、西边和南边分别是保加利亚、塞尔维亚、阿尔巴尼亚和希腊。自20世纪90年代开始，北马其顿主要是与邻国希腊和保加利亚存在国家之间的争端和摩擦，例如与希腊的国家名称争议，与保加利亚的历史和语言归属争端等。

（一）希腊

希腊与北马其顿之间就"马其顿"一词的使用存在过长期的争议。马其顿共和国在1991年独立后，邻邦的希腊政府很快承认其国家地位，但强烈反对该国使用"马其顿"作为国名。

历史上的马其顿多次被分割，其归属也一直在变迁。希腊曾经占据过现在北马其顿的部分领土，由此在希腊有相当一部分人认为自己是马其顿人但与现代马其顿人无关。这一群体强烈反对邻国最大的族裔使用"马其顿人"一词指代自己。此外，北马其顿1992

年8月试图在新共和国的旗帜上使用16尖星取代过去的5尖星，希腊认为16尖星是希腊历史文化的一部分，而北马其顿使用这一象征是促进马其顿统一的一种措施，涉及对希腊、保加利亚、阿尔巴尼亚和塞尔维亚的领土主张。由于命名争端，希腊在1994年2月对北马其顿实行贸易禁运，使北马其顿因贸易路线被封遭受损失约20亿美元。

命名争端使北马其顿融入国际组织的过程受到阻碍。例如，欧盟和北约在希腊的压力下要求马其顿共和国首先解决名称争端，之后才能加入机构。联合国、国际货币基金组织、世界银行和前南斯拉夫问题国际会议都曾使用"前南斯拉夫的马其顿共和国"这一名称指代该国。2018年6月，两国就这一争端达成一致——马其顿共和国更名为"北马其顿共和国"。

(二) 保加利亚

马其顿宣布独立后，保加利亚是第一个承认马其顿共和国的国家，然而保加利亚拒绝承认马其顿民族和语言的独立性，认为马其顿民族是保加利亚民族的一个分支，马其顿语是保加利亚的一种方言。一些马其顿政客则声称保加利亚的部分领土属于马其顿，那里的大多数人口是受压迫的马其顿族。

在历史上，保加利亚语言确实深刻影响了马其顿语的形成和发展。在整个奥斯曼帝国统治时期，该地区的斯拉夫人自称为保加利亚人，而其语言为保加利亚语。不同时期的马其顿方言作品，都受到保加利亚方言的影响。19世纪上半叶保加利亚民族运动开始兴起时，很多马其顿城市要求教会和牧师接受保加利亚语。到了19世纪60年代，保加利亚在该地区的语言和文学领域处于明显的优势地位。虽然有保加利亚教育家提出在保加利亚文学语言中保留马其顿方言特征，但遭到批评。保加利亚学者认为马其顿语是保加利亚方言的一种。直到1912年，大多数马其顿人学习的是标准保加利亚语。参与马其顿运动的活动家和领导人在文件、新闻出版物、信件和回忆录中都使用标准保加利亚语。到20世纪20年代和30

年代，建立一个独立的马其顿国家的想法开始正式形成。

从20世纪30年代起，保加利亚共产党和共产国际试图建立一个独立的马其顿民族和语言，希望马其顿能够借助独立的语言在巴尔干联邦内实现自治。1944年马其顿社会主义领导的党派运动正式提出现代马其顿文学语言。1956年，保加利亚政府与南斯拉夫签署了一项双边协议，其中将马其顿语与保加利亚语、塞尔维亚—克罗地亚语和斯洛文尼亚语一起作为法律语言。然而，同年保加利亚撤销了对马其顿的国家地位和语言的承认。1999年，保加利亚政府与马其顿在索菲亚签署了两国官方语言的联合声明，这标志着其第一次同意签署使用马其顿语书写的双边协议。

2017年8月1日，保加利亚和马其顿政府签署了一项友好条约。2020年10月，保加利亚提出北马其顿国内存在"反保加利亚的意识形态"，提出如果北马其顿承认他们在历史上有保加利亚血统，就承认马其顿语和马其顿民族身份，但遭到拒绝。目前有联合国有一百多个成员国承认马其顿语是东南斯拉夫语连续体内的一种自治语言。

（三）塞尔维亚

北马其顿和塞尔维亚传统上有友好关系。塞尔维亚是北马其顿的主要贸易伙伴之一，承认其境内马其顿族的少数民族身份，北马其顿也同样承认其境内的塞尔维亚族。根据1974年《马其顿社会主义共和国宪法》第220条和第222条，公民有权使用自己的语言。在马其顿境内，塞尔维亚语是人口较少的少数民族语言。2001年的宪法修正案规定，在地方一级，除了马其顿语外，官方语言有阿尔巴尼亚语、土耳其语、罗姆语和塞尔维亚语。2007年马其顿通过《少数民族语言使用法》，为少数民族语言提供切实保障。

（四）阿尔巴尼亚

1912年第一次巴尔干战争结束后，阿尔巴尼亚在奥匈帝国支持下宣布独立。但国界划分使大量阿尔巴尼亚人生活在阿尔巴尼亚国家边界之外。北马其顿境内，阿尔巴尼亚是人数最多的少数民族，以阿尔巴尼亚语为第二官方语言。阿尔巴尼亚境内也有大量马其顿族人口，并在少数城市使用马其顿语为官方语言。不过两国关系因对方境内的本族群体地位问题发生多次摩擦。

三 与境内小族互动

北马其顿历来是一个多民族混居地区。根据2002年进行的最后一次人口普查，大约总人口为200万，其中约65%是马其顿族，约25%是阿尔巴尼亚族，约4%是土耳其族，其余包括罗姆族、弗拉赫族、塞尔维亚族、波什尼亚克族等。北马其顿官方语言是马其顿语，阿尔巴尼亚语享有共同官方语言或第二官方语言的地位，其他在某行政地区人口超过20%的语言则在该地区享有官方地位。

（一）阿尔巴尼亚族

1974年马其顿共和国宪法规定，该国家是由马其顿人民和马其顿民族共同组成的，称为"马其顿民族的民族国家和阿尔巴尼亚族、土耳其民族的国家"。这是第一次阿尔巴尼亚和土耳其民族被明确地提到作为与马其顿人共享国家所有权。宪法明确提出保障教育和所有其他公共领域的语言平等。根据宪法的精神，法律规定不同种族—语言群体的成员参与设计其社区的教育机构、课程和教育过程[①]。

十年后，马其顿共和国的多元化政策倾向出现调整。在20世纪80年代，马其顿政府以阻止阿尔巴尼亚族"种族主义、分裂主义"以及保证领土完整为理由，提出了中央集中政策的必要性，在1988年实施了包括修改宪法在内的多项措施，限制了阿尔巴尼亚族的各项权利，包括语言权利。在20世纪90年代初独立公投期间，由于在国家所有权问题上存在政治分歧，阿尔巴尼亚族抵制全民公决。1991年马其顿独立后，种族问题一直是马其顿的核心政治问题之一。政府在一定程度上保证了少数民族的平等和和平共

[①] Renata Treneska-Deskoska, "Accommodating multilingualism in Macedonia", *Social Inclusion*, Vol. 5, No. 4, 2017, p. 60.

处，承认种族和文化多元性，且通过宪法条款保障所有公民和少数民族的教育、文化和语言权利，但实际上权利保障无法到位大大影响了其和平发展的进程。马其顿独立后不久，阿尔巴尼亚族要求更多的文化和语言权利，希望在阿尔巴尼亚族占多数的地区实现政治自治。马其顿政府认为这些要求会使阿尔巴尼亚族无法融入主流社会，其最终目的是推动国家走向联邦化的道路，是对其马其顿文化身份和领土完整的威胁。这一冲突对马其顿后来的语言政策和意识形态形成长期影响[1]。

2001年，阿尔巴尼亚族民族解放军（NLA）与马其顿政府发生了武装冲突，他们要求政府修改宪法，以更好保护阿尔巴尼亚少数族裔的利益。同年，在欧盟和美国的斡旋下，双方谈判达成奥赫里德协议（OFA）。马其顿政府赋予阿尔巴尼亚族更多的公民权利，阿尔巴尼亚语获得在国家一级的官方使用权利，并放宽在地方一级的使用条件，同时在大学中引入阿尔巴尼亚语教育。总体上阿尔巴尼亚语社区对此表示满意。

（二）土耳其族

土耳其族聚居在北马其顿的东部和西部地区，在部分城市达到人口总数的10%—20%。北马其顿政府对土耳其语的学习提供一定保障，1944年便建立第一所土耳其语学校，截至2008年有60多所学校提供土耳其语课程。土耳其族在北马其顿东部部分地区可以接受为期四年的土耳其语教育，在部分技术学院可以接受土耳其语培训。在媒体传播方面，自1945年以来，北马其顿广播电视每天播放一小时的土耳其语电视节目和四个半小时的土耳其语广播节目，每周以土耳其语出版报纸三次。

（三）罗马尼亚族

罗马尼亚族在北马其顿长期处于边缘位置，但保持了自身的民族认同，也作为多民族国家一部分参与到北马其顿人民的生活中。

---

[1] Renata Treneska-Deskoska, "Accommodating multilingualism in Macedonia", *Social Inclusion*, Vol. 5, No. 4, 2017, p. 60.

1974年宪法承认了罗马尼亚族的少数民族地位。在1970年代和1980年代，该民族在一定程度上推进了罗马尼亚语教育和语言权利。在大众媒体领域，部分城镇的电视广播开始播放罗马尼亚语节目。在文学方面，用罗马尼亚语写作的书籍在首都地区出版发行。在教育方面，则建立了少数非正规教育机构①。

四　马其顿语的"非我"镜像

（一）保加利亚语

1944年9月，在铁托所领导的南斯拉夫政府倡议下，对马其顿地区开展政治上的变革，推动了马其顿人的独立建国意识。不过该地区长期受到保加利亚语言和文化的影响，其国家建构必须做到与保加利亚文化进行区分。1944年11月，马其顿成立了一个语言和拼写委员会，其任务是提出规范的马其顿语字母和拼写方式。1945年，马其顿正式发布了该委员会关于字母表的建议，并沿用至今。马其顿宣布以斯科普里—维尔斯方言作为"马其顿"语言的基础，不过因为斯科普里是首都所在其方言更受推崇。在这一时期，即"马其顿语"于1945年创立之时，保加利亚的拼写改革和南斯拉夫政府的"马其顿语"编纂工作，均促使马其顿语与现代保加利亚语拉开了距离。如今北马其顿的文学语言中存在着一些保加利亚文学语言中没有的特征。

北马其顿政府为了促使马其顿语的写作规范与保加利亚语保持距离，鼓励引入大量塞尔维亚语和其他外来词，以促进与保加利亚书面语划清界限。由于塞尔维亚在地理上临近北马其顿，且与北马其顿关系良好，马其顿语中的大量外来词都来自塞尔维亚语。与此同时，马其顿政府在20世纪90年代初期也借鉴前南斯拉夫采取了一些文化和媒体上的管控。比如针对保加利亚1975年出版的《胜利》一书予以禁绝，因为该书研究了1943年至1970年代中期，保

---

① Victor Friedman, "Macedonian Language and Nationalism during the Nineteenth and Early Twentieth Centuries", *Balkanistica*, Vol. 2, No. 98, 1978, p. 83.

加利亚和南斯拉夫共产党之间在马其顿问题上的矛盾。马其顿共和国脱离南斯拉夫后继续执行这一政策。北马其顿当局也特别关注边境控制，如在通关人员个人物品中发现保加利亚语书籍或甚至是保加利亚语的小册子，则可能予以没收。在大众媒体发展的时代，北马其顿当局也对各种传播媒介开展监控。例如，北马其顿曾发现有电台在播放马其顿民间音乐的同时播放保加利亚民间音乐，而其中的保加利亚语与马其顿语形式一致，便对投放广告的公司采取措施进行禁播[①]。

1994年4月14日，在保加利亚教育部长访问期间，马其顿共和国拒绝使用两国之前商定的官方语言形式签署官方文件。几天后，在马其顿总统访问保加利亚期间，也因坚持使用"保加利亚语和马其顿语"的措辞而拒绝签署已经准备好的双边协定。马其顿共和国坚持，双边文件应正式承认其官方语言相对保加利亚语的独立性，这导致了双边协定的签署拖延了五年。1998年，在马其顿共和国外交部长的积极推动下，与保加利亚方就签署文本的语言问题达成了一致，使用的提法是"两国的官方语言——即保加利亚共和国宪法承认的保加利亚语和马其顿共和国宪法承认的马其顿语"。次年，双方领导人使用这一提法签署了一份联合宣言，以及之后的数十项双边协定。

（二）阿尔巴尼亚语

阿尔巴尼亚族是北马其顿第二大少数民族。1999年，南联盟爆发科索沃战争，近40万阿尔巴尼亚族难民从科索沃涌入马其顿，导致马其顿境内阿尔巴尼亚族分离倾向加剧。2001年阿尔巴尼亚族极端分子与马其顿政府军交火，导致两族关系严重恶化，后双方达成妥协。马其顿宪法给予阿尔巴尼亚语官方语言的地位，2018年马其顿《语言使用法》延续这一规定，但实际上双方在实践层面依然存在很多意见冲突。

[①] Milica V Petrushevska, "Language Policy and Nationalism in the Republic of Macedonia", *Us Wurk*, Vol. 63, No. 1-2, 2017, p. 54.

（三）希腊语

1913 年巴尔干战争结束后，希腊控制了马其顿南部地区，随后采取了一系列措施试图对该地区的语言和文化进行希腊化。两次世界大战期间，共产国际发布了关于承认斯拉夫马其顿族的特别决议，促使南斯拉夫马其顿人的民族意识觉醒。自 1980 年代后期，希腊北部出现了马其顿族的复兴，发行了马其顿语和希腊语双语报纸，建立"马其顿文化之家"，建立马其顿东正教教堂，开始用马其顿方言发行音乐，出版马其顿语入门教程，积极鼓励马其顿语的使用。2010 年，该地区首次出版马其顿语报纸，并推出马其顿语—希腊语词典。

（四）塞尔维亚语

20 世纪初期，马其顿在第二次巴尔干战争后被并入塞尔维亚，该地区在语言上实行倾向于塞尔维亚化的政策。二战后，铁托支持马其顿民族作为独立的民族和马其顿语作为独立的南斯拉夫语言，并承认独立的马其顿国家。这使北马其顿存在一部分亲塞尔维亚的力量，1945—1950 年间马其顿语的编纂过程中，出现亲塞尔维亚语倾向。最后马其顿语成为新成立的国家的第一官方语言，塞尔维亚语是第二语言[①]。

第三节 北马其顿"国家语言"建构主体

一 国家层面

（一）议会

北马其顿属于大陆法系，实施议会共和国制，政府由行政机关、独立司法机关和立法机关组成。政府是国家权力执行机构。司法机关包括宪法法院、普通法院和检察院。议会是国家最高立法机构，实行一院制，负责提出和通过法律。自 1991 年马其顿共和国

[①] Dimitris Livanios, *The Macedonian Question：Britain and the Southern Balkans* 1939 – 1949, Oxford：Oxford University Press, 2008, p. 177.

独立之后,议会修宪三次,均与其国家建构相关。1992年1月,议会对宪法进行修改,声明马对邻国没有领土要求。2001年11月,议会再次修宪,扩大阿尔巴尼亚族自治权。2019年1月,马其顿议会修宪,主要内容是将"马其顿共和国"更改为"北马其顿共和国"。

《宪法》规定,在国家机关中,依法使用马其顿语和马其顿语以外的任何官方语言,关于官方语言的使用由《语言使用特别法》(2008年)和其他相关法律予以规定。北马其顿共和国议会也为阿尔巴尼亚语"打开了大门":议会成员和公职人员可以在议会全体会议和议会委员会工作期间用阿尔巴尼亚语发言;议员们在主持议会委员会的工作时也可以使用阿尔巴尼亚语。

2019年,北马其顿议会通过《关于使用语言的法律和第8条的备选方案》,规定钱币、证券、邮票、支票、财务报表等材料,以及国家公共机构出具的发票等,都应使用马其顿语及西里尔字母,同时规定占20%以上人口使用的语言和文字也可使用。该法还规定警察、军事、消防、医护人员的制服上也应使用马其顿语及西里尔字母,同时占20%以上人口使用的语言和文字也可使用。

此外,马其顿议会还通过《刑事诉讼法》等法律,包含司法过程中的语言使用规定。

(二) 部委

北马其顿的教育部、文化部等机构负责马其顿语的保护和教育工作。

文化部的工作职责包括对文化遗产的保护,资助了数个马其顿语词典编撰等重大项目。教育部负责落实马其顿语及少数民族语言的教育,包括教材编写等。

二 地方政府

在地方一级,如果一种或多种语言被占该市20%以上人口所使用,那么地方政府要将其作为与马其顿语(和阿尔巴尼亚语)共同使用的官方语言。如果一个市镇中使用某种语言的人数低于20%，则是否使用该语言作为官方语言，由各市镇自主决定。

如在地方自治单位有某马其顿族之外的民族占20%以上人口，公民可以使用该官方语言与中央政府的部门沟通，并得到马其顿语和该语言的答复。此外，任何人均可使用任何官方语言与各部委沟通，各部委除使用马其顿语外，还应可以使用同样的语言作答。

在地方一级，除马其顿语以外的其他语言，如果至少有20%的人口使用这些语言，则为官方语言。据此，阿尔巴尼亚语、土耳其语、罗姆语和塞尔维亚语被作为地方官方语言使用。地方议会可以决定一个地方自治政府单位中不到20%的人口所讲的语言是否可以作为官方语言使用。在宪法修正案后，2008年通过的语言法详细规定了在所有公共领域和市政当局中使用其他的官方语言[1]。

第四节 北马其顿"国家语言"建构理念

北马其顿国家语言建构过程中有两个主要的目标，一个是保护马其顿语的工具性和象征性功能，另一个是维护国内的和平稳定。由于其国内族群的多样化，北马其顿的国家语言建构，正从"一个国家、一个民族、一种语言"的理想范式向民族和语言多元化范式转变。

2022年6月17日，保加利亚试图使用否决权阻止北马其顿加入欧盟的谈判，以此要求北马其顿更多地承认其境内保加利亚族的权利，北马其顿总统指出，北马其顿的立场非常坚定，不就马其顿语言和认同问题进行任何谈判[2]。

2022年6月29日，北马其顿总理面向议会议员的质询时表态，

---

[1] Bliznakovski, Laguage Policy in Mecedonia, Doctoral Dissertation, Faculty of Social Science, Lubjana University, 2013.

[2] 参见北马其顿政府网站，网址：https://vlada.mk/node/29254? ln = en-gb, 2022 - 09 - 23 访问。

北马其顿在加入欧盟的谈判过程中，会以保护马其顿语和北马其顿国家认同作为底线，绝不接受任何妥协①。

但同时，北马其顿也考虑到，必须承认国内多元民族的现实，以保护少数民族语言为条件确保国内的和平局势。因此在宪法修正案中，赋予占人口20%以上的民族以官方语言的地位。为了顺利加入欧盟，北马其顿已考虑进一步修正宪法，将黑山族、克罗地亚族、保加利亚族等加入宪法的前言中。

第五节　北马其顿"国家语言"建构策略

一　语言法律地位

自2019年起，北马其顿的官方语言为马其顿语，阿尔巴尼亚语享受第二官方语言的地位。我们可以把这一架构形成的过程大致分为三个时期：第一个时期是从1991年至2001年，这个时期马其顿语占据主体地位，是唯一的官方语言；第二个时期是从2001年至2019年，随着阿尔巴尼亚族和马其顿族签署的《框架协议》被纳入法律体系，以阿尔巴尼亚语为代表的少数民族语言增加了使用范围；第三个时期是2019年至今，阿尔巴尼亚语获得全国范围内的官方语言身份。

1991年的马其顿宪法在序言中将马其顿共和国定义为"马其顿人民的民族国家"，同时承认国内的种族和文化多元性，赋予"生活在马其顿共和国的阿尔巴尼亚族、土耳其族、塞尔维亚族、弗拉赫族、罗姆族和其他民族享有与马其顿族完全平等的公民权利"（马其顿共和国宪法序言，1991年）②。该《宪法》第7条规定，马其顿语是马其顿共和国的官方语言，使用西里尔字母书写。

---

① 参见北马其顿政府网站，网址：https：//vlada. mk/node/29390? ln = en-gb，2022 - 09 - 23访问。

② 参见北马其顿共和国宪法：North Macedonia（Republic of）1991（rev.2011），网址：https：//www.constituteproject.org/constitution/Macedonia_ 2011? lang = en，2022 - 09 - 23访问。

同时该条规定，各少数民族的语言如果在地方自治单位内有超过半数或有相当数量的人使用，则其语言文字可以与马其顿语同时作为官方语言使用。

马其顿议会通过的《地方自治法》（1996年生效，2002，2004年修订）是上述宪法精神的具体化。该法第十四章"地方自治单位官方使用语言"下，第88条将地方自治单位分为两种，一是少数民族占总人口50%以上，即多数人口的地方民族自治单位；二是少数民族人口占20%以上，即相当数量人口的地方民族自治单位。第89、90条进一步阐述了在地方一级使用少数民族语言的制度。在上述两类自治单位中，市政委员会和其他市政机构在官方交流中可以在马其顿语之外，平行使用民族语言。所有地方法案都必须在马其顿语之外同时使用该民族语言。公共服务机构、机构和公司也被允许使用多数人口的民族语言。道路标志、公共服务、机构和公司标志也可以使用多数人口的民族语言；如果民族人数只达到20%但未超半数，则交由市议会决定。不过，所有文化和教育机构或旨在发展和促进各民族文化和教育目标的机构，都需要使用马其顿语和民族语言书写，无论该民族人数多少。需要注意的是，无论北马其顿的法律赋予少数民族什么样的语言权利，都必须与马其顿语同时使用。

2001年，在阿尔巴尼亚族与政府军的冲突结束后，双方签署了《框架协议》。该协议的执行需要进行宪法修正和立法改革，因此北马其顿2001年通过了宪法修正案，随后通过了30多部新法律，并对30多部以前的法律进行了修正。北马其顿对地方自治组织进行了改革，以满足《框架协议》的要求。北马其顿的一系列改革包括权力下放、加强民主参与和改善地方一级的治理等。2002年初通过了一项新的《地方自治法》（2002），该法对民族人口超过20%的地方自动赋予原来只给予多数民族人口地方的权利。而民族人口低于20%的地方，则也提供了开放的可能，交由地方决定相关语言是否用于官方活动，不过需要采用双重多数投票的方法，即参与投票的代表中有超过一半是少数民族代表，投票结果也需要超过半数。

二 语言本体规划

1944年8月2日，在反法西斯马其顿民族解放大会（ASNOM）上，马其顿宣布将独立建国，以独立身份加入新南斯拉夫联邦，共和国的官方语言为马其顿语。

1944年底，当局组织专家在斯科普里召开第一次标准化会议，选取马其顿中西部方言作为马其顿标准语的基础，因为该组方言使用者最多，其他地区的人也容易适应，还有一个重要原因是该组方言最能实现与周边语言的"分离"功能[1]。不过该委员会的方案没有被 ASNOM 接受。1945年5月3日，一个新的委员会按照塞尔维亚模式提交了一份新的字母表提案，当即被接受并发表。该委员会于1945年6月2日提交了一份正字法和形态学规则的简要手册，被教育部接受。随后又出版了语法手册。毫无疑问，"标准马其顿语"的编纂和实施是其国家建设计划的一部分，旨在稳定南斯拉夫联邦，并建立一个合法化的马其顿国家[2]。随后，马其顿通过翻译世界文学的所有主要作品促进了马其顿文学语言的发展。语法手册和语言词典的编撰，以及大众媒体（广播、电视、报纸）发挥了重要的作用。西方语言学家认为当代标准马其顿语是一个语言加速发展的例子，它将其他南斯拉夫语在大约100年内取得的成就压缩到不到50年的时间[3]。1991年马其顿共和国宣布独立后，马其顿进一步减少了塞尔维亚语对马其顿语在语法、词汇和在军事、民航等

---

[1] Paul L. Garvin, "The Standard Language Problem: Concepts and Methods", *Anthropological Linguistics*, Vol. 1 No. 3, 1959, p. 28.

[2] Stefan Troebst, "Makedonische Antworten auf die Makedonische Frage 1944 – 1992: Nationalismus, Republiksgründung, nation-building", *Comparative Southeast European Studies*, Vol. 41, No. 7 – 8, 1992, p. 423.

[3] Joshua A Fishman, ed., *Advances in Language Planning*. Paris: Mouton, The Hague, 1974, p. 85.

领域的影响。

为促进马其顿语的发展，北马其顿文化部发起了多个重大项目。比如该国已将135册马其顿文学作品翻译成英文，并正继续翻译成其他六种语言，以"将马其顿文化和文学瑰宝带给国际书迷"（马其顿总理 Nikola Gruevski 2015）[1]。同时，北马其顿将世界各国文学作品翻译成马其顿语，文化部计划将560部世界优秀文学作品翻译成马其顿语，截止2013年时已翻译139本[2]。北马其顿教育部设立项目，将1000本英美高校教材翻译成马其顿语，2012年时已完成715本[3]。北马其顿文化部于2003—2014年间组织编撰了6卷本的《马其顿语解释词典》，将其作为最高国家利益（时任文化部长 Elizabeta Kanceska-Milevska 语 2012）[4]；编撰了6卷本的《马其顿语分类词典》，文化部称该书包含了充分的证据，证实马其顿语是独一无二、与众不同的，该套词典是国家的宝贵财富[5]。

三 语言教育研究

北马其顿《宪法》第48条规定，根据法律规定有权在中小学使用民族语言接受教育的少数民族，在学校中也需要学习马其顿语。《初等教育法》（1995年）和《中等教育法》（1995年）均包含相似条款。《初等教育法》第8条和《中等教育法》第4条规定，马其顿语和西里尔字母是初等和中等教育的教学语言和教学文字。法律允许学校使用不同民族的语言和文字进行教学，但如果以

---

[1] 参见北马其顿共和国政府官方网站，网址：https://vlada.mk/node/10728? ln = en-gb，2022 - 09 - 24 访问。

[2] 参见北马其顿共和国政府官方网站，网址：https://vlada.mk/node/6652? ln = en-gb，2022 - 09 - 24 访问。

[3] 参见北马其顿共和国政府官方网站，网址：https://vlada.mk/node/4274? ln = en-gb，2022 - 09 - 24 访问。

[4] 参见北马其顿共和国政府官方网站，网址：https://vlada.mk/node/3213? ln = en-gb，2022 - 09 - 24 访问。

[5] 参见北马其顿共和国政府官方网站，网址：https://vlada.mk/node/10377? ln = en-gb，2022 - 09 - 24 访问。

某一民族的语言授课，则所有学生都必须学习马其顿语。在高等教育领域，1997年后也纳入少数民族语言用作教学语言。北马其顿议会于1997年初通过了一项语言法，首次允许以马其顿语以外的语言开展高等教育。该法允许培养学前、小学和中学教师的师范生课程可以使用少数民族语言，但涉及北马其顿历史和语言的课程必须以马其顿语进行。2000年通过的《高等教育法》则通过第95条确认了马其顿语在高等教育中的最高地位。

在教育领域，北马其顿也实施多种措施以适应国家多民族的现实。2010年，教育部批准了综合教育战略，努力"在多民族环境中教育所有民族的青年，为多民族社会的生活做准备"[1]。该战略给不同民族语言背景的儿童提供融入学校的机会，呼吁将课外活动纳入主流，并建议为体育、外语、音乐和艺术教育等科目开办混合班。该战略制定了广泛的计划，开展学习技能和"跨种族"交流方面的教师培训[2]。在中小学，以少数民族语言接受教育的权利得到了一定的保障。近年来，阿尔巴尼亚语学校学生人数大幅增长，土耳其语、波斯尼亚语的小学学校的数量也有所增长。在实践中，小学教育可以提供马其顿语、阿尔巴尼亚语、土耳其语和塞尔维亚语的教学，而中学的教学语言则包括马其顿语、阿尔巴尼亚语和土耳其语。2001年的宪法修正案提出国家应在高等教育中提供20%以上人口所使用的语言。2000年，马其顿政府提供土地，在欧安组织、欧洲委员会和美国的协助下，成立了第一所阿尔巴尼亚语大学——东南欧大学，被视为"东南欧多民族、多语言高等教育的典范"[3]。

---

[1] 参见北马其顿共和国教育科学部《走向融合教育的步骤》，网址：http://www.mon.gov.mk/index.php/component/content/arti-cle/1112，2022-10-03访问。

[2] Giuditta Fontana, *Education Policy and Power-Sharing in Post-Conflict Societies: Lebanon, Northern Ireland, and Macedonia*, London: Palgrave Macmillan, 2017, p.259.

[3] Hamit Xhaferi, and Ibrahimi Mustafa, "The Implementation of Multilingualism at the SEE University: A Model for the Multicultural Balkans", *Jezikoslovlje*, Vol. 12, No. 2, 2012, p. 674.

四 语言领域应用

1991年《马其顿共和国宪法》规定，马其顿语是马其顿共和国的官方语言，使用西里尔字母书写，行政机关均使用官方语言文字，这一规定在全国范围内有效。在地方一级，则根据少数民族居民的比例，确定能否将民族语言文字用于官方行政场合：高于50%可自动获得资格，介于20%—50%则由地方议会决定。2001年之后，宪法修正案将"民族"一词替换为"在马其顿共和国不占多数的群体"（另一种委婉说法，试图避免使用"少数群体"一词），同时把使用民族语言的界限降低到20%。

《北马其顿共和国议会议事规则一般规定》第三条规定，马其顿语及其西里尔字母是议会工作中使用的官方语言和字母。不过《宪法》修正案规定，国家机关可以依法使用马其顿语以外的任何官方语言。根据规定，议会议员和公职人员可以在议会全体会议和议会委员会工作期间用阿尔巴尼亚语发言。议员们在主持议会委员会时也可以使用阿尔巴尼亚语。议会通过的法律将以马其顿语和阿尔巴尼亚语在北马其顿共和国的官方公报上进行翻译和发行。在选举期间，所有表格、选票，所有选举材料都以马其顿语及其西里尔文字以及至少20%地方人口使用其他官方语言及其相应文字市政当局印刷制作。候选人名单的姓和名，以及选票上印刷的选举候选人，都用马其顿语与西里尔文字以及他们的民族文字书写。不过，根据欧洲委员会专家的调查，实际上在行政当局的语言使用中，由于公务员的语言技能不足，以及缺乏合格的口笔译人员等原因，少数民族在与行政当局进行交流时很少能使用马其顿语以外的民族语言[①]。

[①] 参见欧洲委员会网站，2011年3月30日通过的关于"前南斯拉夫的马其顿共和国"的第三个意见，下载地址：https://rm.coe.int/CoERMPublicCommonSearchServices/DisplayDCTMContent?documentId=090000168008c62e，2022-10-04访问。

该国《刑事诉讼法》[①]规定，刑事诉讼的官方语言是马其顿语，但同时规定可以在司法程序中正式使用民族语言。北马其顿的阿尔巴尼亚族作为刑事诉讼的参与者，有权在诉讼的所有阶段使用自己的语言。法院在诉讼过程中为阿尔巴尼亚族相关人员提供陈述的口头翻译，以及文件和其他书面证据的书面翻译。法庭程序的所有其他当事方、证人和程序参与者，如果不理解或不使用诉讼程序所使用的语言，有权要求免费翻译。参与诉讼程序的人将被告知翻译服务权。送交法院的所有诉状和文件都可以马其顿语和阿尔巴尼亚语送达。如果以阿尔巴尼亚语发送，法院将翻译这些文件。所有发送给诉讼各方的阿尔巴尼亚语文件（邀请、决定等）除马其顿语外，均以其语言发送，与此同时民事诉讼法中也有类似规定。

北马其顿政府为遵守《框架条约》，确实赋予了少数民族语言更多的权利和自由。但政府一直持续推行多项政策以支持马其顿语的发展并扩大其影响。国家电视台在第一频道播放名为《说马其顿语》的节目，试图净化马其顿语言词汇。在2008年，政府资助公众活动以支持马其顿语言使用并且出版了大量用马其顿语创作的文学作品、书籍、电影。北马其顿文化部2019年2月23日发布了《媒体指南》，规定了国家改名之后在媒体报道中提及国家名称、国民性等特质时，使用名词、形容词的正确和错误用法[②]。

目前北马其顿境内共有公共电视台52家，其中全国性电视台13家，地方电视台39家。全国性电视台用马其顿语、阿尔巴尼亚语等7种语言播放。北马其顿共有61个广播电台，其中全国性广播电台3个，地方广播电台58个。国家广播电台用马其顿语、阿尔巴尼亚语、土耳其语、罗姆语、弗拉西语、塞尔维亚语、保加利

---

① 参见马其顿共和国政府公报，"Official Gazette of the Republic of Macedonia, No. 15/97, 18/1999, 44/2002, 74/2002, 27/2004"，下载地址：http://mls.gov.mk/images/laws/EN/Law_ LSG.pdf, 2022-10-04访问。

② 参见北马其顿文化部网站，网址：https://vlada.mk/node/16896? ln = en-gb, 2022-10-05访问

亚语、希腊语播送节目①。

第六节 北马其顿"国家语言"建构效果

根据一些学者的调查，在少数民族人口占多数的市镇，马其顿语的使用存在不如民族语言的情况。自独立之后，北马其顿对其行政区划进行了多次修改，从1996年时的123市镇合并到如今的80个。其中有30个在马其顿语之外，使用其他的民族语言作为地方官方语言，即该市镇有至少20%的人口属于少数民族。根据2002年人口普查的数据，在这30个市镇中，有18个市镇的民族人口占当地人口的50%以上，全国范围内有41.14%的人口居住在使用一种以上官方语言的市镇②。据说，在阿尔巴尼亚族占人口多数的城市，使用阿尔巴尼亚语发送行政服务的请求，比使用马其顿语可以更快地收到答复，而在马其顿族占多数的城市，地方行政部门的效率则正好相反。

对于一些较弱势的族群，则发生了较明显的语言转用。比如在罗姆族占多数的苏托·奥里扎里市，虽然其官方语言也包括罗姆语，但大多数罗姆族在与市镇当局行政部门交流时却不使用其母语，书面交流也用马其顿语进行的。主要原因是大多数人不知道如何用罗姆语写作，因为在小学（和中学）他们接受的是都马其顿语教育。可以看出弱势族群的语言使用正转向官方语言马其顿语。

北马其顿当局采取了多种措施，在一定程度上推动了马其顿语言脱离于保加利亚语，但是这种转化的进程显然不能一蹴而就。在1968年时，著名的斯拉夫学者詹姆斯·克拉克教授将他编纂的

---

① 参见中国外交部官方网站，"北马其顿国家概况"，网址：https：//www.fmprc.gov.cn/web/gjhdq_676201/gj_676203/oz_678770/1206_679474/1206x0_679476，2022-10-05访问。

② 参见欧洲和平研究所网站，"奥赫里德框架协议"第52，70，138—139页，下载地址：https：//www.eip.org/wp-content/uploads/2020/07/OFA-Review-on-Social-Cohesion.pdf，2022-10-06下载。

《马其顿语—保加利亚语词典》称为"保加利亚语—保加利亚语词典",因为该词典两栏的大部分词汇明显重合①。在语法层面,马其顿语和保加利亚语也有很多相似之处,保加利亚学者称在北马其顿的公共地区,书面语规范与保加利亚语有重合之处,因而质疑北马其顿是否存在一种独立的语言。北马其顿可能同一家族中,有的人会认为自己是马其顿族,有的人会自认为是保加利亚族。而在这两者之间,则存在着一个过渡的连续统,即同时具有保加利亚族和马其顿族双重自我认同。比如同一个人在公共场合自称是马其顿族,但在家庭环境中或在来自保加利亚的保加利亚族面前,他就宣称自己是保加利亚族。在信息化时代,网络媒体技术的发展使保加利亚人和北马其顿人经常在网络上进行互动。而对社交媒体的观察可以发现,即使保加利亚人使用保加利亚语,而北马其顿人使用马其顿语,也不妨碍两者进行交流。有学者据此提出,在全球化和民主化的进程中,语言和文化并不能成为区分种族的标准,真正的差异最终体现在自我认知、自我意识方面。

---

① James Franklin Clarke, "Macedonia from S. S. Cyril and Methodius to Horace Lunt and Blazhe Koneski: language and nationality", *guest speech delivered at 58th Annual MPO Convention, sponsored by Central Committee of the Macedonian Patriotic Organization of the United States and Canada*, Pittsburgh, Pennsylvania, 1979. `

第六章

拉脱维亚"国家语言"建构

第一节 拉脱维亚的社会文化背景

一 拉脱维亚民族—国家形成历史

拉脱维亚共和国（Latvijas Republika），简称拉脱维亚，位于波罗的海东部，与爱沙尼亚和立陶宛组成了波罗的海三国。公元前3000年左右，拉脱维亚人的祖先就与库尔泽梅人（kurši）、泽姆加莱人（zemgaļi）、拉特加莱人（latgaļi）和塞利亚人（sēļi）以及利沃尼亚人（lībieši）等部落定居于波罗的海海岸。

公元5世纪，拉脱维亚出现了阶级社会，至公元10世纪，拉脱维亚开始建立早期的封建公国。12世纪后期，罗马教皇派遣传教士来此传教并逐渐建立了定居点。鉴于当地居民未如教会所愿皈依基督教，教皇派遣日耳曼十字军征服该地区，试图以武力迫使当地居民皈依基督教。到13世纪初期，日耳曼人统治了目前拉脱维亚和爱沙尼亚的大部分地区，并建立后来的利沃尼亚。16世纪中叶，拉脱维亚允许宗教自由，大多数人都开始信奉路德教，出现拉脱维亚人教区。在利沃尼亚战争（1558—1583年）后，拉脱维亚北部、东部和爱沙尼亚南部被割让给波兰—立陶宛大公国，形成了道加瓦对岸公国。拉脱维亚西部和南部则形成库尔泽梅—泽姆加莱公国。

17世纪初期，拉脱维亚民族逐渐形成，但"拉脱维亚民族"这一概念到18世纪末才出现。17至18世纪，波兰—立陶宛联邦、瑞典以及俄罗斯三国为了争夺在波罗的海地区的霸权发动了波瑞战争，部分地区被转入瑞典和波兰治下。在瑞典和主要是德国的统治下，拉脱维亚西部地区主要信奉路德教。在此期间，该地区的多个古老部落同化形成了拉脱维亚人，都使用拉脱维亚语。然而，该地区直至18世纪也没有建立起来一个真正的拉脱维亚国家。

1700年，俄国彼得大帝为了争夺波罗的海贸易通道而与瑞典宣战，后将占领的拉脱维亚北部地区与爱沙尼亚南部地区合并起来，建立维泽梅省。1721年，两国签订了尼斯塔德条约，由此俄国确立了在波罗的海的霸权，并且获得了瑞典在波罗的海除芬兰之外的全部领土。1772年，俄国在第一次瓜分波兰中获得了拉脱维亚东部的拉特加莱地区。1795年，俄国在第三次瓜分波兰时，吞并了波兰—立陶宛联邦的附属国库尔泽梅—泽姆加莱公国，将现在拉脱维亚的全部领土纳入俄罗斯帝国的版图。

到19世纪，拉脱维亚社会结构发生了巨大变化。在废除农奴制后，该地区形成了独立的农民阶级。同时，拉脱维亚的城市无产阶级也在不断壮大，资产阶级的影响力也越来越大。19世纪中叶起，拉脱维亚青年运动为民族主义奠定了基础，拉脱维亚的精英分子开始转向斯拉夫人，以反对德国在该地区的影响力。

第一次世界大战期间，德国军队曾全面占领拉脱维亚。拉脱维亚在战争结束后获得独立，击败德国人和苏联人的军事力量，分别与德国和苏俄签署停战协议，于1918年成为独立的共和国。拉脱维亚于1920年召开了自由选举的制宪会议，通过自由宪法，宣布拉脱维亚是一个独立的民主国家，选举出第一届议会和第一位总统。第二次世界大战期间，苏联将拉脱维亚纳入势力范围，与其签订"互助"条约，给予拉脱维亚独立国家的地位，但在其领土上有驻军。期间德国曾击败苏联，短暂将拉脱维亚作为东方专员辖区（Reichskommissariat Ostland，二战期间德国建立的管理波罗的海国家的政权组织）的一部分进行管理。

在战后时期，拉脱维亚采用苏联模式，推行集体农庄等生产方式。20世纪80年代后半期，苏联领导人戈尔巴乔夫开始政治与经济改革，促进了波罗的海独立运动的发展。1987年夏，拉脱维亚人在里加的自由纪念碑前举行了大型的游行示威活动，同年拉脱维亚作家联盟呼吁文化自治，要求加强拉脱维亚语的地位以及建立独立的文化组织。1990年5月4日，拉脱维亚最高苏维埃最高委员会通过了《恢复拉脱维亚共和国独立宣言》，拉脱维亚苏维埃社会主义共和国正式更名为拉脱维亚共和国。1991年8月21日，拉脱维亚共和国宣布完全独立。

20世纪90年代之后，拉脱维亚积极寻求加入北约与欧盟，并于2004年达成目标。2014年，拉脱维亚加入欧元区。2015年上半年拉脱维亚担任欧盟理事会轮值主席国。2016年7月1日，拉脱维亚成为经合组织成员国。

二 "国家语言"消解与建构历史

拉脱维亚语是拉脱维亚共和国的官方语言，属于印欧语系波罗的语族，是现存的两种波罗的海语言之一（另一种是立陶宛语）。拉脱维亚在第一次世界大战中实现国家独立，又在第二次世界大战中失去独立，并于1991年再次恢复独立。在拉脱维亚，拉脱维亚语本身被视为民族认同的主要元素之一，因此，语言一直是拉脱维亚公共与政治领域讨论的焦点问题。

从12世纪开始，拉脱维亚人一直生活在德国统治下的农奴制和种族隔离状态中。在该地区政权的长期不断更迭中，俄罗斯人、波兰人、瑞典人都没有十分关注拉脱维亚人的发展，这使拉脱维亚人得以保留了其独特的民族语言和习俗[①]。到16世纪初，拉脱维亚

---

① Andrejs Veisbergs, "Language Planning in Latvia as a Struggle for National Sovereignty", in Enest Andrews ed. *Language Planning in the Post-Communist Era*, Palgrave Macmillan, Cham, 2018, p. 219.

语首次出现在印刷品中，在德国学者塞巴斯丁·缪斯特的《宇宙志》中出现了最早的拉脱维亚语版的主祷文。在17、18世纪，数名德国牧师在翻译的过程中基于对拉脱维亚语正字法的完善，编写了拉脱维亚语语法和词典，为其书面语言确立了标准。该时期的圣经翻译巧妙地将拉脱维亚语口语、拉脱维亚民歌以及教会文本翻译融合起来，巩固了其书面语规范。除此之外，拉脱维亚人也在很多民歌中保留了他们富有诗意的各类方言。在瑞典统治时期，政府曾要求在初等教育和教会布道中使用拉脱维亚语。

18世纪时，俄罗斯占领拉脱维亚，当时德语仍然是该地区行政语言，尽管德国人只占总人口的6%左右。到19世纪，德国殖民者发现废除了农奴制之后的波罗的海地区，有越来越多的拉脱维亚人获得土地和财产，进入城镇开始接受教育，于是试图维持对拉脱维亚的德意志化。同时，获得该地统治权的俄罗斯政府机构试图在当地清除德国文化和拉脱维亚文化，以将其俄罗斯化。

在这一时期，拉脱维亚民族意识开始觉醒。拉脱维亚精英分子认识到拉脱维亚语长期被禁，也未对书面语进行书面规范编撰，不利于民族建构。部分神职人员和语言学家开始研究语言问题，并借此强化民族认同。19世纪下半叶，拉脱维亚的民族语言写作（如史诗、小说和诗歌）、出版、戏剧、歌曲节和其他文化活动在数量上大幅提升，1856年拉脱维亚出版了一部现代诗歌译本。同时为了编纂和净化语言，语言学家还创造出大量缺失的单词和术语。到20世纪初，拉脱维亚语融入了许多不同的语言特色，形成了一种相对稳定的标准化语言，并创造了一些原创性的文学作品。不过在俄罗斯统治时期，拉脱维亚语的地位很低，学校教育主要用德语或者俄语，只有在个人著作和文学作品中才能使用拉脱维亚语。1905年，这种状况有所好转，俄罗斯政府部分承认允许学校使用拉脱维亚语进行教学。

1918年11月18日，拉脱维亚首次实现国家独立。1921年，拉脱维亚政府通过《国家公务员国家语言考试管理办法》，将拉脱维亚语确立为官方行政语言。此时虽然拉脱维亚人约占总人口的77%，但是其他语言，尤其是德语和俄语仍被广泛使用，很多人除了使用拉脱维亚语外，还能使用德语和俄语。1934年，拉脱维亚的语言政策更趋民族主义特征[1]。1934年7月12日拉脱维亚通过了《对国家语言条例的修改和补充》，该法律虽然保护少数民族的权利，但是优先考虑使用拉脱维亚语。1940年，苏联占领拉脱维亚，俄语又恢复为拉脱维亚的行政语言，并成为学校中的第一外语，少数民族学校被关闭，只剩下拉脱维亚语和俄语学校。1941年德国入侵拉脱维亚，使得德语成为拉脱维亚的行政语言和学校的第一外语。在此期间，第一部官方的拉脱维亚语拼写字典出版。1944至1945年苏联的回归，意味着拉脱维亚又恢复到了1940年时的状态。拉脱维亚语逐渐被逐出行政和经济领域，俄语成为交通、工业、军事和其他领域的主导语言。使用俄语的外来移民未被鼓励去学习拉脱维亚语，而拉脱维亚人却被要求使用俄语。在此期间，拉脱维亚的官方语言政策名义上是双语制，实际上却是不对称的双语制，在众多领域俄语逐渐取代拉脱维亚语[2]。20世纪50年代，拉脱维亚试图实现真正的双语制，但并未成功。根据当时苏联的语言政策，拉脱维亚的一家语言学院定期出版研究报告和词典，但是由于俄语在所有领域和科学研究中都是主导语言，这些报告和词典很少被使用。直到80年代苏联戈尔巴乔夫开始改革，允许拉脱维亚社会公开讨论人口和语言等问题。1988年，拉脱维亚语重新成为国家语言，1989年通过了第一部《语言法》。在之后的三年政权过渡时期，对外媒体和公共标识牌上的语言也逐步替换成拉脱维亚语，拉脱维亚语言课程也开始流行。

---

[1] Dietrich Andre, Loeber, "Language Rights in Independent Estonia, Latvia and Lithuania 1918 – 1940", in Dietrich Andre, Loeber ed. *Ethnic Groups and Language Rights*, Dartmouth: New York University Press, 1990, p. 221.

[2] Andrejs Veisbergs, "Latvian Translation and Bilingual Lexicography Scene", in Andrejs Veisbergs and Monta Farneste, eds. *Baltic Journal of English Language, Literature and Culture*, *Volume 1*, Riga: University of Latvia, 2011, p. 80.

1991年拉脱维亚完全独立后，在行政、军事和司法等领域重新引入拉脱维亚语。拉脱维亚语也成为国家高等教育的唯一语言。1992年拉脱维亚颁布了《对拉脱维亚苏维埃社会主义共和国语言法的修正和补充》（简称《国家语言法》），赋予拉脱维亚语唯一官方语言的地位，同时在公共管理中也压缩其他语言的使用空间。1999年制定的新《国家语言法》要求更为严格，该法第5条规定，"拉脱维亚共和国使用的任何其他语言，除利沃尼亚语（一种只有极少人使用的小族语言）外，在本法的意义上应视为外语。"该法的宗旨是保存、保护和发展拉脱维亚语，并让少数民族融入拉脱维亚社会。它要求公共机构和涉及公共利益的私营机构的雇员必须了解和使用拉脱维亚语。拉脱维亚独立后继承了苏联的双语教育体系，同时使用拉脱维亚语和俄语进行授课。2004年，拉脱维亚对教育系统进行改革，要求至少60%的学校教学使用拉脱维亚语，到2021年时高中三年将完全以该国的官方语言授课[1]。拉脱维亚制定了《2015—2020年国家语言政策指导方针》，通过加强国家语言的法律地位、制定国家语言教育政策、促进拉脱维亚语的科学研究与发展以及确保公众参与国家语言政策实施和文化发展等措施来达成促进国家语言发展的目的[2]。

第二节 拉脱维亚的内外关系

一 与国际组织互动

拉脱维亚自1991年独立后，为了实现融入欧洲的目标，积极加入各种国际组织。1991年9月10日，拉脱维亚加入欧洲安全与合作组织（欧安组织），并于同年9月17日加入联合国。1995年2

---

[1] David Keyton, "A New Law In Latvia Aims To Preserve National Language By Limiting Russian In Schools", NPR World (Oct. 28, 2018), https://www.npr.org/2018/10/28/654142363/a-new-law-in-latvia-aims-to-preserve-national-language-by-limiting-russian-in-sc.

[2] 参见拉脱维亚国家语言中心，"国家语言政策"，网址：https://valoda.lv/en/state-language/state-language-policy/，2022-10-30访问。

月10日，拉脱维亚加入欧洲委员会。2004年3月29日，拉脱维亚成为北大西洋公约组织（北约）的会员国，并于同年5月1日，正式加入欧洲联盟（欧盟）；2014年1月1日，拉脱维亚正式成为欧元区第18个成员国。

拉脱维亚在回归欧洲的过程中，其国籍政策和语言政策都受到欧洲组织的干预。在拉脱维亚独立之前，苏联曾向拉脱维亚、立陶宛、爱沙尼亚等波罗的海三国迁入了大量的俄罗斯族，并将三国人口迁出，导致三国的主体民族人口所占比例迅速下降。波罗的海国家独立后，民族主义情绪上升，拒绝赋予国内的大多数俄罗斯族国籍，导致其政治地位和生活水平严重下降，语言和文化遭到压制，教育和就业缺乏保障，主体民族与俄罗斯族的关系日趋恶化。1991年，拉脱维亚最高苏维埃通过了《关于拉脱维亚共和国恢复公民权利及入籍的基本规定》，规定只有在1940年以前获得国籍的公民才有权参加选举。1994年，拉脱维亚议会通过了新的《国籍法》，规定只有1940年以前的公民及其后裔才能自动获得国籍；其他申请国籍者要参加相关的语言水平考试，并对年龄和出生地进行了严格的限制。这种限制性规定使俄罗斯族人几乎不可能申请到国籍[1]。

欧盟与北约等欧洲组织为防止中东欧地区出现动荡，制定了一系列少数民族保护方面的条约。1992年，欧安组织颁布了《关于少数民族问题高级专员的赫尔辛基决定》，设立高级专员帮助成员国解决少数民族问题。1993年和1994年，欧盟先后确立了"哥本哈根标准"（Copenhagen criteria）和"稳定公约"（stability pact），要求申请国解决少数民族矛盾。欧洲理事会则分别于1992年和1995年颁布了《欧洲区域或小族语言宪章》和《保护少数民族框架公约》。欧盟等国际组织将符合上述标准和公约中的少数民族政策列为入盟附加条件，多次督促波罗的海三国调整国籍政策，以达

---

[1] 陈凤：《波罗的海三国的俄罗斯族政策演变分析》，当代世界与社会主义2018年版，第121页。

到符合欧盟的少数民族政策标准①。

在欧盟等国际组织的干预下，1998年，拉脱维亚和爱沙尼亚先后放宽了国籍政策，拉脱维亚议会通过了《国籍法》修正案，允许独立后出生的无国籍人员的子女，自动授予其拉脱维亚国籍，无需任何费用或考试。2000年3月，欧盟出台了旨在帮助少数民族和弱势群体融入主体社会的"里斯本战略"，并指导成员国推出社会融合政策。拉脱维亚按照欧盟要求推出了相应的社会融合项目，后又在欧盟要求下进一步改善国内俄罗斯族的生活状况。2004年波罗的海三国加入欧盟后，欧盟等国际组织对俄罗斯族问题关注力度逐渐减小，一定程度上也使三国的俄罗斯族政策趋向收紧。

在语言政策方面，拉脱维亚也与欧洲组织有类似的互动。1991年拉脱维亚最高苏维埃通过了《拉脱维亚共和国教育法》，规定少数民族只有在中学阶段能够接受用本民族语言教授的课程，公立大学从第二学年开始必须使用拉脱维亚语。拉脱维亚政府要求公共部门以及与公共部门相关联的私营部门都必须使用主体民族语言。1995年，拉脱维亚制定了《国家语言法草案》，允许在某些条件下私人性质的公共信息和公共集会可以使用其他语言，但由于欧安组织少数民族事务高级专员和其他国际组织的严厉批评，该草案迟迟未能通过。到20世纪90年代末，国际社会要求波罗的海国家取消其语言法中与私营经济领域有关的要求。1997年，拉脱维亚议会对新草案进行审议，其中扩大了政府对私营部门语言使用进行监管的权力。对此，欧盟、欧洲委员会和欧安组织均反对拉脱维亚新语言法中仍有此类要求，指出其没有充分考虑到公共领域和私人领域之间的区别，认为不应该在私营经济领域对语言使用进行规范。拉脱维亚1999年语言法中只好对此进行委婉表述，列出涉及"正当公共利益"的领域所需要的语言熟

---

① 陈凤：《波罗的海三国的俄罗斯族政策演变分析》，当代世界与社会主义2018年版，第125页。

练水平①。此外，欧安组织和欧洲委员会认为拉脱维亚1996至1998年在失业登记中纳入拉脱维亚语水平这一条件具有歧视性，拉脱维亚随后将此条件取消。在公职候选人的语言要求方面，欧洲组织批评拉脱维亚要求所有公职人员以及其他职业人员必须掌握官方语言，拉脱维亚议会于2002年5月修改了选举法，不再要求议员候选人必须熟练掌握拉脱维亚语。总体而言，拉脱维亚在申请加入欧盟阶段基本上遵守了欧安组织关于公民身份和语言问题的所有建议，但在加入欧盟之后政策又有所收紧。比如拉脱维亚政府要求从2006年起，约3500个公共部门和1300个私营部门的工作人员必须通过语言测试，熟练掌握拉脱维亚语②。

2005年5月，拉脱维亚议会批准了欧洲理事会的《保护少数民族框架公约》，但增加了一些附加条件，比如要求身份证件中的个人姓名必须遵循拉脱维亚语正字法拼写，以及拉脱维亚的地名、街道名称或道路标志和地方市议会中，只能使用拉脱维亚语。直至2008年，拉脱维亚都没有签署《欧洲区域或小族语言宪章》。2021年3月，拉脱维亚仍因为在教育领域限制少数民族语言的使用受到欧洲委员会的批评。

二 与邻国互动

拉脱维亚在地理上位于欧洲东北部的波罗的海东岸，位于爱沙尼亚与立陶宛之间。拉脱维亚北与爱沙尼亚接壤，南与立陶宛接壤，东与俄罗斯接壤，东南与白俄罗斯接壤。在语言政策方面，拉脱维亚与邻国的互动主要体现为两个方面，一是与俄罗斯就俄族语言使用权利的博弈，二是在语言政策方面与爱沙尼亚和立陶宛之间的相互借鉴。

---

① Uldis Ozolins, *The Impact of European Accession upon Language Policy in the Baltic States*, Netherlands: Language Policy 2, 2003, p. 217.
② 陈凤:《波罗的海三国的俄罗斯族政策演变分析》，当代世界与社会主义2018年版，第123页。

20世纪90年代，俄罗斯与波罗的海国家冲突的焦点在于俄罗斯少数民族的国籍问题和语言使用问题。波罗的海三国境内均有相当数量的俄罗斯族人口，所代表的俄罗斯族语言文化仍有很大影响，成为波罗的海国家构建单一民族国家认同的重大障碍，因此各国对其采取了排斥措施。这种排斥一方面表现在通过立法规定只有1940年以前入籍的公民及其后裔才能自动获得公民籍（拉脱维亚和爱沙尼亚），其他申请者需要居住两年以上且通过语言水平测试；另一方面是通过立法要求所有在公共部门工作的员工必须使用国家语言，且限制少数民族语言在学校课程中的应用。

鉴于波罗的海三国的上述政策主要是针对俄罗斯族，俄罗斯持续向三国施加压力，同时也诉诸国际渠道，以三国境内存在人权问题阻碍拉脱维亚加入北约和欧盟。俄罗斯要求欧安组织公开审查波罗的海三国的俄罗斯少数民族人权问题，并作为第三方参与欧洲人权法院对拉脱维亚的多项投诉。1991年，拉脱维亚的入籍政策要求公民必须在当地住满16年，懂拉脱维亚语以及拉脱维亚历史并且要宣誓效忠国家。俄罗斯要求三国政府给予俄罗斯少数民族永久居民国籍并将俄语作为第二官方语言，并暂停在波罗的海三国的撤军行动以施加压力。最终，波罗的海三国同意给予退休的苏联士兵永久居住权，但是拒绝实行双重国籍。俄罗斯随即制定了新的《国籍法》，规定在1995年2月之前未获得波罗的海国家国籍的居民可以自动获得俄罗斯国籍。1997年，俄罗斯外交部提出将帮助爱沙尼亚与拉脱维亚俄罗斯少数民族的永久居民获得国籍、简化入籍手续。1998年，拉脱维亚俄罗斯少数民族发生了多次公共集会与游行示威，拉脱维亚警方使用警棍驱散了示威群众，俄罗斯威胁要对拉脱维亚进行经济制裁。拉脱维亚为缓和与俄罗斯的关系，主动提出修改《国籍法》，简化和加快了入籍手续，取消了所谓的入籍窗口原则，即非公民可以申请公民身份的年龄限制。同时，拉脱维亚还自动授予1991年8月21日后出生的儿童以公民身份；同意大部分的非公民可以通过语言、宪法与历史知识考试取得国籍；简化对65岁以上的非拉脱维亚公民的拉脱维亚语语言测试程序，国籍问题有所缓和。

进入21世纪后，波罗的海国家与俄罗斯的冲突主要存在于语言方面。拉脱维亚政府要求从2006年起，所有教师必须掌握最高等级的拉脱维亚语；规定拉脱维亚语是道路标志和地方市议会的唯一语言（2005年）；禁止在高等教育机构使用除欧盟成员国语言外的其他外语（2006年）；国家语言中心专门负责监督民众在公共场合使用拉脱维亚语的情况，违反者予以严厉处罚（2015年）。与此同时，俄罗斯试图在境外俄罗斯民族中推广俄语和俄罗斯文化，强化其民族文化认同。2001年和2006年，俄罗斯分别举行了俄国同胞大会，承诺为境外俄罗斯民族提供文化援助；2007年，成立俄罗斯人世界基金会，旨在推广俄语和俄罗斯文化[1]。波罗的海国家于2004年加入欧盟之后，对俄罗斯族及其语言使用采取了逐步收紧的措施，俄罗斯的主动作为也使三国提高了警惕。2018年3月22日，拉脱维亚议会批准了《教育法》修正案和《普通教育法》修正案，规定在学前和小学阶段，少数民族学校用拉脱维亚语讲授课程的比例显著增加，引起了俄罗斯的严厉批评，称其侵犯了公民人权。

在对境内少数民族的管理，以及对国际组织和俄罗斯的压力方面，拉脱维亚与其他两个波罗的海国家保持步调一致。这在一定程度上是因为三国地理相近，20世纪主权丧失又复得的经历相似，国内人口结构情形相类，外部压力来源相同，且追求国家认同建构的目标相同。三个波罗的海国家均在宪法中明确规定了国家语言的法律地位：立陶宛共和国宪法第14条、爱沙尼亚宪法第6条和拉脱维亚宪法第4条。同时三国均避免在宪法中提及少数民族的语言，或语焉不详。对于少数民族语言使用的规定，三国均通过普通

---

[1] 陈凤：《波罗的海三国的俄罗斯族政策演变分析》，当代世界与社会主义2018年版，第127页。

法进行管理，对其给予一定的承认和权利保障①。

在国家机构语言使用方面，波罗的海三国均有类似规定，但标准略有不同。首先，关于立法机关和选举中使用的语言，波罗的海三国均规定立法机构都必须仅使用国家语言来履行其职能。其次，在市政机构层面，爱沙尼亚1995年《语言法》第11条规定，可以将占当地永久居民大多数的少数民族语言与爱沙尼亚语一起用作当地政府的内部工作语言，尽管据称这项规定从未在实践中到实施②。立陶宛1989年《少数民族法》第4条规定，在为大量使用不同语言的少数民族服务的地区的办事处和组织中，除使用立陶宛语外，还应使用该少数民族使用的语言。然而，拉脱维亚规定所有市政当局都必须只使用国家语言来工作，无论某一特定地区有多少人属于少数民族。第三，在选举候选人的语言方面，立陶宛对参加议会和市政选举的候选人没有语言要求，爱沙尼亚对此有一定要求，而拉脱维亚最为严格，即不能证明精通拉脱维亚语者不能参加选举。在北约和欧安组织等国际组织的压力下，爱沙尼亚和拉脱维亚都于2002年取消了该语言要求，但也增加了其他"旨在加强国家语言地位的补偿性修正案"。

在语言的领域应用方面，波罗的海三国的语言法都规定了某些领域的雇员必须熟练掌握国家语言。拉脱维亚和爱沙尼亚早期的语言法中饱受争议，就是因为将语言要求的适用范围扩大到包括在私营部门工作的雇员。在欧安组织少数民族事务高级专员和欧盟委员会的积极干预后才达成妥协。拉脱维亚国家语言法要求国家、市政机构、法院、司法机构、国家或市政企业以及国家或市政府占最大资本份额的公司的所有雇员都要掌握国家语言。私营机构、组织和企业的雇员以及个体经营者，其活动涉及公共安全、卫生、道德、

---

① Boriss Cilevičs, "Language Legislation in the Baltic States", in Matthias Koenig ed, *Democracy and Human Rights in Multicultural Societies*, London: Routledge, 2017, p. 167.
② Priit Järve, "Two Waves of Language Laws in the Baltic States: Changes of Rationale?", *Journal of Baltic Studies*, Vol. 33, No. 1, 2002, p. 78.

卫生保健、消费者权益保护和劳动等合法公共利益的，必须使用国家语言。《爱沙尼亚语言法》包含了非常相似的规定（第5条），立陶宛《国家语言法》（第6条）中则含蓄地提及一些私人机构。

在少数民族语言教育方面，三国的规定也相互借鉴但略有区别。立陶宛《教育法》（1991年）第10条规定：立陶宛共和国内立陶宛学校的教学语言应为立陶宛语。然而，爱沙尼亚与拉脱维亚两国都设法减少少数民族语言教育，尤其是中学教育。在爱沙尼亚，普通学校的语言使用主要由1993年《基础学校和高中法》第9条决定。在基础教育阶段，即1至9年级，任何语言都可以是教学语言；然而，在10至12年级的高中，法律规定教学语言为爱沙尼亚语。向中学教育的过渡最初计划于2003年开始，在中学教育中只提供爱沙尼亚语教学，但后来推迟到2007年。爱沙尼亚职业学校的教学语言是爱沙尼亚语。然而，根据1998年《职业教育机构法》第18条，教育部长可以决定使用其他语言作为教学语言。在拉脱维亚，以少数民族语言接受教育的规定最为严格。拉脱维亚的目标是在全国范围内开展双语教育，中等教育仅限于拉脱维亚语。1998年《教育法》第9条只允许在下列情况下使用拉脱维亚语以外的语言进行教育：1. 私立教育机构；2. 实施少数民族教育计划的国家或市级教育机构；3. 特殊法律规定的教育机构。因此，该法规定基础教育阶段（1—9年级）实行强制性双语教育，少数民族语言课程的比例可能会有很大差异，具体由教育部决定。该法的过渡条款规定，从2004年开始，中学以及所有职业学校必须改为只使用拉脱维亚语授课。这项规定引起了一些少数民族非政府组织和少数民族政党的强烈抗议，后得到修订，改为国家支持的少数民族中学至少有60%的课程用拉脱维亚语授课。

三　与境内小族互动

拉脱维亚的主体民族是拉脱维亚族，约占拉脱维亚人口的62%。其他民族中人数最多的是俄罗斯族，约占总人口的25.4%，俄语是使用最多的少数民族语言。白俄罗斯族是拉脱维亚的第二大少数民族，约占总人口的3.3%。乌克兰族是拉脱维亚的第三大少数民族，约占总人口的2.2%。波兰族人是拉脱维亚的第五大族群，约占总人口的2.1%。[①] 除这些民族外，还有一些其他少数民族也居住在拉脱维亚，包括立陶宛族、犹太族、罗姆族、德意志族、爱沙尼亚族、鞑靼族等，合计占拉脱维亚总人口的5%左右[②]。

（一）俄罗斯族

拉脱维亚境内俄罗斯族的历史可以追溯到12至13世纪与俄罗斯的贸易关系。16世纪下半叶，俄罗斯农民迁移到今天的拉脱维亚，后来脱离了俄罗斯正教会的旧礼仪派也来到此地，寻求宗教宽容和庇护。18世纪，拉脱维亚被俄罗斯帝国吞并，拉脱维亚的俄罗斯族数量有所增加。两次世界大战期间，拉脱维亚的俄罗斯族人口数量增加了一倍多。第二次世界大战之后，波罗的海地区持续迁入大量俄罗斯族人口。1991年，拉脱维亚独立后仅向1940年之前成为拉脱维亚公民的人及其后代授予公民身份，这意味着苏联时期到拉脱维亚的移民不会自动获得公民身份。因此，俄罗斯少数民族非公民只能通过入籍程序来获得拉脱维亚公民身份，这导致了俄罗斯族的强烈不满。1998年，拉脱维亚的入籍程序放宽，更多俄罗斯族获得拉脱维亚公民身份。拉脱维亚的国籍政策极大限制了讲俄语的少数群体参与政治决策[③]。截至2014年，拉脱维亚的俄罗斯族非公民约占该国非公民人数的三分之二，他们无权在地方选举中投票，也不能被选入市议会。拉脱维亚的俄罗斯族在任何公民组织的参与度都很低，这主要是因为他们很难适应其少数民族的地位以及

---

① 以上数据来自中国外交部"拉脱维亚国家概况"，网址：https://www.mfa.gov.cn/web/gjhdq_676201/gj_676203/oz_678770/1206_679330/1206x0_679332/，2022-11-20访问。

② Samuel Holm, Latvian Language Policy: Unifying or Polarizing? Reconstructing the Political Debate on Language Reform in the Latvian Education System, Master thesis, Linköping University, 2020.

③ Arvydas Matulionis et al, *The Russian Minority in Latvia*, Vienna: Institute for Advanced Studies ENRI-East, 2011.

缺乏相应的拉脱维亚语语言能力。

1998年，拉脱维亚进行教育改革，旨在加强少数民族学校的拉脱维亚语教学，造成少数民族与拉脱维亚公共机构间的冲突加剧。2004年，拉脱维亚对教育法进行修订，要求俄罗斯民族学校课程以拉脱维亚语教授更多的课程，在俄罗斯族非政府组织和公众中激起反抗，许多俄罗斯族学生聚集在国家立法机关门口表示抗议。2018年，拉脱维亚政府宣布决定教育体系过渡到仅限使用拉脱维亚语，过渡期为三年，三年后即使在拥有大量俄罗斯少数民族的地区，大部分的学校教育也应以拉脱维亚语进行。许多俄罗斯少数民族成员组织抗议、示威活动，通过在线上和线下传播请愿书等方式反对该歧视性政策。但情况正在发生变化，也有一些俄罗斯族表示支持，因为他们已经意识到拉脱维亚语是学习与工作的必备技能，进入21世纪后许多俄罗斯族选择将孩子送到拉脱维亚语学校就读。

（二）白俄罗斯族

白俄罗斯族在拉脱维亚东南部已经居住了几个世纪，至今仍在该地区占据相当大的比例。由于苏联时期的大规模移民，拉脱维亚的白俄罗斯族人数增长了三倍左右。大多数的拉脱维亚白俄罗斯族已经被俄罗斯化，仅有五分之一的白俄罗斯族保留了他们的母语知识。白俄罗斯族很少在家庭中使用母语，因为大多数的白俄罗斯族生活在以俄语为主的混合家庭中。即使在白俄罗斯族占多数的边境教区，也很难发现真正每天使用白俄罗斯语的人。目前，里加只有一所小型的白俄罗斯语言学校以及几个白俄罗斯文化社团。大多数的白俄罗斯族不会说拉脱维亚语，也没有获得拉脱维亚的公民身份。作为俄语使用者，白俄罗斯族在工作场所和教育方面都面临着和俄罗斯族相似的种族排斥问题。在拉脱维亚，白俄罗语被定义为外语，只有在保证翻译为拉脱维亚语的情况下才能在官方使用。

（三）乌克兰族

拉脱维亚目前的乌克兰族人口约为6万人，大多数的乌克兰族属于俄乌混血家庭，有一半居住在首都里加。在拉脱维亚，大约只有2.5万乌克兰族讲乌克兰语，主要是几十年前到达拉脱维亚的乌克兰人。其余乌克兰族大都讲俄语，即使在乌克兰家庭中，也倾向于在家庭中说俄语。截至2018年，拉脱维亚的乌克兰非公民约占拉脱维亚乌克兰裔人口的54%，他们与俄罗斯和白俄罗斯少数民族一样在语言和教育方面有着相同的担忧。尽管乌克兰语在乌克兰族中的声望可能比白俄罗斯语在白俄罗斯族中的声望稍高一些，但是乌克兰少数民族也有类似的俄语依赖，而不是倾向于使用本民族语言或者拉脱维亚语。在拉脱维亚，没有乌克兰语日报和乌克兰语电视节目，只有乌克兰语期刊。与白俄罗斯语一样，乌克兰语仅限于每周30分钟的无线电广播。

（四）波兰族

在20世纪，与其他的少数民族相比，拉脱维亚的波兰族数量相对稳定，约占总人口的2%—3%，至今仍是如此，大多数波兰族主要居住在里加。波兰语曾经在拉脱维亚东部被广泛使用，但是今天它的作用已经大大降低，只有约五分之一的年长波兰族还保留他们的母语知识。拉脱维亚有五个城镇设有用波兰语进行授课的公立学校。在许多的天主教堂，礼拜仪式都是用波兰语进行。

（五）德意志族

拉脱维亚的德意志族大约有3000人，散居于拉脱维亚各地区，其中只有不到五分之一的人仍然说自己的母语。19世纪之前，德语一直是拉脱维亚城市的通用语。到了20世纪，随着第二次世界大战的爆发以及苏德双方在此地的多次争夺，拉脱维亚的德裔社区人数大量减少，德语的地位也急剧下降，现在德语知识也仅限于老一辈的拉脱维亚德意志族。只有约五分之一的学生学习德语，通常在六年级或者只在中学学习德语[1]。

（六）立陶宛族与爱沙尼亚族

在拉脱维亚的所有少数民族中，立陶宛族与爱沙尼亚族几乎完

---

[1] llmars Mezs, "The People of Latvia", 2005, https：//profizgl. lu. lv/pluginfile.php/35167/mod_ folder/content/0/PH_ 3_ People_ of_ Latvia.

全融入了拉脱维亚。在拉脱维亚，几乎有一半的立陶宛族以拉脱维亚语为母语，大约有五分之二的立陶宛族（主要是老一辈）表示立陶宛语是他们的母语。在里加有一所立陶宛文法学校，历史已有十多年。拉脱维亚的爱沙尼亚族在19世纪后半期有所增加，但是现在自认为是爱沙尼亚族的不到3000人，他们主要居住在里加和爱沙尼亚边境。

（七）犹太族和罗姆族

犹太族和罗姆族自16世纪就居住在拉脱维亚，以前拉脱维亚大部分的犹太族都讲意第绪语，部分犹太族在19世纪下半叶开始学习德语。19世纪80年代，犹太族开始学习俄语。20世纪，大多数的犹太族改说俄语。如今，在拉脱维亚，讲意第绪语的犹太族不超过1000人，而且大多数都是老年人。大部分的犹太族家庭讲俄语，犹太族是拉脱维亚受教育程度最高的少数民族。拉脱维亚的罗姆族讲四种不同的罗姆方言，其中使用最广泛的、最具特色的就是库尔泽梅地区的方言，它借用了拉脱维亚语的一些词汇。少数书籍也以这种方言出版，一些有罗姆族人的班级的学校也以这种方言来教授某些学科。

（八）利沃尼亚族

利沃尼亚族是拉脱维亚唯一的土著少数民族，不过如今数量已经相当少。第二次世界大战前，大约有1000名利沃尼亚族居住在库尔泽梅北部海岸的渔村，如今大约只有250名拉脱维亚人认为自己是利沃尼亚族，其中极少数能听懂利沃尼亚语。在20世纪初，在利沃尼亚族的家庭日常生活中基本上已经不使用利沃尼亚语，尽管有人试图重建该语言，但由于使用人数太少且过于分散，并未成功。拉脱维亚《国家语言法》并没有将利沃尼亚语视为少数民族语言。如今，利沃尼亚语是欧盟最稀有的语言之一，拉脱维亚政府采取了一定的措施保护和推广利沃尼亚语，成立了一个专门的单位来研究、保护和推广利沃尼亚文化遗产。

（九）其他

除了上述少数民族外，拉脱维亚还有很多其他少数民族，例如鞑靼族、亚美尼亚族、摩尔达尼亚族、罗马尼亚族、格鲁吉亚族等等，这些少数民族大多都生活在跨族家庭中，并且在苏联时期就已经转向俄语。

四 拉脱维亚语的"非我"镜像

对包括拉脱维亚在内的波罗的海国家主体民族而言，俄罗斯族是"外来人"，对于他们在本国曾拥有的优势地位十分反感和敌视[①]。三国独立后，均采取了大量行动提升国语的地位，压制俄语的使用，以达到"去俄化"的目的。

在拉脱维亚，欧洲委员会的《欧洲区域或小族语言宪章》并不适用于俄语。这是一个反常的现象，因为一般情况下一个民族在国家总人口中达到5%，该国就会给予一定的法律认可并采取保护措施。而拉脱维亚的俄罗斯族达到人口总数的26.9%（2011年）。实际上，拉脱维亚等国在完全独立之前，即苏联时代末期，就已经开始了较为激烈去俄化行动。拉脱维亚苏维埃社会主义共和国于1988年就宣布拉脱维亚语为苏维埃拉脱维亚的唯一官方语言。1991年，拉脱维亚完全独立后，在1992年对《国家语言法》（1989年）进行修订，强调拉脱维亚唯一的官方语言是国家语言，即拉脱维亚语，而为俄语或德语的使用设置了一些条件限制。1998年《拉脱维亚共和国宪法》修正案第四条和1999年《国家语言法》都规定拉脱维亚语是拉脱维亚唯一的官方语言。同时，与之前的《国家语言法》版本相比，拉脱维亚1999年《国家语言法》的要求更加严格，它提出除了拉脱维亚语和土著的利沃尼亚语外，所有拉脱维亚共和国使用的其他语言都应被视为外语，包括有三分之一人口使用的俄语。

---

① 陈凤：《波罗的海三国的俄罗斯族政策演变分析》，当代世界与社会主义2018年版，第120页。

尽管俄罗斯和拉脱维亚俄罗斯族多次向拉脱维亚政府施压，要求将俄语作为国家第二官方语言，但迄今并未实现。而欧盟等西欧国家主导的区域国际组织，对拉脱维亚这一行为大体采取了谨慎的默许，以至于欧盟委员会虽然声称尊重多语主义，但并不在拉脱维亚使用俄语发布信息①。2012年2月，拉脱维亚就"将俄语设为拉脱维亚第二官方语言"的宪法修正案举行公投，结果显示支持者占24.9%，反对者占74.8%。② 实际上，如果拉脱维亚将俄语作为第二官方语言，那么它极有可能会成为欧盟官方语言之一。

第三节 拉脱维亚"国家语言"建构主体

一 议会

议会是拉脱维亚的立法机构，自独立以来多次通过立法方式对国家语言的地位和使用进行规定，包括《宪法》《国家语言法》《普通教育法》等。各党派在议会通过影响立法的方式贯彻其执政意图。比如拉脱维亚的民族主义政党（Visu Latvijai）2011年呼吁制定语言政策和语言法律，促使该国的每个人都必须学习拉脱维亚语。该党认为目前有大量民众不仅在家中使用拉脱维亚之外的语言，也在教育系统中使用，因此目前法律允许少数民族以其母语接受教育的情况必须改变。该党呼吁就"将拉脱维亚语作为教育中的唯一语言"进行公投，获得11.2万人签署公投呼吁书，不过因人数不足法定要求未能成功③。

---

① "Russian speakers 'excluded' from EU brochures in Latvia"（Mar 20, 2010），网址：https://www.euractiv.com/section/languages-culture/news/russian-speakers-excluded-from-eu-brochures-in-latvia/，2022-11-28访问。

② David M. Herszenhorn, "Latvians Reject Russian as Second Language", The New York Times (Feb. 19, 2012), https://www.nytimes.com/2012/02/20/world/europe/latvia-rejects-bid-to-adopt-russian-as-second-language.html.

③ Asya Pereltsvaig, "Language Situation and Language Policy in Latvia", Languages And The World (July 16, 2011), https://www.languagesoftheworld.info/language-policy/language-situation-and-language-policy-in-latvia.html.

2020年8月里加市议会执政联盟成员之一的新团结党（the New Unity）在其竞选方案中承诺，"市立幼儿园将使用官方语言开展教育"①。同时，另一个政党，新保守党（the New Conservative Party），也宣布"在里加的所有学校实行拉脱维亚语进行教育"②。这两个方案实际上与该党在议会中的倡议一致，即进一步限制俄语的使用。

2020年6月11日，拉脱维亚又通过了第559/Lp13号法案，对《电子大众传媒法》进行修改③，规定在电视套餐中，非欧盟/欧洲经济区官方语言（主要是俄语）的比例上限为20%。同年11月份，国家电子大众传媒委员会宣布，将唯一的国有多语种LTV7频道的内容改为只使用拉脱维亚语。

二 政府

拉脱维亚中央政府和地方市政机构，以及一些非政府组织都参与并执行语言政策。在执行层面拉脱维亚主要的国家语言政策机构是国家语言委员会、国家语言中心和拉脱维亚语言中心（Latviešu valodas aģentūra）等机构。国家语言委员会（由总统领导）起草语言政策和规划的提案；隶属司法部的国家语言中心对行政违规行为实施控制和罚款；隶属于教育和科学部的国家语言局提供咨询并分析语言状况，也提供学习拉脱维亚语言的机会。

国家语言委员会是2002年根据当时的拉脱维亚总统瓦伊拉—维凯—弗赖贝加（Vaira Vīķe-Freiberga）的倡议成立的。该委员会的任务是研究拉脱维亚语作为国家官方语言的现状，就如何加强其

---

① 参见加里市政府网，网址：https://rd2020.cvk.lv/pub/en/candidate-lists/riga/jauna-vienotiba（LV），2022-11-25访问。
② 参见加里市政府网站，网址：https://rd2020.cvk.lv/pub/en/candidate-lists/riga/jauna-konservativa-partija（LV），2022-11-25访问。
③ "Saeima: At least 80 Percent of Additional Programmes included in TV Packages must be in EU Languages", Saeima Press Service (November 6, 2020), https://www.saeima.lv/en/news/saeima-news/29028-saeima-at-least-80-percent-of-additional-programmes-included-in-tv-packages-must-be-in-eu-languages.

地位和进一步发展提供建议,其主要目标是通过全面的数据分析确定语言政策的战略方向。该委员会也负责监督国家语言政策方案的实施,并参与起草相关法律。委员会的成员来自语言学、文化、科学和教育等各个不同领域的专家[1]。

拉脱维亚国家语言中心(VVC 拉脱维亚语:*Valsts valodas centrs*)是拉脱维亚共和国司法部长下属的直接行政机构,其主要职能是监督国家官方语言政策的执行。国家语言中心保护官方语言使用者的权利和利益,促进语言文化环境的规范化,并促进拉脱维亚语的全面使用。该中心负责监督和控制官方语言的使用是否严格遵守法律法规,并向国家行政机构和公众提供国家或国际组织发布的法律、法规和其他文件的官方翻译,此外还确保一些术语的使用保持一致[2]。从机构的内部设置来看,拉脱维亚国家语言中心下属三个主要的分支机构:行政部门、语言控制部门及术语和法律翻译部门。其中,行政部门负责组织行政事项(主要管理人事、法律事项、记录保存、信息系统管理),以及起草和执行重要的语言政策。第二个下属机构,语言控制部还下设了两个分支机构——语言控制加里分部和区域分部。语言控制部具有以下职能:(1)控制管理官方语言的使用遵守法律法规情况;(2)在有违反《国家语言法》和其他法律法规的情况下,采取措施保护官方语言使用者的权利和权益;3. 审查行政违规案件,并按照法律法规的程序处以行政罚款[3]。术语和法律翻译部(和法律翻译司)在其职能范围内,参与拉脱维亚共和国法律行为、与北约有关的政策文件和其他国际法律行为的翻译。除此之外,该部门还需要起草和发布各种翻译方法材料和其他指南,确保翻译的质量。术语和法律翻译部主要具有以下

---

① 参见拉脱维亚语言委员会官方网站,网址:http://www.vvk.lv,2022 – 11 – 25 访问。
② 参见拉脱维亚国家语言中心官方网站,网址:http://vvc.gov.lv/index.php?route = common/home,2022 – 11 – 25 访问。
③ 参见拉脱维亚官方语言中心官方网站,"语言控制",网址:https://vvc.gov.lv/index.php?route = product/category&path = 59,2022 – 11 – 25 访问。

八大职能：（1）控制国家语言中心翻译的质量；（2）编辑国家语言中心的翻译材料；（3）调查研究术语并维护术语数据库；（4）制定法律翻译的方法指南；（5）提供行政机构翻译的质量评估；（6）协助行政机构编写欧盟法案项目和提供官方出版物的修正案建议；（7）参加欧盟机构翻译部门有关术语问题的会议；（8）就有关语言和术语使用事项提供咨询①。

拉脱维亚语言专家委员会也是国家语言中心的组成部分。专家委员会定期审查法律和法规所规定的规范是否符合拉脱维亚语言的规律，编纂文学语言规范，并就各种语言问题提供意见，例如，在机构名称中使用大写字母、国际公认的国家和地区名称、房屋名称、数字、地址、根据 ISO 639—2 的要求用拉脱维亚语拼写语言等②。拉脱维亚语言专家委员会还包括有两个小组委员会：地名小组委员会（Sub-commission of Place Names）和拉特加莱书面语言小组委员会（Sub-commission on the Latgalian Written Language）。

国家语言局是拉脱维亚国家语言政策的执行、行政机构③。拉脱维亚语言局（The Latvian Language Agency）的任务是加强拉脱维亚语作为拉脱维亚共和国国家语言和欧盟官方语言的地位并促进其长效地可持续发展。在这个总体目标任务下，有三个具体目标，即（1）分析拉脱维亚语言的状况和社会语言的动态；（2）提高拉脱维亚语言在拉脱维亚和世界范围内的竞争力；（3）在拉脱维亚和国外为拉脱维亚语言提供支撑④。拉脱维亚语言局将对语言状况的

---

① 参见拉脱维亚国家语言中心官方网站，"翻译"，网址：https：//vvc. gov. lv/index. php? route = product/category&path = 60_ 107，2022 – 11 – 25 访问。

② 参见拉脱维亚国家语言中心官方网站，"拉脱维亚语言专家委员会"，网址：https：//vvc. gov. lv/index. php? route = product/category&path = 193_ 194，2022 – 11 – 25 访问。

③ 参见拉脱维亚国家语言中心官方网站，"拉脱维亚语言专家委员会"，网址：https：//vvc. gov. lv/index. php? route = product/category&path = 193_ 194，2022 – 11 – 25 访问。

④ 参见拉脱维亚语言中心官方网站，"宗旨和目标"，网址：https：//valoda. lv/en/about-us/aims-and-objectives/，2022 – 11 – 25 访问。

研究和监测作为一项基础性任务，以尽可能准确地确定在短期和长期内实施语言政策的最紧迫任务。拉脱维亚语言局的作用还包括促进和发展标准拉脱维亚语，例如：开发学习材料、字典、学术文献、方法学资源等；组织和支持开发和出版学术和教育文献、信息和教育资源、科普出版物、在线资源；提供与使用拉脱维亚语有关的咨询服务等。[1] 为了提高社会的语言使用水平，该机构也提供与拉脱维亚语使用有关的咨询。大部分咨询工作涉及外国语言中的专有名词在拉脱维亚语中的对应形式的正确书写。此外还具体涉及人名辨别，以及与正字法、词汇、语法、语言文化和文学有关的问题[2]。除了上述的职能外，拉脱维亚语言局的语言学家还提供语言学分析和专业性知识，对一个单词、句子或文本部分的详细语言学解释和说明，以及如何在特定的背景下理解和认识它。语言咨询职能被个人、律师、媒体（广播、电视、杂志、报纸）以及国家和地方政府当局（包括执法机构）广泛接受并使用。

拉脱维亚语言局还组织一些科普推广活动，以吸引更多的公众参与到语言政策的实施中来，获得他们的关注、参与和合作。例如，拉脱维亚语言局自2006年以来每年组织"欧洲语言日"，包括竞赛、猜谜、图书展示、研讨会、学术会议和教育活动。活动对象是全国各地的学生、教师和社会大众，以及拉脱维亚的海外侨民。

拉脱维亚教育和科学部是负责协调实施《官方语言政策指南》的主要部门，该部负责对官方语言政策的实施现状进行评估，制定具体实施计划，起草并向内阁提交了《2021—2026年的官方语言政策指南》，国家为此行动提供财政支持[3]。拉脱维亚《2014—

---

[1] 参见拉脱维亚语言中心官方网站，"宗旨和目标"，网址：https：//valoda.lv/en/about-us/aims-and-objectives/，2022-11-25访问。

[2] 参见拉脱维亚语言中心官方网站，"宗旨和目标"，网址：https：//valoda.lv/en/about-us/aims-and-objectives/，2022-11-25访问。

[3] Valsts valodas centrs, Official Language Policy Guidelines for 2015-2020 https：//vvc.gov.lv/image/catalog/dokumenti/Official_Language_Policy_Guidelines_for_2015x2020.pdf

2020 年教育发展指导方针》（*Education Development Guidelines for 2014 - 2020*）提出在海外推广拉脱维亚语。该指导方针中规定，要对拉脱维亚语作为外语的熟练程度进行适当的阐述，并为教授成年学生的教师建立维持其专业水平的保持机制。拉脱维亚建立支持外国高等教育机构学生学习拉脱维亚语的系统，以及创建和维护远程学习系统。教育发展指导方针的内容之一是"鼓励外国高等教育机构习得拉脱维亚语言和文化",① 包括对拉脱维亚语言讲师的财政支持，开发教育辅助工具，为培训人员提供专业改进课程和建立经验交流网络等。

第四节 拉脱维亚"国家语言"建构理念

拉脱维亚的国家语言政策理念体现在《宪法》《国家语言法》《2015—2020 年官方语言政策指南》等重要官方文件中。

《拉脱维亚共和国宪法》第 4 条规定，拉脱维亚共和国的官方语言是拉脱维亚语②。

2000 年 9 月 1 日，拉脱维亚《国家语言法》生效，其官方宣称的目的是确保拉脱维亚语言的延续、保护和发展，保护拉脱维亚人民的文化和历史遗产，提高拉脱维亚语言在拉脱维亚文化环境中的影响力，考虑少数民族使用母语或其他语言的权利，将他们纳入拉脱维亚社会，并通过有效措施促进社会的快速融合③。

《国家语言法》第 1 条规定了该法的目标：（1）维护、保护和发展拉脱维亚语；（2）维护拉脱维亚民族的文化和历史遗产；（3）维护在拉脱维亚全境任何生活领域自由使用拉脱维亚语的权

---

① 参见《拉脱维亚官方语言政策指南》Official Language Policy Guidelines for 2015 - 2020，下载网址：https://vvc.gov.lv/image/catalog/dokumenti/Official_ Language_ Policy _ Guidelines_ for_ 2015x2020. pdf, 2022 - 11 - 26 下载。

② Latvia's Constitution of 1922, Reinstated in 1991, with Amendments through 2016, Article 4, p. 6.

③ Saeima of Latvia, Official Language Law, 2000, Riga: Latvijas Vestnesis, 2000.

利；(4) 促使少数民族成员融入拉脱维亚社会，同时尊重他们使用其母语或其他语言的权利；(5) 提高拉脱维亚语在拉脱维亚文化环境中的影响力，以促进社会更迅速地融合。此条强调了拉脱维亚语言管理的两大理念，即保护和发展拉脱维亚语，同时促进少数民族融入主体社会。

在教育部起草的《2015—2020年官方语言政策指南》①中，拉脱维亚自1989年以来语言政策的根本原则被总结为三条：(1) 拉脱维亚语是拉脱维亚的官方语言。(2) 国家确保保留、发展和使用拉脱维亚少数民族语言指定功能的可能性。(3) 促进和保持每个拉脱维亚居民的语言多样性，使其对拉脱维亚语言和语言多样性保持积极态度②。这三条主要原则试图确保拉脱维亚境内在确保官方语言优先的前提下做到多语言共存，确保拉脱维亚族以及少数民族的语言权利得到保障。

此外，还有一些相关的法律文件体现了拉脱维亚语言建构的相关理念。比如拉脱维亚议会2010年6月10日批准的《拉脱维亚2030年前可持续发展战略》(Sustainable Development Strategy of Latvia until 2030)，指出国家的长期行动方向是"加强拉脱维亚文化空间的归属感"，③规定了需要保护拉脱维亚语言多样性且要利用语言多样性。拉脱维亚认为，鉴于保护语言多样性是欧盟的基本原则之一，在欧洲和世界文化多样性和遗产保护的背景下，将拉脱维亚语发展为广泛使用的语言是拉脱维亚的责任和机会。通过保留和发展拉脱维亚语和其他语言的共存，可以将语言多样性作为国家发展的一种资源。该战略文件认为，只有加强和发展自身特色才会在未

---

① Cabinet of Latvia, *On Official Language Policy Guidelines for 2015 - 2020*, Riga: Latvijas Vestnesis, 2014.
② 参见拉脱维亚国家语言中心网站，《2015—2020国家语言政策指南》，下载网址：https://vvc.gov.lv/image/catalog/dokumenti/Official_Language_Policy_Guidelines_for_2015x2020.pdf, 2022 - 11 - 26下载。
③ 参见拉脱维亚跨部门协同中心网站，*Sustainable Development Strategy of Latvia until 2030*, 2010, p. 87. 下载网址：https://www.pkc.gov.lv/sites/default/files/inline-files/LIAS_2030_en_1.pdf, 2022 - 11 - 26下载。

来的全球竞争中获得优势，因为与众不同的原创价值会变得越来越高。在这种情况下，拉脱维亚必须保留和发展其身份、语言、民族财富和具有文化空间特征的生活方式，以便创造性地利用其他文化的有益影响和促进开放，加强国家的竞争力①。

《拉脱维亚2014—2020年国家发展计划》(*The National Development Plan of Latvia for 2014 – 2020*)是国家层面最高的中期发展规划文件，其行动方向是"将人民协作、文化和公民参与作为增强拉脱维亚归属感的基础"②。该计划认为拉脱维亚具有面向全球的责任感，拉脱维亚是世界上唯一一个可以存在和发展拉脱维亚民族、语言和文化的地方，但在拉脱维亚之外还有许多对拉脱维亚有归属感的人，这些人共同组成一个全球化的网络。拉脱维亚语言和文化是拉脱维亚社区的基础，因而拉脱维亚作为国家主体，需照顾好语言，并长期照顾到民族身份、公民社区和社区融合的价值③。《2012—2018年国家认同、民间社会和融合政策指南》(*Guidelines on National Identity, Civil Society and Integration Policy for 2012 – 2018*)则指出拉脱维亚应促进"国家认同：语言和文化空间"建设，包括：(1)保障拉脱维亚语在拉脱维亚的公共空间中的使用。(2)加强生活在国外的拉脱维亚人、少数民族、非公民或新移民者的拉脱维亚语言技能。(3)加强生活在国外的拉脱维亚人对拉脱维亚的认同和归属④。

拉脱维亚宪法承认少数民族的存在，在其序言及第114条直接

---

① 参见拉脱维亚国家语言中心网站，《2015—2020国家语言政策指南》，下载网址：https://vvc.gov.lv/image/catalog/dokumenti/Official_ Language_ Policy_ Guidelines_ for_ 2015x2020.pdf，2022 – 11 – 26下载。

② Cross-Sectoral Coordination Centre, *The National Development Plan of Latvia for 2014 – 2020*, Riga：Pārresoru koordinācijas centrs，2012.

③ 参见拉脱维亚国家语言中心网站，《2015—2020国家语言政策指南》，下载网址：https://vvc.gov.lv/image/catalog/dokumenti/Official_ Language_ Policy_ Guidelines_ for_ 2015x2020.pdf，2022 – 11 – 26下载。

④ Ministry of Culture, Ministry of Education, Ministry of Justice, Ministry of Foreign Affairs, Ombudsman's office, *Guidelines on National Identity, Civil Society and Integration Policy for 2012 – 2018*, Riga：Ministry of Culture of Latvia, 2012.

提到了"保护和发展"少数民族语言的权利。① 但其对少数民族语言的使用空间有较大限制。其总体目标是建立"公共空间的单语主义+特定领域使用特定少数民族语言"的范式。该国法律中允许使用少数民族语言的领域包括：（1）宗教活动，实际上在该领域的国家干预相当于侵犯信仰自由；（2）个体之间的私人交流，不过国家语言中心建议在工作中只说拉脱维亚语，甚至在雇员之间的非正式交流中也应当如此；（3）专门指定的民族文化协会②。

第五节　拉脱维亚"国家语言"建构策略

一　语言法律地位

（一）《拉脱维亚共和国宪法》

《拉脱维亚共和国宪法》第一章第 4 条规定：拉脱维亚语是拉脱维亚共和国的官方语言。并在前言中声明"拉脱维亚语是唯一的官方语言"。此条实际上否认了俄罗斯族要求将俄语作为第二官方语言的要求。

《宪法》第二章第 18 条规定：当选议会议员的人应获得授权，条件是此人做出以下庄严承诺："我在拉脱维亚人民面前宣誓（庄严承诺）忠于拉脱维亚，加强其主权和拉脱维亚语作为唯一官方语言的地位，捍卫拉脱维亚作为一个独立和民主的国家，诚实和认真地履行我的职责。我保证遵守拉脱维亚的宪法和法律。"第 21 条规定：议会应制定议事规则，以规定其内部运作和秩序。议会的工作语言是拉脱维亚语。第八章第 101 条规定：拉脱维亚每个公民都有权按照法律规定参与国家和地方政府的工作，并担任公务员职务。

---

① 参见拉脱维亚国家议会官方网，网址：http://www.saeima.lv/en/legislation/constitution.，2022-11-26 访问。

② LETA, "Language guards at workplaces invite you to speak Latvian; politicians are also encouraged to give interviews only in Latvian", 网址：http://www.delfi.lv/news/national/politics/valodas-sargi-darba-vietas-aicina-runat-latvie-su-valoda-ari-politikus-mudina-intervijas-sniegt-tikai-latviski.d? id=45470090, 2022-11-26 访问。

地方政府成员应由永久居住在拉脱维亚的拉脱维亚公民和欧盟公民担任。根据法律规定，永久居住在拉脱维亚的每个欧盟公民都有权参与地方政府的工作。地方政府的工作语言是拉脱维亚语。第104条规定：每个人都有权向国家或地方政府机构提交申请，并获得实质性回复。每个人都有权收到拉脱维亚语的回复。

宪法对拉脱维亚少数民族语言也做出了规定。《拉脱维亚共和国宪法》第八章第114条规定：属于少数民族的人有权维护和发展他们的语言和民族、文化认同。此条规定了拉脱维亚少数民族保留和发展其语言的权利。

（二）《国家语言法》

《国家语言法》（1999年）第1条明确该法维护、保护和发展拉脱维亚语。第3条规定，拉脱维亚共和国的官方语言是拉脱维亚语。第4条规定，国家应确保保留、保护和发展作为土著人口语言的利沃尼亚语。第5条规定，在拉脱维亚共和国使用的任何其他语言，除了利沃尼亚语之外，在本法的意义上应被视为外语。

《国家语言法》明确了拉脱维亚语的国家语言地位，同时声明，除了土著人口使用的利沃尼亚语，其他语言全部属于外语，这其实不仅否认了俄语成为第二官方语言的可能，也将其从少数民族语言中排除出去。

根据拉脱维亚在语言规划和语言法律方面的特征，不难发现拉脱维亚语言政策转变存在三个明显的阶段：第一，赋予拉脱维亚语国家语言的地位，改变当时其实形同虚设的双语主义政策；其次，授予乌克兰语，白俄罗斯语，爱沙尼亚语，罗姆语，德语等少数民族语言部分权利；第三，建立更加开放包容的语言体系，同时确保国家语言作为教育媒介语的地位。

二 语言本体规划

拉脱维亚将拉脱维亚语视为拉脱维亚民族的核心特征，拉脱维

亚教育部对拉脱维亚语的发展历程进行了总结,其中关键的历史节点如下①:

1525年:出现第一份拉脱维亚语印刷材料。

1585年:现存最早的拉脱维亚语书籍《天主教教理》出版。

1638年:首部拉脱维亚语词典出版。

1644年:首部拉脱维亚语语法书出版。

1685年:首部拉脱维亚语《圣经》翻译出版。

1768年:首部拉脱维亚语期刊发行。

19世纪:拉脱维亚语得到高度规范化,出现丰富的出版物和使用拉脱维亚语为母语进行写作的作家。

1894—1915年:20万首拉脱维亚语民歌结集成书《拉脱维亚民歌》。

1918年:拉脱维亚共和国赋予拉脱维亚语官方语言地位。

1940年:拉脱维亚语失去官方语言地位。

1988年:拉脱维亚语重获官方语言地位。

这个列表与学界研究基本一致。通常认为第一部拉脱维亚语词典编纂始于1638年②。彼时拉脱维亚处于农业社会,官方文化领域完全掌握在外族统治者、德国神职人员和地主手中。在此前后大约700年间,该地区的统治者不断发生变换,德国人、波兰人、瑞典人、俄罗斯人等来来去去但基本没有影响拉脱维亚语在底层的使用。第一本字典③有三个部分:德语—拉脱维亚语词典,包含6000—7000个单词,提供德语单词的几个拉脱维亚语同义词;主题词典,包含51个主题的大约4000个随机条目(德语—拉脱维亚语);约10个平行的对话模式章节。在17世纪还出现了另外两本

---

① 参见拉脱维亚教育部网站,"语言",网址:https://www.latvia.eu/society-lifestyle/language,2022-11-26访问。

② Andrejs Veisbergs and Monta Farneste eds, *Baltic Journal of English Language, Literature and Culture Vol.*1, Riga: University of Latva, 2011.

③ Georgius Mancelius, *Phraseologia Lettica, das ist: Täglicher Gebrauch der Lettischen Sprache*, Riga: Gerhard Schröder, 1638.

词典，分别是一本波兰语—拉脱维亚语词典①和一本德语—拉丁语—波兰语—拉脱维亚语多语词典②。此后在 18 和 19 世纪拉脱维亚历史上出现了第一部百科全书《一本关于世界和自然的高度智慧的书》（1774）和第一本插图拉脱维亚语字母书（1787），以及其他版本的词典。

1991 年，拉脱维亚重获独立后，出版了一部拉脱维亚语—英语的法律术语词典。拉脱维亚编撰法律词典有一定的渊源，第一部拉脱维亚法律术语词典于 1937 年出版，是一部小型多语种词典，包括拉脱维亚民法术语，并配有拉丁文、德文和俄文的对等术语。此后分别于 1942 年和 1970 年又出现了两本多语法律术语词典。

2021 年，拉脱维亚大学出版了一本关于拉脱维亚语语法的英文专著——《拉脱维亚语语法》③，该专著深入探讨了语法的三个方面：形态音位学、形态学和句法，并附有详细的描述、图表和表格，提供了有关拉脱维亚语当前语言和当代方言的历史信息。拉脱维亚大学指出，编写此书是为了使国内国外都能方便地获得拉脱维亚语及其语法系统的信息，帮助拟将拉脱维亚语作为第二语言学习的人，同时对于任何想了解拉脱维亚文化、历史、语言的人都有价值。

拉脱维亚国家百科全书于 2018 年 12 月 18 日在网上发布，可以通过拉脱维亚国家图书馆访问④。目前该书有 727 个条目，主题涵盖从拉脱维亚文学到物理学和无脊椎动物古生物学，所有主题由各行业专家撰写。该百科全书的内容由文化部长领导的国家百科全

---

① Dar del Georgo Elgerio, *Dictionarium Polono-Latino-Lottauicum registro šaltinio*, Vilnae: typ. Acad. S. I., 1683.

② Georg Dressel, *Vocabularium in vier Sprachen, teutsch, lateinisch, polnisch und lettisch*, Riga: Nöller, 1688.

③ 参见拉脱维亚公共广播公司，报道"Latvian Grammar book in English comes out"，网址：https://eng.lsm.lv/article/culture/literature/latvian-grammar-book-in-english-comes-out.a413581/，2022 - 11 - 28 访问。

④ 参见拉脱维亚公共广播公司，报道"National Encyclopedia appears online"，网址：https://eng.lsm.lv/article/culture/culture/latvias-，2022 - 11 - 28 访问。

书理事会负责监督，内容创作由拥有不同领域 55 名专家的部门编辑委员会决定，聚焦于拉脱维亚过去 30 年的独立和复兴历程，旨在巩固国民关于拉脱维亚的知识。

三　语言教育研究

拉脱维亚《国家语言法》第 14 条规定：拉脱维亚共和国保障以官方语言接受教育的权利。教育领域官方语言的使用应由规范教育的法律决定。第 15 条规定：获得学位所需的论文应以官方语言或外语提交，并附上官方语言的长摘要译文。根据与申请人达成的协议和相关学位授予委员会的认可，公开答辩可以用官方语言或外语进行。

拉脱维亚《教育法》[①]（1998 年）指出，拉脱维亚教育政策的主要目标是为拉脱维亚所有居民提供优质的教育机会，以促进他们一生中潜力的发展和实现，并发展他们改变和负责任地管理社会和经济不断变化的能力[②]。该法规定：（1）地方政府教育机构和国家高等教育机构，应使用官方语言教学。（2）在私立教育机构，基础教育阶段的普通教育和中等职业教育应以官方语言进行。在其他法律规定的教育机构中，可以使用其他语言作为教学语言。（3）在基础教育或中等教育阶段，所有教师应学习官方语言，并根据官方规定接受测试。（4）专业资格考试应采用官方语言。（5）高等教育机构的学习计划应以官方语言实施。外语学习方案的实施应由《高等教育机构法》决定。（6）由国家预算或地方政府预算资助的学历培训应以官方语言进行。

教育语言问题一直是拉脱维亚争议较大的问题之一。2017 年 10 月 6 日，拉脱维亚教育和科学部长宣布，拟将公立中等教育机构

---

① 参见拉脱维亚法律法规查询网，网址：https://likumi.lv/ta/en/en/id/50759-education-law，2022 - 11 - 28 访问。

② Hacer Hande, Lia Plakans, Uysal and Svetlana Dembovskaya, "English Language Spread in Local Contexts: Turkey, Latvia and France. Current Issues in Language Planning", *Current Issues in Language Planning*, Vol. 8, No. 2, 2017, p. 197.

(10—12年级)的教学转向仅使用拉脱维亚语,而将少数民族语言、文化和传统相关的科目去除。实施这一举措的预期时间安排在2020/2021学年开始时。2017年11月10日,教育和科学部发布"关于在普通教育中加强拉脱维亚语"的报告,介绍了《教育法》修正案的主要内容,修改内容超出了仅在公立高中(10—12年级)使用拉脱维亚语作为唯一教学语言的最初想法,涉及对《教育法》第9条和第41条的重大修正。12月5日,部长内阁批准该报告,并于12月7日将《教育法》修正案草案提交内阁审议和通过。在整个过程中,据报道教育和科学部未就《教育法》的拟议修正案与拉脱维亚的少数民族进行协商。

2018年1月23日拉脱维亚内阁部长同意从2019年9月1日开始逐步过渡到拉脱维亚语作为学校的唯一教学语言。政府同意修订《教育法》和《普通教育法》,规定在2021/2022年完成过渡。教育和科学部强调,拉脱维亚语言和文化是拉脱维亚社会的基础,因此社会应关注语言、民族认同、公民社会和社会融合。通过将拉脱维亚语作为唯一的教学语言,拉脱维亚语的作用将得到加强,但与此同时,不同民族文化的独特性和发展也将得到保证①。

拉脱维亚教育和科学部称,将拉脱维亚语作为所有学校的教学语言将提高教育质量,而确保保护少数民族的语言和文化,是拉脱维亚的国际义务。修正案于2019年9月1日至2021年9月1日逐步实施。该法案意味着在各级教育中,也就是在学前教育到高等教育中,大幅减少数民族语言的使用。② 12年级学生的集中高中考试将仅以拉脱维亚语举行。在幼儿园,从五岁开始,在2019/2020学年引入新的教育指导方针,规定拉脱维亚语在学习过程中发挥更大的作用。在1—6年级引入新的双语教育模式,确保至少50%的科

---

① "Government okays transition to Latvian as sole language at schools in 2019", Eng, Lsm. lv, January 23, 2018.

② Kuzmin Aleksandr ed., *Language Policy of Latvia*, Riga: Latvian Human Rights Committee, 2020, p. 4.

目用拉脱维亚语教授，在 7—9 年级，确保 2019/2020 年至少 80% 的学习内容用拉脱维亚语教授。9 年级学生的期末考试完全以拉脱维亚语进行。从 2020/2021 学年开始，10 年级和 11 年级的所有普通教育科目只以拉脱维亚语教授，而少数民族儿童继续以各自的少数民族语言学习他们的母语、文学以及与文化和历史相关的科目。从 2021/2022 学年开始，高中（10—12 年级）的所有普通教育科目只以拉脱维亚语教授，而少数民族儿童继续以各自的少数民族语言学习其母语、文学以及与文化和历史相关的科目。

2022 年 9 月，拉脱维亚教育部通过《教育法》修正案，自 2023 年 9 月 1 日起，所有幼儿园仅使用拉脱维亚语进行教学。同时基础教育分 3 年，在 2025 年全部转向全拉脱维亚语教学[①]。

在高等教育领域，拉脱维亚对语言使用也有相应的规定。拉脱维亚《教育法》（1998 年）和《高等教育机构法》（1999 年）规定，国家资助的高等教育机构应主要使用拉脱维亚语作为教学语言。欧盟其他官方语言可用于为外国学生设计的课程或在国际合作中实施。2018 年，议会通过《教育法》修正案，规定在欧盟没有官方地位的语言也会被限制使用，这意味着俄语的使用受到限制，影响了拉脱维亚学校四分之一以上的学生[②]。2020 年 7 月 2 日，议会又通过了《国际学校法》[③]，允许国际学校只使用欧盟和北约国家的官方语言。

拉脱维亚对于继续教育的语言使用也做出了相关规定。《2014—2020 年教育发展指导方针》将促进个性发展、人民福祉和国家可持续增长的优质和包容性教育确立为教育发展政策的总体目

[①] 参见巴尔干新闻网络网站，报道"Latvia to gradually transition to education only in official language"，网址：https://bnn-news.com/latvia-to-gradually-transition-to-education-only-in-official-language-238962，2022 - 12 - 10 访问。

[②] 参见拉脱维亚中央统计局官网，网址：https://www.csb.gov.lv/en/statistics/statistics-by-theme/social-conditions/education/tables/izg100/general-full-time-school-enrolment-language，2022 - 11 - 26 访问。

[③] Saeima, *International School Law*, Riga: Latvijas Vēstnesis, July 2, 2020.

标。该方针提出"扩大儿童和青年接受额外正规教育可能性和可及性"的行动方向,旨在实施支持成人学习拉脱维亚语言和文化的措施,鼓励将拉脱维亚语作为第二语言和外语进行学习。另一个"扩大成人教育机会"的教育方向,则为成人获得拉脱维亚语言和文化教育提供支持,包括编写教育材料,提高教师的专业水平等。

拉脱维亚也为拉脱维亚语的海外推广提供支持。《教育发展指导方针》致力于促进为外国高校的学生建立拉脱维亚语的学习支持系统,包括建立和维护远程学习系统。该方针也为拉脱维亚语言教师开发教具、接受培训、建立网络提供财政支持。

四 语言领域应用

拉脱维亚《官方语言政策指南2015—2020》第24条规定,国家应制定官方语言政策,将拉脱维亚语的科学研究、保护传承和教学纳入其中,扩大拉脱维亚语在国民经济中的作用,并培养公众和个体对语言作为一种国家价值的信念[①]。

在司法行政领域,根据《国家语言法》(1999年),在国家和地方政府机构、法院和司法系统机构以及其他机构、组织和企业(公司)、教育领域和其他领域使用和保护官方语言。首先在司法行政领域,根据该法第10条规定:(1)所有机构、组织和企业(公司)应确保接受和受理用官方语言起草的文件。(2)国家和地方政府机构、法院和构成司法系统的机构,以及国家或地方政府企业(公司)应只受理用官方语言提交的委托。不过也提供了豁免情形,即在医疗救助、火灾、事故或其他紧急情况下,向警察和医疗机构、救援服务和其他机构要求紧急求助时可不受此条限制。根据《国家语言法》第13条规定:拉脱维亚共和国的法庭诉讼应以官方语言进行。在法庭上使用外语的权利应由司法制度和法院程序的法律决定。第7条规定:国家和地方政府机构、法院和属于司法系统

---

① Cabinet, Official Language Policy Guidelines for 2015 – 2020, 2014, Riga: Latvijas Vēstnesis, 2014, p. 20.

的机构、国家或市政企业以及国家或市政当局持有最大资本份额的公司，出于公共信息披露目的提供的信息，只能以官方语言提供。因此上述机构举行正式会议和其他业务会议时均应使用国家语言，如果在会议期间使用外语，则应提供国家语言的翻译。这项规定也适用于根据法律或其他法规履行特定公共职能的私营机构、组织、企业（公司）和自营职业者。

在社会应用领域，根据《国家语言法》第 18 条规定：拉脱维亚境内仅使用拉脱维亚语地名，因此拉脱维亚共和国的地名应以官方语言命名和使用；在拉脱维亚共和国成立的机构、公共组织、企业（公司）的名称应使用官方语言；拉脱维亚沿海地区的地名、机构、公共组织和企业（公司）的名称，以及在该地区发生的事件的名称，也应以拉脱维亚语言命名和使用。根据第 19 条：拉脱维亚颁发的文件中的姓名以拉脱维亚语撰写；人名应按照拉脱维亚语言的传统来命名，并按照书面语言的现有规范来书写；在护照或出生证上，按照拉脱维亚语现行规范填写姓名。该法第 5 条规定：拉脱维亚制造的商品的标签和标记、使用说明以及制成品、其包装或容器上的说明中包含的信息应使用官方语言。如果同时使用官方语言和外文，则官方语言的文本应放在首要位置，其形式或内容不得小于外文文本（本规定不适用于出口货物）。新的《公共管理、公共秩序和国家语言使用领域行政处罚法》（2020 年）[1]，道路运输管理局宣布，新注册的出租车司机必须出示至少 B 级拉脱维亚语言技能证书，或接受过拉脱维亚语教育的证书。

在大众传媒领域，拉脱维亚政府要求应在拉脱维亚语的基础上促进社会融合。《国家语言法》要求拉脱维亚语应作为拉脱维亚所有居民相互交流的共同语言，因此拉脱维亚管辖下的电子大众媒体应在传播时使用官方语言，同时也考虑到使用少数民族语言和其他语言的权利。《国家语言法》第 17 条明确规定：公开放映的电影、

---

[1] Saeima, *Law on Administrative Penalties for Offences in the Field of Administration, Public Order, and Use of the Official Language*, Riga: Latvijas Vēstnesis, 2020.

录像应以官方语言录制或配音,或在播放原始录音的同时提供官方语言的字幕,同时遵守该语言的现行语言规范。也可允许在使用官方语言的同时使用外语字幕,官方语言字幕应放在首要位置,其形式或内容不得小于或窄于外语字幕。

拉脱维亚《广播电视法》(1995 年,后被《电子大众媒体法》取代)[1] 第 19 条广播语言规定:(1)每次广播都应使用一种语言,即国家语言。其他语言的广播片段应提供翻译(配音、画外音或字幕)。本规定不适用于语言教学广播或音乐作品表演。(2)广播的语言根据有关广播的伴音或广播配音或配音所用的语言确定。如果广播语言不是官方语言,则应在广播时间表列表(在广播节目中)中注明。(3)放映的电影应配有官方语言的配音,或配有拉脱维亚语的原声音乐和字幕,但供儿童观看的电影应配有拉脱维亚语的配音。(4)外语电视广播,除现场直播、转播、对外国的广播、新闻和语言教学广播外,应有拉脱维亚语字幕。(5)广播机构制作的节目中的外语广播时间不得超过 24 小时广播时间总量的 25%。这项规定不适用于拉脱维亚电视、拉脱维亚广播、有线电视、有线广播、卫星电视、卫星广播以及跨境广播和电视。2020 年 11 月,国家电子大众媒体委员会宣布,将唯一的国有多语言 LTV7 频道的内容切换为拉脱维亚语。

第六节 拉脱维亚"国家语言"建构效果

拉脱维亚中央统计局数据显示(the Central Statistical Bureau of Latvia)[2],截至 2017 年底,有 60.8% 人口以拉脱维亚语为母语,36.0% 为俄语。这一结果与 2000 年人口普查结果相比,母语为拉

---

[1] Saeima, *Radio and Television Law*, Riga:Latvijas Vēstnesis, 1995.
[2] 参见拉脱维亚统计局官网,"Latvian is mother tongue of 60.8% of the population of Latvia"(February 8,2019). 网址:https://stat.gov.lv/en/statistics-themes/education/level-education/press-releases/1911-latvian-mother-tongue-608?themeCode = IZ,2022 - 11 - 20 访问。

脱维亚语的居民比例上升了 2.6 个百分点，而母语为其他语言的居民比例下降了。所有人口中，61.3% 的人在家里使用拉脱维亚语，37.7% 的人使用俄语，显示在拉脱维亚最重要使用的两种语言就是拉脱维亚语和俄语。其他语言的使用者数量不明，最近一次人口普查（2011 年）的数据显示，国内使用最广泛的其他语言是立陶宛语、波兰语和乌克兰语，各占约 0.1%。需要注意的是，2017 年初，只有 25.4% 的人口是俄罗斯人，因此有不少非俄罗斯族人口也以俄语为母语。这种差异自 19 世纪以来就一直存在，因为 1897 年的人口普查显示，在当时的拉脱维亚领土上，有相当数量的犹太人以俄语为母语。

近年的一些调查显示，拉脱维亚日常交流中的语言使用变化很小，而且只是在部分生活领域[1]。总体而言，在家里、与朋友在一起以及在城市街道上或者商店里，母语为拉脱维亚语或俄语的人主要分别使用自己的母语。1996 年、2008 年和 2010 年城市居民的回答显示，在家里或与朋友使用语言方面没有显著差异，甚至在街头商店使用语言方面也没有显著差异——拉脱维亚大城市约 80% 的俄语使用者在街头或者商店仍主要使用俄语。不过有一项数据令人惊讶，在国家机构中母语为俄语的人有一半以上使用俄语多于拉脱维亚语（54%）[2]，只有 14% 的人主要或仅使用拉脱维亚语，32% 的人使用拉脱维亚语多于俄语，这显示相关法律规定的执行并不如想象的严格。

拉脱维亚语言局（Latvian Language Agency）[3] 在 1996 年至 2004 年期间每 1—2 年进行一次名为"语言"的民意调查，结果显示民族政治背景对个体的语言态度有重要影响，而相关政治讨论和

---

[1] Gunta Klava, ed., *The Language Situation in Latvia*: 2010 - 2015. *A Sociolinguistic Study*, Riga: Latvian Language Agency, 2016, p. 93.

[2] Gunta Klava, ed., *The Language Situation in Latvia*: 2010 - 2015. *A Sociolinguistic Study*, Riga: Latvian Language Agency, 2016, p. 93.

[3] Pauls Balodis et al, eds., *Language Situation in Latvia*: 2004 - 2010, Riga: Latvian Language Agency, 2012.

系列活动对国家语言认同会发挥重要作用。例如，2004年，少数民族教育改革遭到了强烈反对，关于改革目标和手段的讨论异常热烈，非拉脱维亚族对使用拉脱维亚语的态度非常消极。但随着改革的逐步推行（就中学教学语言的比例达成妥协，提供辅导和指导手册的编写，为教师组织不同的专业完善课程和拉脱维亚语课程以及其他支持性活动），拉脱维亚语似乎不再被视为一种威胁，人们对在日常生活中使用拉脱维亚语的态度又变得更加积极。研究人员对"语言"调查结果的评估显示了一系列积极的变化，证明拉脱维亚语在少数民族中的地位得到了加强，他们的国家语言水平有所提高，在公共场所使用拉脱维亚语的情况有所增加，对使用拉脱维亚语的态度变得更加积极。

鉴于官方语言在正式场合的使用中已经逐步稳固，受到法律保护，因此在私人场景中的语言选择更能体现语言使用者的态度。相关研究显示，似乎拉脱维亚致力于公共融合的语言政策并不那么成功，因为少数民族对学习国家语言的积极态度主要来自其实用性，但在语言的融合能力方面——即促进理解和自由交流——动机较弱。上述调查"语言"也揭示了一种不一致的趋势：在21世纪的最初几年，对使用拉脱维亚语持积极态度的人数增加了，但后来又减少了。2008年的调查显示，与2000年相比，愿意讲拉脱维亚语的人数有所增加（2000年为29%，2008年为37%），而对拉脱维亚语持中立态度的人数有所减少（2000年为45%，2008年为38%）。自2000年以来，对拉脱维亚语持明显负面态度的人也有波动（2000年为7%，2004年为11%，2008年为8%）。

2009年拉脱维亚语言机构有一项调查，对于问题"拉脱维亚语的重要性在过去的5或6年里有变化吗？"母语为拉脱维亚语的受访者中，有34%的人指出拉脱维亚语有所增长，41%的受访者认为拉脱维亚语的重要性没有改变，17%的人认为拉脱维亚语的重要性有所下降，还有8%的人无法回答这个问题。专家们对此则得出了不同的分析结果，一部分专家认为拉脱维亚语的作用有所增强，另一部分人认为拉脱维亚语的作用有所减弱，还有一部分人认为官方语言的作用没有发生本质上的变化①。但总体而言，拉脱维亚人在接受采访时都表示，对官方语言的推动对国家发展非常重要，影响官方语言地位和作用的几个关键问题正有待解决。

对俄语使用者的调查显示，以俄语为母语并且居住在拉脱维亚大都市的人们对拉脱维亚语的态度大多是保持中立的。Karnups（2016）调查结果显示，29%的俄罗斯族喜欢讲拉脱维亚语，41%的人表示他们的态度中立，10%说拉脱维亚语，但表示使用该语言没有乐趣，但12%不喜欢拉脱维亚语。其他调查显示，大多数拉脱维亚居民（拉脱维亚人——93%，俄罗斯人——72%，其他人——76%）认为了解官方语言是必要的，母语为俄语的人对拉脱维亚语的态度主要是工具性的——作为交流的资源或某些优势的先决条件。同时，拉脱维亚少数民族对拉脱维亚语的态度非常敏感和情绪化。总而言之，相关调查显示，多年来拉脱维亚语言话语的态度没有发生显著变化，不同语言社区都有其主导的语言话语。

不过拉脱维亚语是而且应该继续是拉脱维亚唯一的官方语言，这一现实正得到越来越多的人承认。目前在跨民族交流过程中，主要是拉脱维亚族使用俄语。俄罗斯族因较低的拉脱维亚语水平常会导致交际困难，而其表现会引起拉脱维亚族的讽刺，这一现象使两个语言社区之间产生语言态度上的矛盾。俄语社区的主导意见是，基本同意拉脱维亚语应该是拉脱维亚的官方语言，居住在拉脱维亚的每个人都必须懂得拉脱维亚语，但坚决反对"强行"实施语言政策，认为这种行为带有歧视性。目前已经有越来越多的俄语群体在转向学习拉脱维亚语，但其学习动机主要是工具性的，而非融入性的。

---

① Pauls Balodis et al, eds., *Language Situation in Latvia*: 2004-2010, Riga: Latvian Language Agency, 2012.

第七章

中东欧"国家语言"消解与建构行为群像勾勒

第一节 "国家语言"的象征功能定位

一 "国家语言"的内部认同建构功能

对斯洛伐克、塞尔维亚、北马其顿和拉脱维亚四国的观察可以证实 Schöpflin 的判断,即"在中欧和东欧,语言是族裔群体的核心决定因素,语言政策是构建新国家特征的基石"[①]。在中东欧语境下,语言是用于区分族群身份的有效工具,尽管在有的情况下语言差异实际上非常细微。

一方面,我们可以看到"语言、民族和国家同构"的原则得到大多数国家的支持。这些新成立的中东欧国家,大都定位为民族国家。比如斯洛伐克宪法将斯洛伐克定义为"斯洛伐克是斯洛伐克民族的国家",塞尔维亚宪法定义为"塞尔维亚民族及所有公民的国家",北马其顿定义为"马其顿民族的民族国家",拉脱维亚表述为"拉脱维亚的建立基于其历史领土与拉脱维亚民族坚定的建国信

[①] George Schöpflin, "The Politics of National Identities", *International Review of Sociology*, Vol. 6, No. 2, 1996, p. 6.

念"。在这里北马其顿后来对宪法进行修正,添加了"与阿尔巴尼亚族、土耳其族、弗拉赫族及其他少数民族共同生活"等表述。但这并不影响我们的基本结论,即民族和国家的同构,是中东欧地区国家政权获得合法性的重要依据之一。

在现代国家形成的过程中,有各种因素均参与发生作用:经济因素(工业化、争取资源公平分配的斗争)、社会因素(封建主义的解体、整个社会结构的蜕变)、文化因素(启蒙运动和浪漫主义的思想)以及政治因素(个体行为体的行为和各种民族主义的"示范效应")(见约翰森 1993:30)等[1]。现代国家或者说现代民族,是在上述所有这些因素相互作用的因果链条中形成的。如果单就民族建构而论,在民族建构的过程中,有一些元素对于促进认同形成非常重要:领土、共同制度与法律、共同历史、种族和共同起源的信念、文化、语言和宗教等[2]。在对于"民族"这一概念的浩繁定义中,文化认同一般是不可或缺的核心要素,即基于主观意向的自我认同。可以看出,虽然语言文化认同不是形成民族的充分必要条件,但毫无疑问在绝大多数情况下是一个必要条件,"民族"可以说是基于文化交流的共同体,依靠文化认同维系在一起,并与其他群体划分界限。

在中东欧,自赫尔德以来形成的民族主义思想使各民族对于语言和文化认同极度痴迷,该地区大部分国家在人口普查中必查"母语"项也可以显示这一点。因此在中东欧,文化认同比种族认同、地域认同、阶级认同等其他认同更能决定一个人的身份,特别是民族身份。在该地区的国家建构过程中,语言文化认同产生了政治维度,并成为整个群体追求政治自治或主权的合法化基础。

---

[1] Barbara Törnquist-Plewa, "Contrasting Ethnic Nationalisms: Eastern Central Europe", in Stephen Barbour and Cathie Carmichael, eds., *Language and Nationalism in Europe*, Oxford: Oxford University Press, 2000, p.184.

[2] Cynthia H. Enloe, *Ethnic Soldiers: State Security in Divided Societies*, University of Georgia Press, 1980, p.366.

语言对于一个群体文化认同的形成至关重要，具有三大功能：区分、认同、融合。语言对于一个民族的集体意识能产生重要影响。发端于民族形成早期的集体记忆，需要以语言为载体代代相传。民族国家在建构族群新的集体记忆的过程中，也需要借助语言来实现。因此语言是文化能够保持连续性的重要先决条件，也是建构认同的重要工具。

鉴于语言对于民族特征的决定性区别功能，民族国家在条件允许的情况下都自然而然地向"一个国家、一个民族、一种语言"的三重同构方向转变。语言不仅是个体之间交流的工具，而且被提升到了国家符号层面，成为对新国家忠诚的政治声明，以及对它所代表的文化社区的道义支持①。语言政策，则成为促进和提升国家合法性、民族同质性、文化向心力的重要手段。

几乎所有的中东欧国家都选择强化一门国家语言，而这些语言在国家成立初期，作为国家语言在一定程度上是难符其实的。比如在斯洛伐克，斯洛伐克语与捷克语相比，无论是作为文学语言还是作为现代技术的载体，其发展程度都是稍有逊色的。马其顿语和拉脱维亚语的现代化规范历史较短，使用人口较小，也急需进一步发展完善。即使是发展时间较长的塞尔维亚语，也面临着从塞尔维亚—克罗地亚语向塞尔维亚语转变的任务。

二 "国家语言"的外部界限建构功能

显而易见，在中东欧国家，"一个国家、一个民族、一种语言"的三重同构原则普遍地遭到现实的挑战。大部分中东欧国家境内都存在着有别于主体民族的，数量可观的他族群体。

对于中东欧国家而言，"国家语言"地位的稳固与否，与国家安全紧密关联。在欧洲，国家主权的概念是基于一种平面空间上的划分，即国家与国家之间有明确的界限以区分"我们"与"他

---

① Arend Lijphart, *Democracy in Plural Societies: A Comparative Exploration*, New Haven, Connecticut: Yale University Press, 1977, p.5.

们",并视国界之外的民族为潜在的威胁①。在欧洲语境下,民族国家不仅将外来人口一律视为潜在威胁,还通过将境内与主体民族文化相异的族群建构为威胁来强化主体民族的国家认同②。对于中东欧国家而言,其首要安全目标是保全国族存续本身。由于该地区大部分国家人口规模小,民族成分复杂,语言竞争激烈,大多数国家的国家语言也面临着较大的生存压力。各国一般的共识是,对国语的威胁就是对国家安全本身的威胁,语言安全是国家安全的重要组成部分。因此语言常被用作一种区分社群内外成员的标签和争取支持的旗帜。这导致了该地区独有的所谓"语言表象综合征"(language-oriented surface syndrome),即很多深层次社会政治冲突都借由语言问题爆发,而要平息事端则必须同时解决深层冲突和语言问题③。中东欧国家从宪法表述上看大都属于民族国家,因此各国将国语视为标识民族身份的核心指标和维护社群延续的重要工具,将任何对国语使用及其延续的威胁都视为国家安全威胁。

在国家形成的早期阶段,要定义一个族群,说它不是什么要比说它是什么要更为容易④。尽管在最终意义上,一个国家和民族的身份应该由其本质特征来决定,但在这个区别性特征形成的过程中,其他族群作为"他者"发挥着重要的参照作用,无论是国外的主体族群还是国内的小族群体。

西欧地区对中东欧地区的人有种刻板印象,即他们凶暴残忍,

---

① Rob BJ Walker, *Inside/Outside: International Relations as Political Theory*, Cambridge: Cambridge University Press, 1993, p. 151.

② Gregory Feldman, "Development in Theory: Essential Crises: A Performative Approach to Migrants, Minorities, and the European Nation-State", *Anthropological Quarterly*, Vol. 78, No. 1, 2005, p. 213.

③ Bob Deen and William Romans, "Introduction: Shaping Language Policies to Promote Stability", in Iryna Ulasiuk, Laurentiu Hadîrca, and William Romans, eds., *Language Policy and Conflict Prevention*, Leiden, The Netherlands: Brill, 2018, pp. 3–22.

④ Walker Connor, *Ethnonationalism: The Quest for Understanding*, Princeton, New Jersey: Princeton University Press, 1994, p. 197.

"既愚蠢又危险"[1]。这种偏见的产生固然是由于西欧主流文化对异质文化的污化，但在一定程度上也反映了一个现实，即中东欧地区的民族之间常常带有敌视。一般认为这种相互敌视来自该地区民族形成早期农民间的一种相互提防和竞争。在 20 世纪初以及更早的时期，中东欧地区还属于农业社会，绝大多数人口都是农民或至少是如牧民等农村居民。在工业化或现代化的早期阶段，当农民迁入工厂或搬进城镇时，他们经常选择与那些来自同一地区或民族的人建立社交网络。该地区种族意识的觉醒和现代化进程是同时发生的，这些古老的农民群体并没有如同十九世纪的英国在现代化期间那样通过教育提升种族同质程度，或进一步发展出泛斯拉夫同族语，反而从一开始就把他们从农民意识发展出的民族身份"固定"下来。因此，可以说中东欧地区的民族主义植根于农民意识，他们的这种区别性认同随后被该地区的知识分子具体化。而从德国等其他西欧地区引进的意识形态（宗教、文化民族主义、历史唯物主义和法西斯主义）或多或少地与这些本土的思潮融合在一起，产生了中东欧本土的民族主义，并推动着同质化国家的建立，只不过伴随着对不同种族的互不容忍。有西方学者认为，中东欧各族精英受到西欧民族主义思潮的影响，在他们自己身上、他们所在地区或村庄的语言上、他们的人民的音乐上、他们的微观世界上倾注了巨大的能量，却没有先将这些精力用来推动物质层面的发展，因此"经济基础还未准备好就不幸发生了上层建筑的转变"[2]。这造成了该地区将大量精力浪费在民族纷争而非物质建设之上的悲剧。

在 20 世纪末期，当该地区出现一众新的民族国家时，语言被用于国家建构，特别是被用于区分族群。在这个阶段，使用主体民族所用语言之外的语言，很容易被当作天然的"外人"，被认为对

---

[1] Alain Touwaide, *A Census of Greek Medical Manuscripts: From Byzantium to the Renaissance*, London: Routledge, 2016, p. x.
[2] Rudiger Verfurth, "A Combined Conjugate Gradient-Multi-Grid Algorithm for the Numerical Solution of the Stokes Problem", *IMA Journal of Numerical Analysis*, Vol. 4, No. 4, 1984, p. 441.

初建国家缺乏忠诚。对于主体民族而言，要使国家地位稳固，最好的方式就是提升民族同质性，将小族群体吸收为主体民族成员，或至少是能够使用国家语言的良好"公民"。如果这一目标能够完成，则国家语言被用于政治、社会、文化等社会经济生活的所有方面，所有国民都会被纳入国家建设的进程，享受国家建设的成果；不过不同的民族国家最终可能选择不同的模式与小族群体达成和解，并基于此重新定义其国家性质。

而这些群体可能使用着同源异族文化的强势语言（捷克语之于斯洛伐克）、历史上宗主国的语言（匈牙利语之于斯洛伐克）、外来入侵者的语言（俄语之于拉脱维亚）、强邻大国语言（以上三种情况，以及保加利亚语和阿尔巴尼亚语之于北马其顿）。而塞尔维亚的情况比较特殊，他们面临着一种尴尬的自我隔离，即周边国家本来都与他使用同一种语言，但都陆续开始使用不同的名称，而塞尔维亚为了保持自身的区别性特征，也开始塑造塞尔维亚语的特别之处，比如坚持并强化西里尔字母的使用。

正是意识到语言在中东欧地区社会文化中的核心地位，及其易于引发地区冲突的潜质，该地区各民族国家以及欧洲区域性组织均将语言政策，尤其是语言教育规划，视为预防和解决地区冲突的重要措施之一。将语言与国家安全建立联系，主要是将语言与国家面临的某个特定威胁相联系，认为是语言导致了或有助于解决这一威胁。国家安全在大部分情况下并不是一个交际或语言使用层面的问题，传统安全威胁大都属于军事安全或政治安全，涉及跨境战争等暴力形式或由于文化接触、人口迁移、族群对立等导致的境内社会冲突。当国家将语言规划纳入国家安全领域进行统一考虑，就不仅仅是对语言供求的公共管理，而是将其视为制造或解除安全威胁的手段。

中东欧国家与外语使用相关的安全诉求主要包括三个方面，即融入欧盟、北约等西欧国际组织寻求安全庇护，处理好与邻国关系防止地区冲突，处理好境内主体民族与小族群体的关系维护政治稳定。为满足这些需求，中东欧国家需加强各领域西欧语言的教育，以加强与国际组织的对接；在一定程度上保障境内小族群体的语言教育权利以避免与其周围母国发生双边和多边冲突；对不同小族群体给予不同程度的支持以防止语言被用作动员群众发动冲突的旗帜。

第二节 "国家语言"关系博弈

一 通过外语教育积极融入西方世界

20世纪90年代以来，全球化进程的深入发展带来了世界范围内空前规模的跨国贸易和人口流动，使多语化成为当今世界的交际"常态"[1]。国内外越来越多的学者意识到语言教育规划对于公民语言能力的提升至关重要，对于保障国家安全，维护国家利益具有重要的支撑作用[2]。欧洲国家的语言教育在世界范围内处于领先水平，该地区激烈的语言竞争促使所有国家均将语言教育视为提升公民语言能力，保障国家全球竞争力的重要手段。

以斯洛伐克及其周边的捷克、匈牙利和波兰四国为例，自20世纪90年代进入转型阶段以来社会经济发展取得显著成就，进入中等发达国家行列，是中东欧国家中转型较为成功的代表。这四国的社会和语言状况差异较大，在语言教育领域的诉求也不尽相同：波兰（约3000万人口）曾数次亡国，是地区劳动力输出大国，较为关心本国国民的国语能力和国语认同；捷克（约1000万人口）是传统工业强国，有悠久文化传统，但在对外交往过程中大量缺乏外语人才；斯洛伐克（约500万人口）立国时间最短，境内存在高比例的小族群体，亟须强化国内主体民族语言的地位；匈牙利（约

---

[1] 参见英国文化协会官方网站，网址：https://www.britishcouncil.org/voices-magazine/which-languages-uk-needs-why，2022-11-22访问。

[2] Manuela Guilherme, *Critical Citizens for an Intercultural World: Foreign Language Education as Cultural Politics*, Bristol: Multilingual Matters, 2002, p. 289.

1000万人口）有大量同族后裔散落在周边邻国，但作为小族群体正被逐步同化，极希望保持匈牙利语的国际存在度。尽管语言国情不同，但这四国在地理上首尾相连，曾同属社会主义阵营，又于2004年同时加入欧盟，如今结为维谢赫拉德集团，在国家各领域的机制建设中合作密切、相互借鉴，从政策研究视角看又具有较高的相关性和相似度。这四国在社会转型进程中持续改革本国语言教育政策，在融入欧洲多语主义趋势和保护本国语言文化认同方面取得较好的平衡，其改革案例具有较高的标本价值。中东欧国家积极探讨在转型进程中通过语言教育改革提升国民的多语能力，服务于国家转型这一宏观目标。其相关做法主要包括如下几个方面：

第一，改换第一外语，配合国家转型方向。自20世纪后半叶至今，中欧四国教育系统中的第一外语经历过两次大的变动，两次改换均与国家转型密切相关：第一次是1949年之后将俄语引入教育体系并接受社会主义意识形态；第二次是1990年全面抛弃俄语并逐步以英语取而代之，以配合国家向西方民主制度和市场经济的转型。

二战之后中东欧国家在苏联主导下建立了社会主义制度，其语言教育政策也受到苏联的左右，将俄语作为第一外语甚至是唯一外语引入了教育系统。在这一时期，苏联通过党纲确定了俄语"族际交际语"的特殊地位，将其作为无产阶级各民族的通用语在各加盟共和国进行推广[1]。中欧各国在俄语教学方面顺应苏联的要求既能减轻来自莫斯科的政治压力，也有利于与其他社会主义国家开展经济活动，在当时的国家建设进程中确属必要。但随着苏联计划经济制度的失败，1991年苏联解体之后几乎所有中东欧前社会主义国家都不再将俄语作为第一外语进行教授，中欧四国也迅速用西方国家语言取代了俄语，并逐步都将英语确立为首选外语。这两次转变在当时的历史背景下都具有一定自下而上的民意基础，但很大程度

---

[1] Lenore A Grenoble, *Language Policy in the Soviet Union*, Springer Science & Business Media, 2003, p. 57.

上都是各国政治精英出于国家或自身利益考虑作出的战略抉择，在本质上属于自上而下的宏观规划。

捷克的两次转变最为清晰，其案例可以为我们提供更多的细节。在1949年之前的数百年间，德语都是捷克国民学习外语时的第一选择，在1918年之前德语甚至是捷克的官方语言之一。1918年捷克斯洛伐克建国之后，德语在捷克教育系统中依然属于必修课，所有学生必须自初中（6年级）起开始学习德语。但1939年纳粹德国入侵捷克斯洛伐克彻底改变了捷克人对德语的观感，尽管德语在捷克傀儡政府统治期间是国家第一官方语言，也是小学一年级起就必修的科目，但战争结束后出于对德国人的痛恨所有学校都取消了德语教学。捷克斯洛伐克于1948年加入社会主义阵营，随即将俄语作为第一外语引入国家教育体系，规定自小学四年级起成为必修科目，直至中学阶段，并作为中学毕业考试的必考科目，这意味着所有捷克人自9岁起都必须学习至少6年的俄语。不过这种向俄语的全面转变在1968年"布拉格之春"后有所保留，苏联对于捷克的军事入侵引发了捷克民众对于俄语的厌恶，而严格的出行管制使绝大部分人都没有机会出国旅行，大多数捷克人从此将学习俄语主要当作一种政治任务，捷克人的俄语水平普遍不太高[1]。

苏联解体之后，大部分中东欧国家随即做出了回归西方的决定，因此各国都迅速取消了俄语的必修课资格，转而教授西方国家的语言。当时的捷克斯洛伐克政府几乎立即将俄语从教育体系中清除殆尽，并再次选择德语作为第一外语，以尽快扩大与经济发达的德国之间的经贸往来。不过捷克斯洛伐克政府也认识到英美在世界范围内的影响力，不断提升英语在教育体系中的地位，到1998/99学年时英语已在捷克全面超越德语[2]。如今捷克要求所有公立小学

---

[1] Jiří V. Neustupný, and Jiří Nekvapil, "Language Management in the Czech Republic", *Current Issues in Language Planning*, Vol. 4, No. 3-4, 2003, p. 181.

[2] Bořivoj Hnízdo, "State Language Policies and Language Behaviour of the Czechs in the 20th Century", *Central European Papers*, No. 1, 2016, p. 20.

都必须向学生优先提供英语教学，如果学生选择了其他语言，学校需要告知学生可能无法保证该语言教学的延续性，英语已成为捷克教育体系毫无疑问的第一大外语。

捷克教育体系第一外语的两次转变在中东欧地区具有较高的代表性，这种戏剧性的政策转变显然并未考虑当时教育系统内的条件准备，而是基于国家根本性转向作出的即时相应调整。语言政策总是作为国家整体政策的一部分而存在，并总是服务于国家的价值取向；中东欧国家第一外语的改换，以及与此相关的语言政策变革，其最核心的动力乃是国家层面"弃东向西"的方向性转变①。

第二，增加西方语种，扩大经济发展机遇。中欧各国相比于其他东欧国家更为接近西欧国家，很早就意识到西方国家的语言对于扩大国家的经济和政治发展空间具有重要的战略意义，因此除了通过第一外语引导国家的发展方向，也极为重视其他西方语言的教育，以促进在经济和文化上更快地融入西方。自20世纪中叶以来各国教育系统中语种的数量主要经历了两次多样化，第一次是60年代中期的有限多样化，第二次是80年代末及之后的全面多样化。

在第二次世界大战结束之后，中欧国家都曾尝试在公共教育系统内引入西方国家的语言以满足实际交流需要，捷克、斯洛伐克和匈牙利主要教授德语，波兰则包括法语和德语，但在1949年之后这些语言都让位于俄语。不过各国民间社会对西方语言的需求一直存在，捷克和斯洛伐克在理论上允许学生在俄语之外选择德语、英语、法语或西班牙语，波兰则出现私人外语教学的服务②。但直至1964年苏联迫于与西方经济竞争压力进行教育改革之后，中欧国家才有机会对本国教育系统进行相应变革，在俄语之外小范围真正引入了少量西方语言，以满足工作和生产中的交际需求。同时，捷

---

① 何山华：《中欧三国：国家转型、语言权利与小族语言生存》，商务印书馆2018年版，第194页。
② Bořivoj Hnízdo, "State Language Policies and Language Behaviour of the Czechs in the 20th Century", *Central European Papers*, No.1, 2016, p.20.

克、斯洛伐克和波兰都在中学阶段开设了少量的双语学校，遴选部分语言天赋较好的学生接受西方语言学习，包括法语、德语和英语等。

1991年苏联解体之后，中欧各国均将融入西方世界作为国家发展的第一目标，在外语教育方面立即大规模引入了多种西方语言。捷克、斯洛伐克和波兰均在1990年之后开始扩大双语学校的规模，德语、英语、法语、意大利语和西班牙语等多种语言均在可选之列；匈牙利也在1997年通过立法对双语学校的地位予以承认。1998/1999学年时，捷克和斯洛伐克已在义务教育阶段提供西班牙语、德语、英语、法语、俄语供选择；波兰提供德语、英语、法语、俄语；匈牙利则不作规定，实际上允许学习任何语言[1]。近年来中欧各国出于经济发展的考虑也将俄语纳入视野，但总体而言各国政府转型期间在教育系统中基本上强调的都是西方国家的语言，这种决策具有显而易见的政治考量，即通过鼓励国民学习欧盟成员国语言加快融入欧洲的进程。当然，这种转变也具有经济方面的考虑，使国民个体有机会学习到更多西方语言，得以在工作中参与国际经济交流，改善国民经济状况和生活水平，因此也具有广泛的民意基础。

第三，改革课程设计，加快外语教育进程。国家的宏观决策需要在具体政策中予以落实和推进。中欧四国自转型以来持续推进外语教育方面的改革，不断提升外语教育的重要性，并试图通过学习年限、学时分配、班级人数、教学方法等方面的调整强化教学效果，加快外语教育的发展速度。

在外语的学习年限和学习时长上，中欧国家要普遍超过西欧国家。中欧国家在20世纪50年代就在小学阶段引入外语的学习，而绝大部分西欧国家是在20世纪80年代甚至90年代之后才这么做。20世纪90年代转型之后，捷克规定所有的学生最迟自8岁起必须

---

[1] Studies Eurydice, "Foreign Language Teaching in Schools in Europe", Brussels: European Commission, 2001.

开始学习一门外语，最迟至 15 岁必须开始学习第二门外语，两门外语的学习要持续到 19 岁高中结束，近年来第二外语的必修时间已被提前至 13 岁。斯洛伐克也具有类似规定，自 8 岁起开始学习第一门外语（规定为英语），自 11 岁起开始学习第二门外语直至 19 岁；2015 年课程改革之后（2019/2020 学年开始实施），第二外语的必修时间推迟至 15 岁，但同时规定所有学生自 12 岁起均可自主选修第二门外语。匈牙利学生自 9 岁起必须开始学习一门外语，从 14 岁起学习两门外语，直至 18 岁；2015 年将第二外语的必修时间提前到 10 岁。波兰从 2008/2009 学年起，所有学生自 7 岁起开始学习第一门外语，自 13 岁起学习第二门外语，学习两门外语直至 18（普通高中）或 19 岁（职业高中）；自 2016/2017 学年起，第一外语的学习时间提前至 6 岁，学习年限推迟至 19（普通高中）或 20 岁（职业高中）；而从 2017/2018 学年起，学前教育阶段也必须引入外语[1]。

在学时分配上，中欧四国也远远领先于欧洲的平均水平。根据欧盟的最新官方数据，欧洲各国在小学阶段开设外语的前两年平均课时量为 30—60 课时，但捷克、斯洛伐克和匈牙利分别为 88、86 和 83，位列第 2、3、4 名，仅次于微型国家马耳他[2]。在班级人数上，各国也规定了外语课堂的人数上限，以确保教学效果。在小学阶段，斯洛伐克规定不超过 17 人，捷克和波兰不超过 24 人，匈牙利不超过 26 人。初中阶段，斯洛伐克不超过 17 人，捷克和波兰不超过 24 人，匈牙利不超过 30 人[3]。

在教学方法上，中欧四国均在很大程度上受到欧洲流行教法的影响，近年来的总体趋势是从语法翻译教学逐步转向了交际教学

---

[1] Studies Eurydice, "Key Data on Teaching Languages at School in Europe (2017 Edition)", Brussels: European Commission, 2017.

[2] Studies Eurydice, "Key Data on Teaching Languages at School in Europe (2017 Edition)", Brussels: European Commission, 2017, p. 105.

[3] Studies Eurydice, "Key Data on Teaching Languages at School in Europe (2012 Edition)", Brussels: European Commission, 2012, p. 123.

法。欧委会自1970年起资助部分专家对欧洲的外语教育系统进行重新设计，相关研究成果认为外语习得的过程与母语学习相似，应在近似自然的目标语环境中进行浸泡式学习，聚焦于思想内容而非语言形式。这一结论影响了包括中欧国家在内的很多欧洲国家，在70年代至90年代涌现出大量推崇交际教学法的外语教学课程大纲和教材。波兰1965年的教育改革就已经涉及外语教学方法，引入了听说教学法。匈牙利则于1978年进行课程改革，不再将传播社会主义的价值观作为俄语教学的主要目标，而是重视语言的交际功能。1990年之后，捷克、斯洛伐克和波兰均开始大规模应用交际教学法，并在小学阶段进行外语教学方面试点工作，对不同的外语教学方法进行试验。1998年时上述三国均委托国家科研机构进行相关研究，甚至包括了学前教育阶段的外语教学；匈牙利则对国家教学大纲进行改革，鼓励进行外语教学方法的创新，设定外语能力等级并鼓励学校对学生根据能力进行分组。

中欧各国在转型期间对外语教育的持续强化一方面是欧盟等区域国际组织不断引导和督促的结果，但更多的是各国政府管理部门的自发行为。各国均意识到全球化的深入发展，特别是欧洲区域一体化程度的加深已将其与全球经济特别是欧洲市场捆绑在一起，对于中小型国家而言必须迅速提升国民外语能力以推动社会经济进一步开放和转型，在国际竞争中占据主动。

第四，强化教师培训，提高师资专业程度。鉴于外语教育改革是具有前瞻性的战略行为，因此在相当长的历史时期内，中欧各国都面临着外语教师储备不足的问题，而各国对外语学习年龄的提前、年限的延长、课时量的增加以及教学方法的改革等措施都使这一问题更为突出。目前中欧国家在小学阶段的外语教育基本由通科老师负责，中学阶段的外语教学才在近年转由专业外语教师承担，各国都采取了大量措施确保外语教师的数量和质量，并不断提升其专业化程度。

中欧各国关于外语教育的重大转型决策并非依据社会条件的准

备情况，而是国家发展的长远目标，这导致 1949 年仓促引入俄语和 90 年代初全面转向英语时，各国均面临外语教师短缺的严重问题，不得不通过各种在职转岗培训和新教师培训的计划满足大量的教师需求。捷克和斯洛伐克自 1990 年开始对俄语教师进行再培训，转向英语和德语等其他语言；匈牙利同年也推出了 6 年培训计划，将俄语教师转向中东欧国家语言。同时捷克和斯洛伐克推出了相当于大学层次的外语教师专门培训课程以培训新教师；波兰也推出类似的 3 年计划，委托各高校培训外语教师；匈牙利也资助了同类 3 年速成培训项目，委托高校和教师培训机构培训英语、德语、法语、意大利语和西班牙语教师。在经过一段时间的过渡之后，如今各国外语教师紧缺状况均得到很大程度的缓解，相应地对于外语教师的要求也越来越高。中欧各国均规定新的外语教师申请教师资格时必须有国外学习经历，在职教师也必须到教学语言的母国进行访问学习，提升语言水平。如今匈牙利规定公立学校的外语教师每 7 年要接受培训并通过考试，考试内容包括目标语的语言知识、文化知识、教学法、现代信息技术等。毫无疑问，政府的支持是教师培训项目得以开展的关键因素，中欧各国对外语教师队伍的专业化建设是与其外语教育目标相匹配的，宏观规划在其中发挥了重要作用。

二 围绕斯洛伐克《国家语言法》展开的博弈

斯洛伐克自立国之后即试图以立法的形式打造斯洛伐克语的国语地位以强化国族认同，主要有两次较大的立法行动；以匈牙利族为主的小族群体和各欧洲区域国际组织则对斯洛伐克政府的强力措施予以回击和制衡。

第一回合是《国家语言法》（1995）与《少数民族语言使用法》（1999）的通过。斯洛伐克"国家语言"建构的第一个重要阶段可以从 1990 年算起，至《国家语言法》（1995）的通过达到高潮，并在《少数民族语言使用法》（1999）通过后有所回落。1989

年"天鹅绒革命"之后，斯洛伐克的民族主义情绪爆发，捷克斯洛伐克社会主义联邦共和国更名为捷克斯洛伐克联邦共和国，后为体现平等又在两个族名间加上"和"，成为捷克和斯洛伐克联邦共和国。斯洛伐克随即于1990年通过了《官方语言法》，停用了"捷克斯洛伐克语"的说法①，规定"斯洛伐克语"为官方语言，一举确立其优势地位。1992年斯洛伐克通过的《宪法》是其国语构建的重要一步，《宪法》中称斯洛伐克共和国是斯洛伐克族的国家，其"前言"首句即为"我们，斯洛伐克人，……以及生活在斯洛伐克共和国境内其他少数民族和族裔的成员……"②。该《宪法》确立斯洛伐克语为官方语言（修正版中改为国家语言），并赋予少数民族公民学习官方语言的权利。1995年斯洛伐克通过《国家语言法》，将斯洛伐克语的地位提升为国家语言，称其为"斯洛伐克族最重要的特质和最珍贵的文化遗产，是斯洛伐克共和国主权的表现和全体公民的交流工具"③。该法谋求进一步突出斯洛伐克语的身份建设功能，在递交给议会的草案说明中声称"斯洛伐克语是斯洛伐克族的民族语言，斯洛伐克族是斯洛伐克共和国的唯一组成部分"④。对于这种表述有分析认为，斯洛伐克政府企图用斯洛伐克语来同化小族成员，消除其民族身份，我们认为这也宣示了斯洛伐克政府构建一个斯洛伐克国族的强硬意志。

《国家语言法》（1995）围绕官方交流所使用的语言进行了一系列规定：要求国家机关、地方政府以及其他公共行政机构在进行

---

① 捷克斯洛伐克1920年《宪法》曾将捷克族和斯洛伐克族合并为捷克斯洛伐克族，并将两族语言合二为一，称为捷克斯洛伐克语，作为官方语言和国家语言；捷克斯洛伐克语的说法一直沿用到1989年。
② 斯洛伐克政府网站，1992年《宪法》的英文版使用的是"We, the Slovak Nation, ……"详情可访问：http://www.slovak-republic.org/constitution/，2022-11-22访问。
③ 参见斯洛伐克文化部网站，《国家语言法》（1995年）英文版，可访问：http://www.culture.gov.sk/vdoc/462/an-act-of-parliament-on-the-state-language-of-the-slovak-republic--1ab.html，2022-11-22访问。
④ Judit Molnár Sansum and Dobos Balázs, "Cultural Autonomy in Hungary: Inward or Outward Looking?", *Nationalities Papers*, Vol. 48, No. 2, 2020, p. 251.

官方交流时一律使用国家语言；同时要求军队、警察、消防员以及运输行业的雇员都使用国家语言；在公共行政机构就职必须提供斯洛伐克语水平证明；所有国家机关出具的法律、条例、规定都必须使用国家语言；所有学校（包括民族学校）出具的正式文件都必须使用斯洛伐克语；甚至社会服务中的账单（电话费、煤气费、电费等）与通知都必须使用斯洛伐克语。该法同时废止了《官方语言法》（1990年），宣布小族语言的使用另法规定；但实际上并不存在这一法律，等于将小族语言的使用置于无法可依的境地。此外该法还规定对相关违法行为课以高额罚款。该法的通过使小族语言处于斯洛伐克语的全面压制之下，在所有公共领域的应用空间均受到严重挤压。

　　该法的通过在国内激起了匈牙利等小族群体的强烈抗议，在国际上遭到了大量的批评，并导致斯洛伐克被欧盟委员会从首轮入盟候选国中剔除出去。1998年新政府上台后不得不迅速通过了《少数民族语言使用法》（1999）予以补救。该法规定在少数民族居民超过20%的市镇，其居民可使用小族语言与官方进行交流，从最低限度保障了小族群体的语言权利。其实该法的姿态意义大于实际意义，不仅对小族语言的使用仍然设置了诸多限制，而且也并未规定政府如何保障实现其赋予的权利，比如该法并未规定在少数民族居民超过20%的市镇地方政府必须聘用会使用相应语言的公务员，而且20%这一比例在欧洲范围内是非常高的。该法的通过使斯洛伐克语的扩张稍受抵制，既安抚了国内的小族群体，也满足了欧盟的形式要求，斯洛伐克重新进入了首批入盟候选名单，但总体而言并未改变斯洛伐克政府的基本行事原则。

　　第二回合是《国家语言法》的修订（2009）与再修订（2011）。斯洛伐克民族主义力量第二次尝试继续加强斯洛伐克语的地位，以《国家语言法》（2009修正案）的通过为标志，并经2011年的再次修改变得有所克制。2006年政府换届之后，民族主义政党再次进入政府，提出对《国家语言法》（1995）进行修改，称要改变在民族混居地区对国家语言不够尊重,对斯洛伐克族的歧视的现象。2009年6月,新的《国家语言法》(2009)以微弱优势通过,该法将《少数民族语言使用法》(1999)的适用范围限制到与官方的交流,而将《国家语言法》(2009)的适用范围扩大到几乎所有的交流领域,特别是公共领域;但公共领域的定义是如此宽泛,甚至包括了与消防员和医生的交流;该法设置的100—5000欧元的罚款额度也饱受非议。该法改变了国家语言和小族语言之间脆弱的平衡,立即在国内激起了强烈的反对,在国际上引起了广泛的批评。

2010年大选后,新政府迫于国际压力对《国家语言法》(2009)进行了修正,减少了对于其他语言使用的过度限制,对罚款的条款进行了弱化;同时对《少数民族语言使用法》(1999)进行了修正,将少数民族与官方交流的20%人口比例下限降到了15%。但这并不意味着斯洛伐克政府改变了其维护斯洛伐克语的立场和决心,实际上这些修改也只是赋予了小族群体一些消极性语言权利,完全不能确保相关权利的实现。修改后的《国家语言法》(2011)规定,在社会服务或护理机构,如医院、老人院和酒店,工作人员一般情况下应使用斯洛伐克语提供服务,但如服务对象母语不是斯洛伐克语,也可使用其他可以交流的语言;《少数民族语言法》(2011)则规定在少数民族聚居城市,少数民族成员可以在健康护理和社会护理机构、儿童社会和法律保护机构、社会惩教或感化机构使用少数民族语言;但上述机构均无义务确保提供少数民族语言的服务。就这个回合而言,斯洛伐克虽然在形式上再次对小族群体有所让步,但并未对斯洛伐克语形成任何实际限制,完全无伤于其国语地位。

斯洛伐克建国以来历届政府都将维护斯洛伐克语的地位作为重要原则,将斯洛伐克语视为维护国家内部在社会、文化和政治方面的稳定的重要方式。与此同时也对小族语言给予了一定程度的保护,试图在各方诉求中取得平衡,其语言政策的数次反复主要是如下几个因素共同作用的结果。

　　一是国内民族主义政治力量借此亮明立场。斯洛伐克没有独立建国的历史，国家新立之时需要对国家身份和民族身份同时进行建构①。除此之外，斯洛伐克当时恰逢脱离社会主义阵营而投向西方民主体制的转型时期，整个社会正经历着深刻的变革，各种利益群体均公开声张自己的权益；斯洛伐克政府急需找到核心的国家身份符号来增强国家的凝聚力。鉴于在中东欧地区，语言政策一向是构建国家身份的基石②，在此形势之下推进斯洛伐克语的国语地位，是一个比较方便的选项。

　　从另一个角度看，对于一个新成立的民族国家而言，说清楚她不是什么比说清楚她是什么要容易③，因此对于匈牙利语的压制也是一个显而易见的选项。一般而言，西方国家都不愿承认区域性语言的地位，特别是给予官方语言地位，因为这会为其要求领土自治打开口子。斯洛伐克族与匈牙利族向来使用不同的语言，拥有不同的文化和历史，两族民众所推崇的文化标志和历史人物无一相同，因此难以找到双方都认可的文化标志④。而匈牙利族的人数较多，聚居程度和组织程度都很高，加上曾有独立主义的倾向，这使斯洛伐克政府非常警惕。匈牙利族坚持使用与主体民族不同的语言似乎表示了一种对新的国族身份的不忠，很容易会被视为对这种国族身份的威胁⑤。在此形势下，斯洛伐克政府对于匈牙利语的限制与挤压可以说是历史和现实原因共同作用的结果。

---

① Farimah Daftary and Kinga Gál, *The New Slovak Language Law: Internal Or External Politics?* Flensburg: European Centre for Minority Issues, 2000, p. 4.

② George Schöpflin, "The Politics of National Identities", *International Review of Sociology*, Vol. 6, No. 2, 1996, p. 219.

③ Walker Connor, *Ethnonationalism: The Quest for Understanding*, Princeton, New Jersey: Princeton University Press, 1994, p. 197.

④ Sharon L. Wolchik, "Democratization and Political Participation in Slovakia", *The Consolidation of Democracy in East-Central Europe*, 1997, pp. 197–244.

⑤ Farimah Daftary and Kinga Gál, *The New Slovak Language Law: Internal Or External Politics?* Flensburg: European Centre for Minority Issues, 2000, p. 14.

二是斯洛伐克族和匈牙利族政治精英借此吸引关注。语言的地位是近代民族国家共同语政治建构与反建构过程的副产品，是政治权力调整语言关系带来的产物①。无论是国家语言，还是小族语言地位的形成，都不是自然发展的结果，而是政治构建的产物②。斯洛伐克对于国语地位的维护和对于小族语言的压制，其实是斯洛伐克族和匈牙利族政治精英对语言话题的共谋性利用，并反映了双方的权力结构。

斯洛伐克的政治生活在很大程度上是由政治精英所主导的，民众往往处于被影响、被操控的地位。根据一项调查③，发现在民族混居地区的斯洛伐克民众对匈牙利族的态度要好于纯斯洛伐克族居住地区，而匈牙利族民众对族际关系的评价要高于斯洛伐克民众。这个意味深长的调查结果也证实了斯洛伐克族和匈牙利族民众之间的对抗情绪很多时候是两族政客不断拿历史上相互压迫的经历做文章而挑起的④。一方面，斯洛伐克族政党可以将民众的注意力从当时急需推进的经济改革上吸引开，同时可以通过激发数量巨大的农民的民族主义情绪而得到更多的选票；另一方面，匈牙利族政党也希望借此话题获得更多的本族甚至国外的支持。因此当斯洛伐克民族主义力量主动挑起两族在语言方面的争端时，匈牙利族政客在此问题上表示寸步不让，于是导致了双方在语言问题上相持不下，长期抗衡。然而匈牙利族政党毕竟是少数，没有可能在议会取得多数议席，民族主义各政党在组阁时则避免与其合作，这使匈牙利族在语言问题的争执上长期处于下风，无法较好地维护自身权利。

三是在国内和国际政治关系间取得平衡。斯洛伐克与其他中东

---

① 肖建飞：《语言权利研究——关于语言的法律政治学》，北京法律出版社2012版，第14页。

② Stephen May, *Language and Minority Rights: Ethnicity, Nationalism and the Politics of Language*, London: Routledge, 2013, p. 32.

③ Edwin Bakker, *Minority Conflicts in Slovakia and Hungary?* Labyrint Publ, 1997, pp. 86–88.

④ 同第二条注释。

欧国家一样，其国内政策长期受到区域强国或超国家组织的左右，在语言政策的制定上也必须考虑国际组织的价值导向。自独立之后，斯洛伐克就积极谋求融入西方，加入了欧洲委员会的《欧洲保护少数民族框架公约》（1994年）和《欧洲区域或小族语言宪章》（1992年）等机制。因此斯洛伐克在推动斯洛伐克语的地位的同时，也无法无视国际组织的要求，必须在小族语言保护方面有所行动。而其《少数民族语言使用法》（1999）的通过则是欧洲国际组织强力推动中东欧国家法制建设的一个典型案例。斯洛伐克在《国家语言法》（1995）草拟期间就受到了国际社会的关注，欧洲议会的一名议员冈瑟（Mrs. Gunther）启动了对斯洛伐克的审查，认为该法将导致对匈牙利语的系统性歧视；欧安组织高专员范德斯图尔（Max van der Stoel）也对此表达了关切，强调应在保护国家语言和保障小族语言权利之间取得平衡①。在斯洛伐克我行我素通过《国家语言法》（1995）之后第二天，欧洲议会通过了一项决议，指出如斯洛伐克继续对民主、人权和少数人权利缺乏尊重，将暂停对斯洛伐克的援助与合作。斯洛伐克政府起先承诺将通过一部《少数民族语言使用法》，但到1996年又宣称没有必要另行立法，并于1997年开始禁止双语学校颁发双语毕业证书。随后欧盟委员会宣布将斯洛伐克从首轮入盟候选名单中排除出去，直至《少数民族语言使用法》（1999）通过之后才恢复其入盟候选身份。我们认为，随着欧盟一体化进程的推进，包括法制一体化程度的提高，欧洲超国家机构对于斯洛伐克在语言政策方面的影响力将继续增强。

　　斯洛伐克的各项国家语言建构措施对其与捷克的关系有积极推动效果，但影响了与匈牙利的关系，也在一定程度上对其国际形象产生了消极影响。斯洛伐克主体民族与匈牙利族之间的关系在很大程度上决定了其对匈牙利语的态度。匈牙利族在历史上对斯洛伐克

---

① Adrienn Győry, *The Slovak State Language Law and the Accommodation of Minority Rights: The Impact of International Organizations on the Resolution of Language Disputes*, Diss. Budapest: Central European University, 2011, p.23.

语的压制，以及匈牙利族与匈牙利的密切联系，是斯洛伐克主体民族感到威胁并试图采取报复性措施的原因。而斯洛伐克通过语言管理，实际上也对语言关系产生了反拨作用。

首先，斯洛伐克制定《国家语言法》导致了与匈牙利的紧张关系。无论是1995年的第一版《国家语言法》，还是2009年的新版《国家语言法》，都遭到了匈牙利的强烈批评。匈牙利声称它确信斯洛伐克《国家语言法》的修正案是针对匈牙利语少数民族，表示放弃举行两国总统和总理双边会晤，并向国际社会寻求支持。匈牙利议会外交事务委员会主席Zsolt Nemeth在接受公共广播公司斯洛伐克电台（SRo）的采访时批评说："斯洛伐克的政治在许多方面已经变得不可靠。"据SITA报道，匈牙利也建议斯洛伐克公民在根据修订后的法案被罚款的情况下求助于联合国的相关机构。Nemeth称，匈牙利议会派出了代表团访问布鲁塞尔和海牙等欧洲中心，讨论斯洛伐克的《国家语言法》。对此，斯洛伐克也展开反击，其外交部发言人彼得·斯塔诺（Peter Stano）告诉媒体，斯洛伐克已准备好在任何国际组织面前捍卫其《国家语言法》，匈牙利将问题国际化是徒劳且适得其反的。斯洛伐克有政客表示，匈牙利将语言法争议国际化"是垃圾、荒谬的一步，是对另一个国家内政的干涉"。世界斯洛伐克侨民协会（SZSZ）发表声明，支持修订后的《国家语言法》，称"匈牙利的极端民族主义者故意歪曲现实、散布谎言，损害斯洛伐克共和国在世界上的良好形象，粗暴干涉其主权。"其次，斯洛伐克的做法也引发了国际社会的关注和干预。欧安组织少数民族事务高级专员Knut Vollebaek就该法律发表意见，称在某些情况下，该法律的文本可以被解释为可能导致违反国际公认的少数群体权利。英国《金融时报》《经济学人》等媒体刊登文章，称"斯洛伐克将使用匈牙利语定为犯罪"。

然而，斯洛伐克人对捷克语的喜爱，也影响了捷克人对斯洛伐克的观感。据捷克英文媒体Expats.cz网站2022年3月的报道，尽管捷克和斯洛伐克在很多地方存在竞争，但捷克人心中最喜欢的国家是斯洛伐克，得分遥遥领先于第 2 名奥地利①。另一项报道 2022 年 4 月的民意调查则显示，捷克人最信任的国际政治领导人是斯洛伐克总统 Zuzana Čaputová②。

可以看出，语言管理对国家形象和国际关系的建构也能产生反作用。斯洛伐克的各项国家语言建构措施对其与捷克的关系有积极推动效果，但影响了与匈牙利的关系，也在一定程度上对其国际形象产生了消极影响。

三 塞尔维亚语言规划与群体切割

塞尔维亚的国家语言建构过程，与南斯拉夫的解体过程密切相关。塞尔维亚在独立之后的一段时间，并没有急迫地要对其语言文字进行改革的需求。克罗地亚的独立对于塞尔维亚而言是被动发生的，在克罗地亚已经宣布放弃"克罗地亚—塞尔维亚语"这一名称而使用"克罗地亚语"之后，塞尔维亚也没有立即将名称改为"塞尔维亚语"，因为这就等于承认了克罗地亚的独立事实。不过在南斯拉夫分裂成数个共和国之后，这些新成立国家内部的塞尔维亚族，都立即接受了其语言的名称为"塞尔维亚语"。虽然克罗地亚如今宣称统一的"克罗地亚—塞尔维亚语"从未存在过，塞尔维亚人却依然不同意这一说法，并且后悔未能早些认识到并干预两种语言的分裂③。

根据 Brboric④ 的分析，实际上在 1971 年克罗地亚之春和 1974

---

① 参见捷克 Expats-CZ 新闻网站，"民意调查：捷克人民最喜爱的国家"，网址：https://www.expats.cz/czech-news/article/slovakia-is-still-czechs-favorite-foreign-country-but-which-is-yours，2022 - 11 - 22 访问。

② 参见捷克 Expats-CZ 新闻网站，"民意调查：国际背景下最受信任的政治家"，网址 https://cvvm.soc.cas.cz/cz/tiskove-zpravy/politicke/mezinarodni-vztahy/5565-duvera-vy-branym-politikum-v-mezinarodnim-kontextu-jaro-2022，2022 - 11 - 22 访问。

③ Branimir Stankovićand Marija Stefanović，"Peeling the Onion Top-Down：Language Policy in Serbia between Power and Myth"，*Aegean Working Papers in Ethnographic Linguistics*，Vol. 2，No. 1，2018，p. 26.

④ Branimir Stankovićand Marija Stefanović，"Peeling the Onion Top-Down：Language Policy in Serbia between Power and Myth"，*Aegean Working Papers in Ethnographic Linguistics*，Vol. 2，No. 1，2018，p. 26.

年《南斯拉夫宪法》之后，统一的"塞尔维亚—克罗地亚语"已在语言实践中名存实亡。尽管克罗地亚族和塞尔维亚族的语言学家依然在通力合作，编撰统一语言的各类词典、语法、地图集等工具书，但双方已经分别使用不同的名称来指称各自语言，因此1991—1993年的语言分裂不过是完成形式上的程序。根据1974年的《南斯拉夫宪法》，黑山族和穆斯林斯拉夫人正式采用了统一塞克语言的次级变体，并加强其与种族和认同之间的联系。根据该《宪法》，南斯拉夫联邦六个成员国都有权拥有各自共和国、单独的社会文化特征和各自语言版本。可以说，是该宪法催生了后来的四种分裂的语言。尽管早期这些语言变体都是基于相同的语言基础，但1980年代民族主义兴起之后新的语言与新的民族认同之间的联系变得不可逆转。这导致了1991年以后，出现克罗地亚语/人、塞尔维亚语/人、波斯尼亚语/波什尼亚克人和黑山语/人。各国都不得不仓促上马各类语言工程、语料库建设、语法和词典编撰，并重新定义与邻国语言的新关系。

四 北马其顿与保加利亚就马其顿语的地位达成一致

在1913年第二次巴尔干战争之后，塞尔维亚、保加利亚和希腊重新分割了历史上的马其顿地区。在地理上属于塞尔维亚的部分称瓦尔达尔马其顿，属于保加利亚的部分称皮林马其顿，属于希腊的部分称爱琴马其顿。在历史上，尤其是在进行规范化编纂之前，马其顿语一般被认为是保加利亚语或者塞尔维亚语的变体。北马其顿对于马其顿语的塑造，毫无疑问会影响到与塞尔维亚、保加利亚和希腊的关系。至今，仍有部分塞尔维亚、保加利亚和希腊的政界和学界人士对马其顿语言的存在和独特性持反对态度。

在规范化编纂之后，塞尔维亚、保加利亚和希腊对该语言的使用也一直存有疑虑，而保加利亚的态度最为明确。保加利亚学者一直在较广泛地研究所谓的保加利亚方言区，而这个区域覆盖了如今的北马其顿和部分希腊的领土。在第二次世界大战前的许多保加利亚资料中，保加利亚将马其顿和希腊北部地区的南斯拉夫方言连续体称为保加利亚方言群。在两次世界大战期间，南斯拉夫将马其顿语视为南塞尔维亚方言，尽管政府允许在书面语中使用马其顿语的称谓。20世纪40年代，虽然马其顿语在1946—1947年得到承认，并被允许作为皮林马其顿学校的教学语言，但保加利亚一直对马其顿语的独立性持反对意见；在1948年之后保加利亚便限制马其顿语在国内的使用。

尽管保加利亚是第一个承认马其顿共和国独立的国家，但该国的很多学者和公众认为北马其顿人所说的语言是保加利亚语的一种方言，两国所用语言无论是语法结构还是书写方式都无太大区别，民众彼此间沟通毫无障碍，本质上来说就是一种语言。两国关于语言的争论贯穿了90年代，保加利亚专家将马其顿语称为保加利亚语的马其顿规范。1999年，保加利亚以两国的官方语言签署了一项联合声明，是保加利亚政府首次同意签署以马其顿语撰写的双边协议。1999年2月，保加利亚为了加入欧盟，主动缓和了与马其顿的关系，但是与此同时语言争端依旧存在，如在两国总理共同签署的一项《共同声明》中：保加利亚虽声称"两种语言文本具有同等效力"，但最后却附加了"声明以两国各自的官方语言呈现，它们分别是根据保加利亚共和国宪法规定的保加利亚语和根据马其顿共和国宪法规定的马其顿语"。这一举措虽然在表面看似承认了马其顿共和国宪法声明的官方语言为马其顿语，但是并不意味着保加利亚承认马其顿语的存在。

到2017年，马其顿政府因急于加入欧盟，不得不做出让步。首先，马其顿在国家名字的问题上同希腊达成共识，马其顿政府签署了普雷斯帕协议，协议声明希腊政府接受马其顿语来指代该语言，并使用脚注将其描述为斯拉夫语，更名为北马其顿共和国[①]。

[①] 参见Meta.Mk官网，希腊媒体关于北马其顿政府语言和身份的报道："Republic of North Macedonia with Macedonian language and identity, says Greek media"，网址：https：//meta.mk/en/republic-of-north-macedonia-with-macedonian-language-and-identity-says-greek-media/，2022-11-22访问。

并在同年与保加利亚签署了合作条约，就语言、历史等问题展开了一系列谈判。截至2019年，有关该语言及其起源的争议在两国学术界和政界仍在继续。保加利亚学者、历史学家和政治家，包括保加利亚政府和保加利亚科学院，仍然广泛认为马其顿语是一种方言。保加利亚科学院否认存在单独的马其顿语，并宣布其为保加利亚语的书面区域形式。大多数保加利亚人都秉持这样的观点。

2020年11月，保加利亚方冻结了谈判，希望借此向北马其顿政府表态：保加利亚仍然希望看到北马其顿政府承认马其顿语是属于保加利亚语的一种方言，并要求北马其顿政府在语言和民族起源等方面做出符合保加利亚要求的表述。对此，北马其顿政府则认为语言问题至高无上，否认语言便是否认国家，因此即使北马其顿政府做出了相关回应，但回应并没有从根本上触及问题本质，所以也并未从真正意义上缓和两国的关系，两国的"交战"依然还在继续。

而在希腊，直到1999年，也从未承认马其顿语为少数民族语言，也未在教育中引入马其顿语书籍。在希腊，确实很难确认马其顿语的使用人数，因为保加利亚认为希腊境内的斯拉夫人使用的是保加利亚语。而希腊不希望通过承认马其顿语的独立性而鼓励其境内马其顿族对其产生认同。

五　拉脱维亚较好避免了与俄罗斯族发生激烈冲突

自1991年独立以来，拉脱维亚语言政策面临的最大挑战之一是解决苏联占领时期留下的人口民族结构问题①。在拉脱维亚返回西方的过程中，以西欧国家为主导的区域机构，如欧安组织（OSCE）、欧盟和欧委会对拉脱维亚国家语言政策，特别是少数民族语言政策的修订产生过重大影响。拉脱维亚也通过修订相关法

---

① Euline Cutrim Schmid, "Potential Pedagogical Benefits and Drawbacks of Multimedia Use in the English Language Classroom Equipped with Interactive Whiteboard Technology", *Computers & Education*, Vol. 51, No. 4, 2008, p. 1553.

律，与国际组织达成妥协，最终实现了加入欧盟等机构的目标。

拉脱维亚《国籍法》①《语言法》对俄罗斯族有明显的挤压倾向，对地区稳定造成威胁，两部法律的通过过程均受到了国际组织的压力。1997年10月，拉脱维亚议会一读通过了新的《语言法》草案，拟扩大政府对私营企业语言使用的管制。1998年，欧洲委员会及其相关附属组织发布报告对此提出严厉批评。随后欧盟、欧安组织和欧洲委员会的代表联合发布了一份报告，指出该草案未将公共和私人领域区分开，涉嫌违反国内人权法律标准，特别是言论自由。

即使是在遭受国际社会严厉批评的背景下，拉脱维亚议会中仍有强大的民族主义力量坚持推进该法案。1999年2月，新一届当选的议会议员在就职后对同一法律进行了二读。1999年7月8日新的拉脱维亚总统当选，同一天议会即投票通过了该有争议的《语言法》。后在欧盟和欧安组织的持续压力下，新当选总统在正式就职后的第一个正式行动就是否决了上述《语言法》，并将其发回议会重新审议。为了避免进一步的对抗，议会对法律草案做了一定的修改，将一些重要条款交由行政部门决定，设定条件只有在"政府有合法利益"的情况下，才允许政府对私人领域的语言使用进行管理。1999年12月9日，52名议员以微弱优势通过了《国家语言法》（1999年）的最终版本。尽管该版本《语言法》被裁定基本符合欧盟的规定，但其中仍有较多涉及政府在私人生活的各个领域强制使用拉脱维亚语的问题。邻国芬兰甚至就此发出轻微的威胁，称如果新的拉脱维亚语言法得以实施，意味着剥夺了俄罗斯少数民族与拉脱维亚人平等参与公共交流的权利，芬兰将不支持拉脱维亚加入欧盟的申请②。

---

① 参见拉脱维亚共和国官方出版商网站，网址：https://likumi.lv/ta/en/id/57512-citizenship-law，2022－11－22访问。

② Priit Järve, "Two Waves of Language Laws in the Baltic States: Changes of Rationale?", *Journal of Baltic Studies*, Vol. 33, No. 1, 2002, p. 78.

拉脱维亚在这种历史和政治背景下，在一定程度上较好地处理了各相关方的关系。一方面，虽然拉脱维亚政府倾向于对法律采取更宽泛的解释，使其中的较多条款对私营企业不利[1]，但基本避免了与俄罗斯族发生暴力冲突。另一方面，对法律草案进行修改使其基本符合了国际社会要求，使其得以实现加入欧盟的战略目标[2]。拉脱维亚与国际社会和邻国在《国籍法》和《语言法》方面的争议，一方面使其努力建构的民主化国际形象受到了负面影响，但同时也通过强化国家语言的地位在国内外塑造了其独立主权国家的形象。

第三节 "国家语言"消解与建构机制

一 建构主体：宏观层面和微观层面的互动

在20世纪60—70年代，基于亚非新独立殖民地国家语言规划实践建立起的第一批语言规划经典理论[3]大都将政府作为规划行为的唯一发起方，认为语言规划需要依赖于国家权威以自上而下的方式推行。80年代后，由于国家权威模式在亚非国家未能有效处理语言公平问题，以及后现代主义思潮和人权理念兴起等原因，研究界开始探讨并鼓励自下而上式语言规划的可能[4]。语管论正是在此背景下出现，试图调和自上而下和自下而上两种路径，提出了微

---

[1] Nils Muiznieks and Ilze Brands Kehris, "The European Union, Democratization, and Minorities in Latvia", in Paul Kubicek, ed., *The European Union and Democratization*, London: Routledge, 2004, pp. 42 – 67.

[2] Nils Muiznieks and Ilze Brands Kehris, "The European Union, Democratization, and Minorities in Latvia", in Paul Kubicek, ed., *The European Union and Democratization*, London: Routledge, 2004, pp. 42 – 67.

[3] Joan Rubin and Bjorn Jernudd, eds., *Can Language Be Planned?: Sociolinguistic Theory and Practice for Developing Nations*, Honolulu: University Press of Hawaii, 1971; Joan Rubin, Björn H. Jernudd, Jyotirindra DasGupta, Joshua A. Fishman and Charles A. Ferguson, eds., *Language Planning Processes*, The Hague: Mouton Publishers, 1977.

[4] Jiří Nekvapil, "From Language Planning to Language Management", *Sociolinguistica*, No. 20, 2006, pp. 92 – 104.

观—宏观规划的循环片段论。社会个体对其所使用语言规范的选择是一种微观层面的语言管理，而这种选择既可能受到国家宏观规划的影响，也可能形成较大规模而促动政府采取相应的规划措施来满足这种需求，会发生宏观和微观管理的相互影响[1]。

"语管论"提出，微观和宏观管理之间存在着一个连续激发的循环，在理想状态下，底层需求会促动高层管理者实施规划行为，并反作用于微观层面解决需求问题：微观层面需求 宏观层面管理 微观层面问题解决（见图8-1）[2]。不过这一过程可能起始于或中断于任何阶段，这意味着底层和高层均可以通过自身能动性发起一项宏观规划行为。

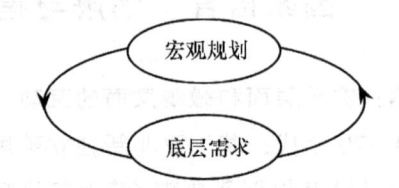

图8-1 语言管理宏观—微观循环图

根据我们的观察，中东欧地区"国家语言"的建构管理具有如下一些特征：

第一，国家语言"自我"形象建构工作主要由宏观管理部门发起。中东欧国家无不试图对本国国家语言进行定义，并采取措施进行维护，而这些工作多属于管理者从高层主动发起，从管理发起流程上属于"宏观层面 微观层面"。根据本书的观察，管理行动的发起者包括议会、部委及其附属专门机构。

---

[1] Richard B. Baldauf Jr., "Introduction-Language Planning: Where Have We Been? Where Might We Be Going?", *Revista Brasileira de Linguística Aplicada*, No. 12, 2012, p. 233.

[2] Richard B. Baldauf Jr., "Introduction-Language Planning: Where Have We Been? Where Might We Be Going?", *Revista Brasileira de Linguística Aplicada*, No. 12, 2012, p. 233.

第七章 中东欧"国家语言"消解与建构行为群像勾勒

在中东欧地区，当然也可以说在世界上的大多数国家和地区，立法机构一般都是最高权力机关，也是"国家语言"建构的最高管理主体。相关国家对于"国家语言"的定位，无论是称之为"国家语言"（斯洛伐克）、"官方语言和文字"（塞尔维亚、北马其顿），允许有共同官方语言（北马其顿），或是"唯一官方语言"，都是由议会以立法形式予以确认，并以相关表述作为国家语言管理的最高指导原则。

在此前提下，各国均指定了具体的部门总领"国家语言"建设的相关工作。在斯洛伐克，国家法律规定由文化部负责国家层面的国家语言保护、发展和促进，制定国家语言管理的主要目标，参与这些目标的实现，并确保有关国家语言的法律得到遵守。与此同时，斯洛伐克还设立了中央语言委员会作为国家语言领域的部长咨询机构，提出国家语言的保护和促进措施，评估国家语言编纂方案，协调和评估词典等文献出版，就有关争议提供专家意见。

塞尔维亚面临一个尴尬的现实，即长期没有设立官方专门机构对塞尔维亚语进行管理。塞尔维亚语标准化委员会和塞尔维亚科学与艺术学院在很长时期内均参与了塞尔维亚语的管理工作，并就重要问题提供专家建议，但两者的隶属关系不明，也没有明确的上位主管部门。不过塞尔维亚2021年9月通过《塞尔维亚语言在公共生活中的使用与西里尔字母的保护和保存法》后，将成立一个塞尔维亚语委员会，负责协调落实该法的实施，包括对塞尔维亚语和西里尔字母的情况进行评估，就其发展制定政策并提供实施建议。根据相关描述，这个塞尔维亚语委员会将成为塞尔维亚的官方语言管理机构。

根据我们的观察，北马其顿文化部在事实上承担着马其顿语的编撰、规范和促进工作。在2019年维也纳委员会应北马其顿总理要求派专家委员会赴北马其顿就其《语言法》是否符合欧洲标准进行评估，委员会在实地考察中拜会了总理、副总理、议会各下属分支机构、政治体制和内部社区关系部、内政部、司法理事会、宪法法院、总检察长办公室，以及各地方自治机关代表等，可见语言相关事务涉及较为广泛的部门。

拉脱维亚的语言管理体系与其他国家略有不同的是，司法部在其中扮演了重要的角色。该国国家语言委员会（由总统领导）负责起草语言政策和规划的提案；隶属司法部的国家语言局对行政违规行为实施控制和罚款；隶属于教育和科学部的国家语言所提供咨询并分析语言状况；同样隶属于教育和科学部的拉脱维亚国家语言培训所提供学习拉脱维亚语言的机会。在这些机构中，隶属于司法部的拉脱维亚国家语言中心负责监督和控制官方语言的使用合法性，是最为重要的具体管理机构。

除了中央层面的部门和机构，地方当局在语言管理方面也拥有相当的权限，特别是在涉及小族语言的官方应用方面。斯洛伐克、塞尔维亚、北马其顿和拉脱维亚均通过立法给地方州省或城镇层面的议会，就小族语言在行政管理、社会服务等方面的应用赋予了酌定权限。与此同时，这些地方行政机构，也是执行中央政策法规的主体，接受中央部门的督查。比如斯洛伐克文化部就曾在巡查后通报要求部分地方政府按照《国家语言法》的要求进行整改，为所有信息提供斯洛伐克语版本。

虽然我们的观察焦点主要在行政当局层面，但需要承认的是，所有的管理措施最后都要落实到微观应用层面，对民众的具体语言行为产生影响，才是真正有效的管理。

第二，国家语言"他者"形象建构工作一般会引发底层反弹并做出管理行为调整。在我们的观察中，发现中东欧国家在建构国家语言地位的过程中无不涉及对"他者"形象的建构，而且倾向于采取挤压性措施。如果受到压制的语言有较大的群体或政治力量，则会对政府的管理措施采取抵制行为，而一旦这种反抗达到一定的强度，中东欧国家一般会对其管理行为进行调整。该过程呈"宏观层面　微观层面　宏观层面"的连续互动。

斯洛伐克出台《国家语言法》（1995），要求在各种公共场合使用斯洛伐克语，从而限制匈牙利语的使用空间。匈牙利族群通过在国内举行示威游行、发动国际上匈牙利裔进行批评、获取匈牙利的外交支持等方式，对斯洛伐克政府施加压力。斯洛伐克后来在欧盟、欧安组织的指导下对《国家语言法》进行了修改。北马其顿试图采取措施强化保加利亚语、阿尔巴尼亚语和希腊语的"他者"形象，导致阿尔巴尼亚族极端分子与政府军发生武装冲突，而最终的解决方案是修订宪法，将阿尔巴尼亚语纳入国家官方语言。拉脱维亚通过《国籍法》和《语言法》对俄罗斯族的语言使用空间进行大幅挤压，也引起了俄罗斯族的强烈抗议。

第三，国家语言的建构工作涉及超国家主体的参与。我们所观察的四个国家案例，在国家语言建构过程中采取的措施，均涉及欧盟、欧洲委员会、欧安组织等超国家层面管理主体的参与。管理过程呈"国家宏观层面 微观层面 超国家层面 国家宏观层面"的连续互动。

目前欧洲在区域层面对于语言权利的保护主要依赖于三个核心机构发挥着框架性作用，即欧洲委员会、欧安组织和欧盟（具体包括欧盟理事会、欧盟委员会、欧洲议会、欧洲法院等）。这三个机构的成员国互有重合，均覆盖了绝大部分欧洲国家，欧盟甚至考虑以独立成员的身份加入欧洲委员会[①]。三者的工作重心略有区别，即欧洲委员会关注人权保护，欧安组织致力于消除族际冲突，而欧盟追求"多元一体"的欧洲认同。在与语言权利相关的议题上，三者既有侧重，又注意相互配合，形成了一个有效的框架性机制：欧洲委员会和欧安组织为维护小族群体的语言权利提出具体要求，并提供专家意见，欧盟则负责推动落实[②]。中东欧国家大都积极寻求加入欧盟，因此必须受到这三个机构的约束。

[①] 参见欧洲委员会官网，网址：http://www.coe.int/en/web/about-us/who-we-are，2015-09-03访问。

[②] Bernd Rechel, "Introduction", in Bernd Rechel, ed., *Minority Rights in Central and Eastern Europe*, London: Routledge, 2010, p.4.

欧洲委员会成立于1949年，其宗旨是在欧洲范围内维护人权、民主和法治，是欧洲最重要的人权保护机构，主导通过了与语言权利相关的三个核心国际文件，并设立了相应的监督实施机制。第一，《欧洲人权公约》（1950年）机制。该公约是欧洲委员会的核心条约，是国际人权领域第一部具有法律约束力的区域性国际人权文件，其中规定个人所享有的权利不得因语言而受歧视，个人权利如受到侵犯可向国家当局要求救济。根据公约成立的欧洲人权法院是欧洲最强大的人权救济机构，接受个人、团体或机构对国家的上诉，也接受国家间的指控。个人上诉无需律师协助或支付费用，只要填写申请表并提供所需材料即可。该法院判决具有法律约束力，通常会导致相关国家的立法调整以及具体措施的出台[1]。基于该公约的人权机制是欧洲甚至世界范围内迄今为止最为成功和影响最为深远的人权保护机制[2]。第二，《欧洲保护少数民族框架公约》（1994年）机制。该公约是世界上第一个将少数民族保护纳入人权，并具有法律约束力的区域性多边条约[3]。该公约的执行与监督主要基于各国提交的自评报告，不对个人提供上诉渠道，也不对具体案件作出判决。其基本流程如下[4]：国家定期提交执行报告；一个咨询委员会进行实地考察，形成评估意见，送达相关国家并公之于众；部长委员会就评估意见和改进建议形成决议；各国须对此作出反馈。第三，《欧洲区域或小族语言宪章》（1992年）机制。该

---

[1] 参见欧洲人权法院网站，《欧洲人权法院常见50问》，下载地址：http://www.echr.coe.int/Documents/50Questions_ENG.pdf, 2015-09-03下载。

[2] Kristin Henrard, "Devising an Adequate System of Minority Protection in the Area of Language Rights", in Gabrielle Hogan-Brun and Stefan Wolff, eds., *Minority Languages in Europe: Frameworks, Status, Prospects*, London: Palgrave Macmillan, 2003, pp. 37-55.

[3] Florence Benoît-Rohmer, "Le Conseil de l' Europe et les Minorités Nationales", in Katlijn Malfliet and Ria Laenen, eds., *Minority Policy in Central and Eastern Europe: The Link between Domestic Policy, Foreign Policy and European Integration*, Leuven, Belgium: Catholic University of Leuven Press, 1998, pp. 128-148.

[4] 参见欧盟网站，《欧洲保护少数民族框架公约》宣传手册，下载地址：http://www.coe.int/t/dghl/monitoring/minorities/6_Resources/PDF_brochure_en.pdf, 2019-10-17访问。

《宪章》是欧洲目前唯一的一份专门针对语言保护制定的法律文书，具体监督流程是①：各缔约国定期提交执行报告；专家委员会进行实地考察，形成评估报告，指出成绩和问题；部长委员会基于专家报告对相关国家提出建议和敦促。

欧安组织是维护欧洲地区和平的重要力量，其主要使命是为成员国就欧洲事务，特别是安全事务进行磋商提供平台②。欧安组织主要是通过外交手段进行工作：通过与政府最高级别领导层和族群领袖举行秘密会谈，在媒体关注之外促成各方达成共识，解决或减少冲突。欧安组织1992年设立"少数民族高级专员"③，其中心工作之一就是对小族群体的母语使用提供支持，一般情况下有如下几种手段可以使用：一是公开声明，一般是通过公开演讲呼吁通过自由主义的方式处理语言多样化的问题，倾向于促进融合而非同化。二是特殊场合的正式建议，通过书面信件的形式向相关国家就具体议题提供建议。三是一般性建议，即为相关国家的政策和法律制定者提供指导性建议，一般情况下会邀请国际知名的独立专家共同工作。四是公共研究报告，指民族问题高级专员邀请独立专家就相关国家的政府行为发布调研报告，指出存在问题，并提供建议的解决方案。五是具体计划，指通过实施具体项目，推动有关议题的发展，比如资助研究机关进行研究、组织行业专家参加研讨会、为小族语言教学提供支持等。迄今为止，欧安组织民族高专员已经就与语言相关的多样化融合、语言地位、姓名权、母语教育等议题进行了广泛的工作，较有影响的建议主要有：（1）《关于少数民族教育权利的海牙建议书》（1996年）④，敦促各国积极采取措施保障少

---

① 参见欧洲委员会网站，网址：http://www.coe.int/t/dg4/education/minlang/aboutmonitoring/default_ en.asp，2015－09－03 访问。

② 参见欧安组织网站，网址：http://www.osce.org/states，2019－10－17 访问。

③ 参见欧安组织少数民族高级专员署网站，网址：http://www.osce.org/hcnm，2019－10－17 访问。

④ 参见欧安组织网站，"The Hague Recommendations Regarding the Education Rights of National Minorities (1996)"，下载地址：http://www.osce.org/hcnm/32180? download = true，2019－10－17 下载。

数民族的母语教育权利问题，同时强调少数民族成员有义务学习国家的官方语言；（2）《关于少数民族语言权利的奥斯陆建议书》（1998年）[1]，提出了一个语言权利清单，包括在各种私人和公共领域使用民族语言的权利；（3）《关于少数民族切实参与公共生活的隆德建议书》（1999年）[2]，对少数民族参与国家、地方管理中的决策过程以及进行自我管理提出建议。此外，《关于广播电视媒体中使用少数民族语言的指导方针》（2003年）和《关于多族裔社会中治安管理的建议书》（2006年）等也直接或间接提到语言权利问题。

欧盟在2009年《里斯本条约》生效后，便正式取代欧共体，成为欧洲最重要的经济和政治联盟。欧盟自1958年就通过1号决议[3]，确立了语言平等的基本原则，承认成员国的官方语言即为共同体的官方语言和工作语言，目前有28个成员国，24种官方语言。欧盟以"多元一体"为铭言，声称"平等对待少数民族是统一的新欧洲的基石"[4]，试图通过容纳文化多样性来加强成员国对欧洲统一身份的认同，具体工作可以分为几个部分：第一，通过法律进行规范。欧盟法包括联盟基础条约和派生立法两个层面，具有直接效力和优先效力原则，可在成员国国内直接适用，直接为个人创设权利和义务，当与国内法的规定发生冲突时，欧盟法的效力优于国内法。在基础条约方面，《里斯本条约》2009年生效后即成为欧盟运行的根本条约，该条约确认欧盟实行多语制，尊重文化和语

---

[1] 参见欧安组织网站，"The Oslo Recommendations Regarding the Linguistic Rights of National Minorities (1998)"，下载地址：http://www.osce.org/hcnm/67531?download=true，2019-10-17下载。

[2] 参见欧安组织网站，"The Lund Recommendations on the Effeetive Participation of National Minorities in Public Life (1999)"，下载地址：http://www.osce.org/hcnm/30325，2019-10-17下载。

[3] 参见欧盟资助的"欧洲多样性"网站，欧盟理事会决议"Council Regulation No 1 determining the languages to be used by the European Economic Community (1958)"，网址：http://www.europadiversa.org/eng/docs_oficials.html，2019-10-17访问。

[4] James A. Goldston, "Roma Rights, Roma Wrongs", *Foreign Affairs*, Vol. 81, No. 2, 2002, p. 146.

言多样性①。在次级立法方面，欧洲议会、欧盟理事会、欧盟委员会等机构通过了大量支持语言多样性和小族语言使用的文件，下面分别略举数例。代表欧盟民众的欧洲议会曾通过如下决议：《关于使用自己语言的权利的决议》（1994年）②，指出保障使用自己语言的权利有助于建立一个"人民的欧洲"；《关于欧盟机构官方语言使用的决议》（1995年）③，宣布多语制是欧盟所有理念以及成员国政治平等的基石，不同的语言是欧洲文化的象征。代表成员国政府的欧盟理事会也曾通过如下条例：《关于设立多年期项目促进共同体信息社会语言多样性的决定》（1996年）④，建立"多语信息社会项目"；《关于欧洲语言年项目目标与实施框架下的语言多样性和语言学习的决议》（2001年）⑤，开展"欧洲语言年"项目。

第二，建立专门平台协调相关行动。1982年，欧共体成立"欧洲较少使用语言署"⑥，其职责是提高成员国世居少数民族语言和文化的地位。该署与欧盟、欧洲委员会、联合国等国际机构保持密切的合作关系，在很多国家设立了分支机构，在促进欧洲小族语言保

---

① 参见欧盟网站，欧洲议会决议"Parliament Resolution of 16 October 1981 on a Community Charter of Regional Languages and Cultures and on a Charter of Rights of Ethnic Minorities (1981)"，网址：http://eur-lex.europa.eu/legal-content/EN/TXT/PDF/? uri = OJ：C：2007：306：FULL&from = EN，2019 - 10 - 17访问。

② 参见欧盟网站，欧洲议会决议"Parliament Resolution of 25 July 1994 on the right to use one's own language (1994)"，2019 - 10 - 17载。

③ 参见欧盟网站，欧洲议会决议"Parliament Resolution of 20 January 1995 on the use of the official langu-ages in the institutions of the European Union (1995)"，2019 - 10 - 17下载。

④ 参见欧盟资助的"欧洲多样性"网站，欧盟理事会决议"Council Decision of 21 November 1996 on the Adoption of a Multiannual Programme to Promote the Linguistic Diversity of the Community in the Information Society (1996)"，网址：http://www.europadiversa.org/eng/docs_oficials.html，2019 - 10 - 17访问。

⑤ 参见欧盟资助的"欧洲多样性"网站，欧盟理事会决议"Council Resolution of 29 November 2001 on the Linguistic Diversity and Language Learning in the Framework of the Implementation of the Objectives of the European Year of Languages (2001)"，网址：http://www.europadiversa.org/eng/docs_oficials.html，2019 - 10 - 17访问。

⑥ 参见"欧洲较少使用语言局"官方网站，网址：http://eblul.eurolang.net/index.php? option = com_frontpage&Itemid = 1，2015 - 09 - 07访问。

护方面发挥过较大的积极作用，但于2010年因经费问题停止运营。此外，欧盟还建立了墨卡托网络（Mercator Network）（1987年）①，推动欧洲较少使用语言的学习、研究和传播；打造"欧盟语言多样性民间组织平台"（2009年）②，加强欧盟委员会与民间组织的对话。第三，资助具体项目并给予支持。欧洲议会、欧盟委员会③等机构还发起并资助了大量与语言多样性相关的具体项目。如自2001年开始举办至今的"欧洲语言日"，每年9月26日就语言话题开展各种活动，包括对小族语言学习和使用的促进。

  本书中的斯洛伐克和拉脱维亚已经加入欧盟，塞尔维亚和北马其顿则长期致力于申请加入欧盟，各国在对国家语言进行建构的过程中，一旦对小族语言权利的挤压超过一定限度，出现引发地区冲突的潜在可能，欧洲区域国际组织就会介入，进行调停。

二　建构理念：单语主义和多语主义的消长

  本书所覆盖的四个国家，均以立法形式对本国的国家语言进行确认。除了北马其顿，其他三个国家均指定了全国范围内的唯一官方语言。斯洛伐克宪法序言指出，"斯洛伐克是斯洛伐克民族的国家"，第6条第1款规定："在斯洛伐克共和国境内，国家语言为斯洛伐克语。"塞尔维亚宪法第10条规定，"在塞尔维亚共和国，官方使用塞尔维亚语和西里尔字母。"北马其顿宪法第7条规定，"马其顿语及西里尔字母，是马其顿共和国的官方语言"。《语言使用法》第1条规定，"在北马其顿共和国境内及其国际交往中，马其顿语及西里尔字母是官方语言"；第2条规定，"根据此法，其他使用人数占总人口20%以上（阿尔巴尼亚语）的语言和文字，也是

---

① 参见"墨卡托"项目网站，网址：http://www.mercator-network.eu/home/，2019-10-17访问。
② 参见欧盟委员会网站，网址：http://ec.europa.eu/languages/information/language-related-tools/civil-society-platform-multilingualism_en.htm，2015-09-07访问。
③ 参见欧盟委员会网站"语言"页面，网址：http://ec.europa.eu/languages/index_en.htm，2015-09-07访问。

官方语言"。拉脱维亚共和国宪法第一章第4条规定：拉脱维亚语是拉脱维亚共和国的官方语言。并在前言中声明"拉脱维亚语是唯一的官方语言"。在这个意义上，我们可以看到，单语主义理念在中东欧占据了主流。

从18—19世纪起，欧洲学者基于欧洲大陆的现实形成了一些基本的观念，即人类社会可以基于民族自然地分化为不同的国家。这就意味着，最合理的方案是每个民族都建立一个自己的国家。19世纪下半叶，欧洲学者和统计学家在统计中东欧的人口时，也想基于民族的概念对人群进行分类，并认为可以通过统计获得一个国家的民族结构。实际上在这时期，中东欧很多民众是没有清晰的民族概念的，即不清楚自己应归属于哪个民族。在这一地区，统计学家将语言作为民族的唯一有效指征，即要求受访者上报其使用的语言，比如母语、家庭语言或日常交流语言等，以此判断其民族归属。在这个阶段，一个人只能上报一种语言，官方不统计双语和多语言，这种排斥的逻辑其实就源于一个人只能属于一个民族的信念。出于同样的原因，欧洲各民族的民族名称基本与其语言名称是一致的。

基于"一个民族、一种语言"的信念，除了可以通过语言来确定民族，也可以通过民族来确定语言。即在中东欧地区，语言的划分更多是基于民族认同而非语言差异。在语言学理论中，一直有语言社区、语言共同体的概念，即人们所生活的社会、文化和领土可以根据语言标准加以区分。这种通过语言对人群进行划界的做法依赖于我们对语言的定义。一般的方法是基于语言的差异性特征，对语言进行划分[1]。后来费什曼提出，语言社区的切分不一定基于单一语言变体，而有可能是多种语言变体或交际符号的结合[2]。其他

---

[1] Leonard Bloomfield, *Language*, New York, Taylor & Francis, 1965. Brborić B. "Predistorija i sociolingvistički apsekti", in Radovanović, M, ed., *Srpski jezik na kraju veka*. Beograd: Institut za srpski jezik SANU, Službeni glasnik, 2016, p. 42.

[2] Joshua A. Fishman, "The Sociology of Language: An Interdisciplinary Social Science Approach to Language in Society", in Joshua A. Fishman, ed., *Advances in the Sociology of Language*, The Hague: Mouton de Gruyter, 1971, p. 234.

学者也提出，对语言社区的划分可以基于"对语言的共同社会态度"[1]，或基于"认为自己与其他人使用相同语言"的语言使用者自我评估[2]。可以看出，语言之外的因素，即社会和文化标准，介入了语言社区的划分[3]。布隆菲尔德也承认，相邻语言形式之间的分歧可能主要是政治性质的，而不是语言性质的[4]。由此，在社会语言学界形成了一个基本的共识，即语言社区主要是一种社会和政治结构，或至少与语言差异同样重要。中东欧地区在20世纪90年代之后，不断出现新的语言，就是这种基于民族确定语言思路的表现。有的国家为了突出主体民族语言，积极与周边国家和境内小族语言形成差异化发展，在必要的情况下也不惜人为制造差异。

实际上，无论是在中东欧还是西欧，单语主义的意识形态依然占据着上风[5]。有学者[6]在分析了欧洲的新闻媒体之后发现，纸媒体的思想都围绕着"多样化社区难比登天和同质化社区天经地义"。比如对于比利时的报纸分析就发现，尽管社会主体自认为是开放和宽容的象征，但对多样化的拒绝依然占据了上风[7]。在西欧，"一种语言代表着一个民族"的意识形态倾向在各种纸媒体中跃然

---

[1] William Labov, *Language in the Inner City*, Philadelphia: University of Pennsylvania Press, 1972, p. 120.

[2] Michael Alexander Kirkwood Halliday, Mcintosh Angus and Peter Strevens, *The Linguistic Sciences and Language Teaching*, London: Longman, 1964, p. 140.

[3] Joshua A. Fishman, "The Sociology of Language: An Interdisciplinary Social Science Approach to Language in Society", in Joshua A. Fishman, ed., *Volume 1 Basic Concepts, Theories and Problems: Alternative Approaches*. Berlin: De Gruyter Mouton, 1971, p. 217.

[4] Leonard Bloomfield, *Language*, New York, Taylor & Francis, 1965. Brborić B. "Predistorija i sociolingvistički apsekti", in Radovanović, M, ed., Srpski jezik na kraju veka. Beograd: Institut za srpski jezik SANU, Službeni glasnik, 2016, p. 17.

[5] Penelope Gardner-Chloros, "Code-switching: Language Selection in Three Strasbourg Department Stores", in Nikolas Coupland and Adam Jaworski, eds., *Sociolinguistics a Reader*, New York: St. Martin's Press, 1997, p. 361.

[6] Jan Blommaert and Jef Verschueren, "The Role of Language in European Nationalist Ideologies", in Bambi B. Schieffelin, Kathryn A. Woolard and Paul V. Kroskrity, eds., *Language ideologies: Practice and theory*, New York: Oxford University Press, 1998, p. 189.

[7] Jan Blommaert and Jef Verschueren, *Debating Diversity: Analysing the Discourse of Tolerance*, London: Routledge, 1998.

纸上①。而即使是表面民主化的管理方式，也会导致实际运作中对多样化的阶层化管理：如果法律对部分群体赋予更多的权力与权利，而牺牲了其他群体的权利，就会导致部分语言获得比其他语言更高的地位②。单语主义与多语主义在学校教育系统里同时存在，往往推动语言多样性的努力都会受单语主义的掣肘③。

但是语言权利话语在西方的兴起，使国际组织和各国官方话语，均将语言多样性作为主流话语。多语主义和语言权利在西方的兴起可以归结为两个现实原因和两个理论原因。现实原因包括：一是世界范围内的语言快速消亡引起了人们的高度关注，学界将其与同时出现的大规模物种灭绝相联系，将其置于生态学框架内进行讨论；二是语言问题在西方政治生活中引发剧烈的矛盾冲突，损耗了政府和公众的大量精力，例如中东欧转型国家出现的暴力民族冲突、西欧国家小族语言群体的分裂主义隐患、全球范围内移民群体对语言同化的抵制等④。理论原因包括：一是多元文化主义的兴起，其核心诉求支持"不同群体在文化和物质方面的繁荣"，以及"在自由和人类尊严原则范围之内的群体认同"，要求政府采取激进措施来保证受压迫群体的进步⑤；二是传统人权思想的演变，如人权地位的急剧提升、核心思想从自由权向平等权倾斜、开始承认集体人权等⑥。

---

① Adrian Blackledge, "Monolingual Ideologies in Multilingual States: Language, Hegemony and Social Justice in Western Liberal Democracies", *Estudios de sociolingüística*, Vol. 1, No. 2, 2000, p. 25.

② Debra Spitulnik, "The Language of the City: Town Bemba as Urban Hybridity", *Journal of Linguistic Anthropology*, Vol. 8, No. 1, 1998, p. 30.

③ Anthony J. Liddicoat and Timothy Jowan Curnow, "Students' Home Languages and the Struggle for Space in the Curriculum", *International Journal of Multilingualism*, Vol. 11, No. 3, 2014, p. 273.

④ Will Kymlicka and Alan Patten, "Language Rights and Political Theory", *Annual Review of Applied Linguistics*, 2003, Vol. 23, p. 3.

⑤ 王希：《多元文化主义的起源，实践与局限性》，《美国研究》2000年第14卷第2期。

⑥ 沈宗灵：《现代西方法理学》，北京大学出版社1992年版，第29页。

欧洲从未在区域层面追求文化领域的一体化，因此并未将语言政策作为一个独立的政策领域，给各国保留了较多的文化主权，但在语言权利保护方面已经形成了较为稳定的立场。目前欧洲对于语言权利的保护分散在人权、安全和文化三个相对独立的领域，隐含在三个不同的目标之中：通过保护个体人权维护欧洲民主制度；通过保障小族群体的权利减少欧洲族际冲突；通过维护文化多样性促进欧洲统一认同的形成。欧洲在三个领域构建了不同的管理机制，对于语言问题的处理遵循着不同的逻辑，而中东欧国家要加入欧盟，融入欧洲市场就必须支持上述理念。

中东欧国家在进行国家语言建构的过程中，也需要同时表态支持对于语言权利的保护，我们对上述理念进行简要解释。鉴于二战期间发生的残害人权的深重历史教训，欧洲在战后将人权和个体自由视为民主的核心基础，基于《欧洲人权公约》（1950年）建立了较为完备的人权保护体系。这一体系主要维护的是个体人权，涵盖了其中与语言相关的维度，如禁止基于语言的歧视，个体的言论自由，以及得到公正审判的权利等。当前，对语言相关权利的承认和保护是欧洲人权保护的核心要义之一，也是欧洲政治体制合法性的重要基础。鉴于民族主义曾在欧洲导致剧烈的族际冲突，因此对于少数民族权利的保障，在欧洲具有特殊的重要性。冷战结束之后，为了防止中东欧国家复杂的民族纠葛引发大规模冲突，保护欧洲大陆的安全与稳定，欧洲安全合作会议通过《新欧洲巴黎宪章》（1990年），明确规定："少数民族的权利必须作为普遍人权的一部分得到完全的尊重。"[1] 随后《欧洲保护少数民族框架公约》（1994年）明确赋予"少数民族"广泛的权利，包括与语言相关的文化权利。此后欧洲在区域和国家层面逐步建立了保护少数民族的专门机制，这一新的机制将尊重语言认同作为重要的工作内容，致力于在欧洲国家，特别是中东欧国家，消除潜在的族际冲突以及由此带

---

[1] 参见欧安组织网站，《新欧洲巴黎宪章》（1990年），下载地址：http://www.osce.org/mc/39516? download = true，2019-09-03下载。

来的战争风险。在欧洲语境下，对于小族语言的保护还有另外一套逻辑体系，那就是对文化多样性的保护和促进；有意思的是，这一话语体系主动避开人权或少数民族等敏感话题，自觉限于语言领域。比如《欧洲区域或小族语言宪章》（1992年，下称《语言宪章》）明确宣称，不赋予使用小族语言的个人或群体任何权利，而是聚焦于语言本身，是对语言多样化的一种承认、保护和促进。与此同时，欧盟《马斯特里赫特条约》（1992年）[①]"文化"部分第128条提出要尊重成员国的民族和地区多样性，同时彰显共同文化遗产。这一做法使语言保护避开易致冲突的权利问题，同时隐含了欧盟等区域性机构的深层次考虑，即通过尊重文化的多样性，加强欧洲整体认同的向心力。

在这种背景下，我们可以看到中东欧国家的语言管理理念包含两个方面，即一方面不遗余力提升国家语言的地位和应用，同时强调在不威胁国家语言地位的前提下，又大力宣传对语言多样性的保护。

三 建构策略：隐性策略和显性策略的结合

20世纪90年代后独立的这一批中东欧国家，总体上采取了传统的国家建构策略，即基于领土、人民和语言构建一个内部同质化的统一空间。从语言维度看，这一过程中主要是通过意识形态、元语言话语和语言本体规划来制造或强化与"他者"的差异，来对外建立语言边界并对内提升语言认同。我们根据传统语言政策规划的概念建立了一个观察的框架，大致可以从法律地位、本体规划、教育研究、领域应用四个方面来说明。这四个方面所采取的策略，可以分为显性和隐性策略，即一部分策略是通过积极行为来达成国家语言建构目的，另一部分策略则是通过消极不作为来促成目标达成。鉴于本研究在前面的章节中主要讨论了显性策略，这里略探讨

[①] 参见欧盟网站，网址：http://eur-lex.europa.eu/legal-content/EN/TXT/? uri = OJ：C：1992：191：TOC，2019 - 09 - 03访问。

一下隐性策略的使用。

（一）法律地位上选择性遗漏

在民族国家的语言地位等级中，显然是主体民族的语言地位最高而少数民族的语言次之，至于未获得国家认可的族群语言便更低。联合国教科文组织下设的世界文化与发展委员会曾依据"少数人"群体与地域的关系，将其划分为四类不同的人群[①]：土著民族、地域型少数民族、非地域型少数人群体、移民。这个类别划分体现了目前世界各国对于不同小族群体的保护力度，大体上来说，尽管同样属于"少数人"，但土著民族的语言权利受到的认可程度最高，而移民最低[②]。

在中东欧国家，各国一般通过立法的形式将主体民族的语言确立为官方语言或国家语言，同时在相关法律中对小族群体的语言权利进行一定程度的认可，而在这一过程中除了会忽视一部分使用群体较小的语言，还会针对一些较大的语言设置隐性歧视政策。

在斯洛伐克，斯洛伐克族政党占多数的政府已经使用各种立法手段对斯洛伐克语赋予至高的法律地位。同时，也通过一些隐性手段对匈牙利语的应用进行限制。1994年斯洛伐克民族主义政党"斯洛伐克民族党"参与组阁，推动了《斯洛伐克国家语言法》（1995年）的出台，该法在强调斯洛伐克语的广泛使用的同时，宣布少数民族语言的使用将由另法规定，但实际上该国并不存在《少数民族语言法》，而且在很长的一段时间内拒绝制定这样一部法律。欧洲委员会、欧安组织和欧盟在注意到这一问题后，都敦促斯洛伐克通过一部关于小族语言使用的法律，斯洛伐克政府起先承诺将进行立法准备，但一年之后又宣称没有必要另行立法。

---

① 参见世界文化与发展委员会：《文化多样性与人类的全面发展——世界文化与发展委员会报告》，张玉国译，广东人民出版社2006年版，第18页。

② Xabier Arzoz, "Accommodating Linguistic Difference: Five Normative Models of Language Rights", *European Constitutional Law Review*, Vol. 6, No. 1, 2010, p. 102; François Grin, *Language Policy Evaluation and the European Charter for Regional or Minority Languages*, Hampshire: Palgrave Macmillan, 2003, p. 69.

塞尔维亚在很长的一段时间内，没有成立专门的机构协调国家语言的规划管理工作。该国在 2021 年 9 月通过了《塞尔维亚语言在公共生活中的使用与西里尔字母的保护和保存法》，以保护发展塞尔维亚语和西里尔字母，促进其在公共生活中的使用①。这里需要注意的是，政府对于拉丁字母的使用没有进行专门的规定，而拉丁字母在私营领域占据着主导地位。显然，政府并不希望通过对拉丁字母的使用进行规范，因为这就意味着法定认可了其使用领域。

北马其顿在官方语言地位上经历了从唯一官方语言到承认第二官方语言的转变。毫无疑问，这种转变意味着马其顿语地位的相对下降。不过非常清楚的是即使是法律认可了阿尔巴尼亚语的官方语言地位，但该国《语言使用法》所规定的语言相关使用措施仍然主要是针对马其顿语而非阿尔巴尼亚语。可以说，这种对阿尔巴尼亚语的忽视，也是一种典型的隐性策略。

拉脱维亚的做法就更为明显，该国宣称尊重语言多样性等理念，但却拒绝赋予使用人数占总人口三分之一以上的俄语以第二官方语言地位。该国《国家语言法》规定，在拉脱维亚使用的任何拉脱维亚语之外的其他语言，除了土著利沃尼亚语之外，均应被视为外语。后来拉脱维亚授予乌克兰语、白俄罗斯语、爱沙尼亚语、罗姆语、德语等少数民族语言部分语言权利，以证明其对保护少数民族语言的决心。只不过在这些立法中，都刻意避开了俄语。这种有意的忽视就是一种典型的隐性语言规划。

（二）本体规划上强调纯洁主义

在中东欧国家，均试图通过编撰词典和百科全书等显性策略来固化本国语言相对于邻国语言的区别性特征。而同时，各国也试图通过对语言纯洁主义的宣扬来较为隐秘地强化本国语言的优秀品质。

在传统的国家建构范式中，标准语言及其"纯洁性"就被认为

---

① 参见塞尔维亚政府网站，网址：https://www.srbija.gov.rs/vest/en/177790/bill-on-use-of-serbian-language-protection-of-cyrillic-alphabet-adopted.php，2022 - 11 - 04 访问。

是创造归属感和忠诚度的有效手段。中东欧国家将标准的书面语言作为国家认同的重要组成部分，而对标准语的保护和发展是国家重要的政治活动。一种标准书面语所记录的材料会发展成档案馆和图书馆，进而成为持久的国家政权的精神核心。在历史上，一旦发生政权更迭就需要查封旧或销毁旧的记录，并创建新的档案馆以取代旧的书写。对于中东欧国家而言，要消解之前的国家语言，最有效的方式莫过于抹除旧有国家语言的记录痕迹，以此抹去民众对该语言及其所代表的历史的记忆。而要建立新的国家语言，就需要使用新的记录形式，建构新的记忆。这些操作方式并不限于中东欧，在西欧国家的政治更迭中同样发生过类似的事情，即国家权力渗透到所有的公共领域，用一种新的标准官方语取代某一地区传统上的其他书面语，同时通过大众教育和大众媒体普及新的形式，对旧的形式进行清算。

在中东欧地区，历史上各国的民族语言运动领袖均以编纂各自民族语言作为重要的任务。这种语言编纂往往是基于某种现有的方言或变体，吸收部分较旧的语言规范，重新整合汇编成一个新的标准体系。而这个新的语言标准，将成为新的国家记忆的载体，被定义成一种单独的语言。这种语言规范化的过程，一般是通过编纂标准语法和多卷本的大部头词典来实现的，此类词典经过官方指定的专家背书获得权威。新的语言规范被作为教育媒介引入学校，作为官方语言引入国家机关，作为标准语言被用于大众传媒，成为大众语言。这种语言往往消除了多中心语言可能的语音、语法和词汇多样性，或是新创出与邻近语言相异的形式特征，通过学校教科书、权威字典、学术期刊等平台，传播到全国普通民众之中。

我们所观察的斯洛伐克等四国，无一不成立了专门的科学院或指定专门的机构来监督各自国家语言的进一步标准化进程。词源词典、方言词典、新词词典、外来词词典和民族语言历史词典均会被纳入规划。而中东欧地区各国最重要的民族记忆建构手段，是本国的多卷通用百科全书，该百科全书必须通过该国自己民族语言的视角，概括本国及其眼中的世界最有价值的信息。最近数年各国均致力于将此类词典和百科全书电子化，以便于更便捷地被传播到普通民众之中。

除了这类显性策略，各国也通过政客演说、国家或政党纲领、媒体报道等形式传播语言纯洁主义的理念。在南斯拉夫联邦解体之前，塞尔维亚族和克罗地亚族可以较为自由地使用不同的发音变体，或者西里尔字母和拉丁字母。据说一个人可以用一种变体讲话，而用另一种变体写作，而不会遭到批评。但是在克罗地亚和塞尔维亚独立之后，所有的人都具备了一个排他性的民族身份，在语言上也必须有自己的归属。塞尔维亚和克罗地亚的政治和媒体话语中，开始传播语言纯粹主义的观念，宣扬通过语言体现对国家的忠诚。两国对各自的语言采取了差异化策略，并对国家语言的纯洁性进行监管，对错误进行惩罚。在塞尔维亚，主流官方媒体立即放弃了在印刷和字幕中同时使用拉丁字母和西里尔字母的做法，开始专门使用西里尔字母。在出版行业，国家为使用西里尔字母的出版社给予补贴。20世纪90年代初的克罗地亚广播电视台曾公开发行了一本手册，列出了其支持的克罗地亚语和不想要的"外国"词汇，并将反对这一语言政策的记者以不能说"正确的"克罗地亚语为借口解雇。这种通过语言意识形态对语言进行划界的做法，揭示了一个事实，即从外部对语言的划界，是与内部划界同时进行的[1]。官方当局会通过意识形态扩大外部差异化，同时增强内部同质化，使用语言实践作为群体归属的标记，在所有层面的语言实践中设置禁忌。

（三）语言教育中限制其他语言的使用

语言教育是推广一种新的语言标准，创造新的历史记忆的有效方式。一般情况下，只要5—10年即可创造出具有新的记忆的一代人。中东欧各国均在国家教育体系中推进国家语言的应用，而仅提

---

[1] Susan Gal, "Linguistic Theories and National Images in Nineteenth-century Hungary", in Susan Gal and Kathryn Woolard, eds. *Languages and Publics: The Making of Authority*, Manchester: St. Jerome Publishing, 2001, p. 37.

供有限的少数民族语言教育。

　　拉脱维亚的教育语言问题一度在国际上造成较大争议。拉脱维亚自2017年起试图将公立中等教育机构（10—12年级）的教学转向仅使用拉脱维亚语，而将包括俄语在内的少数民族语言、文化和传统相关的科目都取消。拉脱维亚教育和科学部强调，拉脱维亚重视不同民族文化的独特性和发展，但拉脱维亚语言和文化是拉脱维亚社会的基础，通过将拉脱维亚语作为唯一的教学语言，将会促进语言和民族认同以及社会融合[①]。拉脱维亚近年来在各级教育中，也就是在学前教育到高等教育中，都大幅减少少数民族语言的使用[②]。这种对教育语言的设计，正是通过对小族语言的压缩来突出国家语言的地位。

　　斯洛伐克宣称为所有公民的平等教育创造适当的条件，尤其是对于少数民族的语言教育。不过该国规定，使用少数民族语言作为教学语言的学校，必须将斯洛伐克语作为第二语言进行语言教学，并为少数民族学生编写斯洛伐克语言教材和文学教科书。斯洛伐克不同少数民族语言在教育和研究方面的发展程度差异也非常大，只有使用人数较多的匈牙利语、罗姆语、德语和乌克兰语等能在教育中有一定程度的应用，其他语言如保加利亚语、克罗地亚语和波兰语等语言尚未被引入教育体系。塞尔维亚也有类似的情形，即在《教育法》等法规中赋予所有儿童选择中小学教育语言的权利，然而在现实实践中并不能为小族语言的应用提供必要的保障。因此塞尔维亚被批评教育系统中将塞尔维亚语作为国家认同和统一的象征，而将其他语言视为对塞尔维亚文化遗产的威胁[③]。

[①] 参见拉脱维亚公共广播公司网站，"Government Okays Transition to Latvian as Sole Language at Schools in 2019"网址：https：//eng. lsm. lv/article/society/education/government-okays-transition-to-latvian-as-sole-language-at-schools-in-2019. a265290/，2022 – 11 – 04 访问。

[②] Aleksandr Kuzmin, ed., *Language Policy of Latvia*, Riga: Latvian Human Rights Committee, 2020, p. 4.

[③] Jelena Filipović, Julijana Vučo and Ljiljana Djurić, "Critical Review of Language Education Policies in Compulsory Primary and Secondary Education in Serbia", *Current Issues in Language Planning*, Vol. 8, No. 2, 2007, p. 222.

我们围绕斯洛伐克，观察了捷克、斯洛伐克、匈牙利和波兰在教育领域的国家语言建构措施。四国是中东欧地区社会经济发展水平相对较高的国家，长期以来都具有很高的文化自觉，试图立足于中东欧独特的文化土壤创造出新的人文思想，与英美文化传统相竞争[1]。各国在中世纪时使用拉丁语进行教学，在18世纪末19世纪初启蒙运动和民族觉醒时期都开始进行系统的国语教学，将语言作为民族—国家建构的工具。在社会主义时期，四国的国语教学受到语言平等主义的影响而有所倒退，在20世纪60年代的社会主义自由化尝试失败后更加遭到压制，进入所谓"正常化"时期[2]。苏联解体之后中欧各国均在20世纪90年代出现国语教学的反弹，而2004年加入欧盟之后欧洲一体化进程也不断倒逼各国必须在教育系统中强化国语教学以保持其文化身份，平衡英语、德语、法语等强势国际语言的侵蚀。我们在检视中欧国家外语教育政策的同时，必须将其国语教育政策纳入观察范围，通过比较确定两者的相对地位。各国主要包括课程计划改革和控制教材开发两个做法。

中欧各国强化国语的意图最终也需要通过具体课程的执行来实现，我们可以通过对各国课程计划中外语与国语所占的地位进行比较，来理解各国对国语和外语教学重要性的定位。

捷克斯洛伐克自1918年建国之后，就一直以国语教学作为国家斯拉夫化的核心手段，这一努力在二战期间曾因德国入侵遭到短暂打断，而另一个较为严重的干预来自苏联。苏联于1968年派军队强行中止了"布拉格之春"，随后20年内将捷克语在基础教育阶段总课时中的占比压缩在全欧洲最低水平[3]。20世纪90年代之后捷克对教育系统进行了深刻改革，其《捷克教育课程框架》（2007

---

[1] Marek Pieniążek and Stanislav Štěpáník, eds., *Teaching of National Languages in the V4 Countries*, Prague: Faculty of Education of Charles University in Prague, 2016, p. 12.

[2] MMarek Pieniążek and Stanislav Štěpáník, eds., *Teaching of National Languages in the V4 Countries*, Prague: Faculty of Education of Charles University in Prague, 2016, p. 38.

[3] Eurydice, *Key Data on Teaching Languages at School in Europe* (2017 Edition), Brussels: European Commission, 2017, p. 39.

年)"语言和语言交流"部分对"捷克语言文学""外语"和"第二外语"三门课程的最低月课时量进行了规定,确保在任何一个教育阶段捷克语的课时量都不低于任何一门外语,在小学阶段国语教学更是占据绝对优势(见表8-1)。

表8-1 捷克基础教育各阶段国语与外语最低月课时数[1]

科目\教育阶段	小学	初中	高中
捷克语言文学	35	15	12
外语	9	12	12
第二外语	无	6	12

斯洛伐克的情况则较为独特,该国自9世纪末就被匈牙利占领,因此直至1918年奥匈帝国解体,斯洛伐克的教学语言一直是拉丁语和匈牙利语。1918年捷克斯洛伐克成立之后,斯洛伐克语被融入捷克斯洛伐克语的概念,被迫向捷克语靠拢,甚至不能享受小族群体所享有的建立本族语学校的权利。这一状况在1969年捷克斯洛伐克改为社会主义联邦共和国之后得到改观,斯洛伐克语成为斯洛伐克境内的官方教育语言。1993年独立之后,斯洛伐克的国家课程大纲所规定的斯洛伐克语教学时间远超第一外语,并且将第二外语的开始时间设定得较晚(具体见表8-2)。

表8-2 斯洛伐克基础教育各年级国语与外语最低周课时[2]

科目\年级	1	2	3	4	5	6	7	8	9	10	11	12	13
斯洛伐克语言文学	9	8	7	7	5	5	4	5	5	3	3	3	3

---

[1] Marek Pieniążek and Stanislav Štěpáník, eds., *Teaching of National Languages in the V4 Countries*, Prague: Faculty of Education of Charles University in Prague, 2016, p.42.

[2] Marek Pieniążek and Stanislav Štěpáník, eds., *Teaching of National Languages in the V4 Countries*, Prague: Faculty of Education of Charles University in Prague, 2016, p.143.

第七章 中东欧"国家语言"消解与建构行为群像勾勒 | 259

续表

科目＼年级	1	2	3	4	5	6	7	8	9	10	11	12	13
第一外语（英语）	0	0	3	3	3	3	3	3	3	3	3	4	4
第二外语	0	0	0	0	0	0	0	0	0	3	3	3	3

匈牙利的国语教学主要是在"母语教育"这一概念下进行的，其《国家核心课程》指出"充分的母语知识可以促进外语的学习"，同时该文件规定母语教育的目标包括："1—4 年级应能区分母语与外语；5—8 年级应能比较母语与外语知识；9—12 年级应能依赖于一般语言学知识比较母语与一门外语的特征。"[1] 可见母语教育是语言教学中毫无疑问的核心目标，而外语学习只是一个延伸内容。波兰自转型以来则进行了多次课程改革，试图强化波兰语在各教育阶段的学习，不过由于政府缺乏稳定的改革思路，很多决策都是出于短期政治考虑，因此过于频繁的改革反而破坏了良好的波兰语教学传统，导致波兰语在一定程度上受到了削弱。但我们如果把另一门核心课程"数学"的课时量同时纳入考虑，就会发现包括波兰在内的中欧各国虽然将外语学习的时间提前，但都确保国语教育在基础教育的低年级阶段占据绝对优势（见表 8-3）。

表 8-3 中欧国家小学阶段（10 岁）母语和外语年课时量对比[2]

国家	国语 课时	国语 比例	数学 课时	数学 比例	外语 课时	外语 比例
捷克	201	28%	148	20%	89	12%
斯洛伐克	144	19%	144	19%	115	15%
波兰	166	26%	138	22%	（未规定）	

---

[1] Marek Pieniążek and Stanislav Štěpáník, eds., *Teaching of National Languages in the V4 Countries*, Prague: Faculty of Education of Charles University in Prague, 2016, p. 34.

[2] Eurydice, *Foreign Language Teaching in Schools in Europe*, Brussels: European Commission, 2001, p. 110.

中欧各国对语言教育的管理还体现在对教材的控制上,这种控制主要包括对出版机构的管理和对教材内容的审查等方面,既有本体规划的作用,也有地位规划的考虑。

各国在社会主义时期的教材都由中央政府控制的唯一一家出版机构制作发行,转型之后曾允许自由化发展,但最近又有收归中央管理的趋势。集中化程度最高的是斯洛伐克,该国即使是在转型之后,全国也仅有一家教材出版机构。斯洛伐克教材的出版经费和购买经费都由教育部承担,教材的购买和分发也由教育部负责,教材内容则接受教育部审查,每个年级只有1套斯洛伐克语教材,确保了斯洛伐克语教学在全国范围内保持统一。匈牙利在90年代初转型之后,曾开放教材市场,涌现出很多体现新的教学理念和教学技术的新教材。2011年通过新宪法之后,匈牙利也出现了对教材集中化管理的趋势,国家通过发布官方认可的教材名单对教材出版进行控制。自2015年起,匈牙利对主要教材出版公司进行合并和改名,对所有教材内容进行更新,其中一个重要目标是对匈牙利语进行标准化,以保持国家稳定,强化民族文化符号。波兰教育部也对波兰语教材有审核,并且自2017/2018学年起,政府将给予学校补贴购买教材,以加强对教材的控制。捷克政府则是通过颁发许可对教材进行较为宽松的控制,如今共有9种小学教材,6种初中教材,4种高中教材[1]。在转型之后,尽管中欧各国在教育管理方面均出现了一定程度的去中心化倾向,赋予地方和学校一定的办学自主权,但各国均保持了较高的国家认同强化意识,在涉及国语标准和国族共同记忆建构的教材开发方面仍保持了较高的控制力度。

四　建构效果:成功经验与失败教训的总结

对于中东欧国家而言,衡量国家语言建构效果的终极指标就是

---

[1] Marek Pieniążek and Stanislav Štěpánìk, eds., *Teaching of National Languages in the V4 Countries*, Prague: Faculty of Education of Charles University in Prague, 2016, p. 47.

看其是否促进了国家认同的建构，是否提升了国内公民的语言文化同质化程度。而各国语言建构的过程及其具体措施，都是基于本国历史和现实条件作出的选择，有很大的差异。

以斯洛伐克为例，斯洛伐克政府，或者说斯洛伐克政府内的民族主义力量，20余年来顶住国内小族群体以及国际组织的压力，不遗余力维护斯洛伐克语的地位，将其作为国族核心特征予以保护，取得了较大的进展，但也导致了一些负面效应。

从正面看，斯洛伐克的做法团结了国内民族主义政治力量，保持了政局的稳定。斯洛伐克作为一个从一党制国家中脱离出来的新生国家，其政党制度和民主水平仍处于初步发展阶段。与捷克的政党可以按从左至右的政治光谱进行排列不同，斯洛伐克政党的区别在很大程度上取决于其在民族问题上的立场[1]；同时该国的政治生活中充斥着高层政治人物之间的对立冲突与私人恩怨[2]。在立国之初，尽管有不少民族主义和民粹主义政党声势较大，如"民主斯洛伐克运动"（Movement for a Democratic Slovakia）和"斯洛伐克民族党"（Slovak National Party）等，但无一能在议会取得多数优势。但这些政党通过推进斯洛伐克语的国语地位这一共同关切结成了联盟，在客观上确保了民族主义力量的执政，维持了政局的稳定。同时这种做法也切实提高了斯洛伐克语的地位，促进了国族身份的构建。斯洛伐克语从斯洛伐克族的民族语言，一跃而成为官方语言，后又提升为国家语言，被表述为斯洛伐克民族的核心特征。如今斯洛伐克语是事实上的国家通用语言和国族标识，使用人数稳步增长，可以说是斯洛伐克国族建设的一个重大成果。斯洛伐克语在匈牙利族聚居地区也得到了广泛应用；而匈牙利语虽然顽强生存，但面临着斯洛伐克语的全面压制，长期以来经历着缓慢的衰退，使用

---

[1] Sharon L. Wolchik, "Democratization and Political Participation in Slovakia", in Karen Dawisha and Bruce Parrott, eds., *The Consolidation of Democracy in East-Central Europe*, Cambridge: Cambridge University Press, 1997, p. 197.

[2] Farimah Daftary and Kinga Gál, *The New Slovak Language Law: Internal Or External Politics?*, European Centre for Minority Issues, 2000, p. 15.

人数从未增长。

但如果从反面看，斯洛伐克对于斯洛伐克语的强力推进并非一场全无损失的完胜，实际上在较长时期内对于国家形象的一致性和美誉度也造成了一定损害。首先是激化了国内的族际冲突，短期内必然削弱小族群体对国家的认同。斯洛伐克语的扩张导致小族语言的生存空间遭到全面压制，激起了以匈牙利族为主的各小族群体的强烈抗议。匈牙利族与斯洛伐克族就民族聚居市镇的地名标识，出生和结婚证明的语言使用，教科书匈牙利语地名的使用等问题发生了大量激烈的争论。在20世纪90年代的斯洛伐克，几乎所有的匈牙利人都曾因在公共场合，如公交车、商场、饭店等场合使用匈牙利语而被告诫"在斯洛伐克请使用斯洛伐克语"的经历①。这使匈牙利族质疑斯洛伐克族在其聚居区的统治合法性，带动其他小族群体与政府进行对抗，在匈牙利族中甚至出现了回归匈牙利的言论。第二是恶化了与邻国关系，导致邻国的批评与指责。匈牙利与斯洛伐克紧邻，该国在第一次世界大战战败后有大量匈牙利人居住的领土被划归他国，但一直将保护境外匈牙利裔人利益视为本国的当然义务。匈牙利在斯洛伐克通过《国家语言法》（1995）以及后来对其进行修改（2009）时，均做出了激烈的反应，导致两国关系紧张。尽管两国在国际社会斡旋下签署了《斯匈双边睦邻友好合作条约》（1997年生效），明确规定在各自境内保护对方族裔"在私人和公共领域使用母语的权利"，但该条约并未发挥各方期待的作用，反而导致了双方在条款解读方面的争议②。这种冲突则导致匈牙利通过秘密渠道对斯洛伐克境内的匈牙利族提供更多的支持③，阻滞和削弱其国族身份构建的进程。第三个严重的后果是国际形象受

---

① 笔者在斯洛伐克进行实地调查时当地学者语。
② Farimah Daftary and Kinga Gál, *The New Slovak Language Law: Internal Or External Politics?*, Flensburg: European Centre for Minority Issues, 2000, p. 36.
③ Adrienn Győry, *The Slovak State Language Law and the Accomodation of Minority Rights: The Impact of International Organizations on the Resolution of Language Disputes*, Budapest: Central European University, Master Thesis, 2011.

损，受到国际社会孤立。斯洛伐克不顾国际社会的严重关切，一意孤行通过《国家语言法》（1995），之后立即遭到了各方的批评。欧盟等机构质疑斯洛伐克政府的民主程度，对其在人权保护方面的消极行为给出负面的评估，甚至一度停止对斯洛伐克的援助。《民族语言使用法》（1999年）通过之后欧盟委员会曾对斯洛伐克表示了一定程度的肯定，称其小族权利保护领域取得了重要的进展[1]；有人[2]不无调侃地评论，该报告对于斯洛伐克意义非凡，因为这是第一次有国际组织的评价与斯洛伐克政府的自我评价相一致。斯洛伐克政府在这一问题上的反复无常也使其国际信誉受到损害，比如曾一度向国际社会承诺将制定《民族语言使用法》，后又否认其必要性[3]；2009年修改《国家语言法》，对于小族语言的压制变本加厉，再次引发了国际范围内的批评，这种负面影响至今仍在。

总体而言，中东欧地区的小族群体正缓慢转向国家主体民族的语言，无论国家是否执行了较为严格的同化措施。关于捷克的研究也显示，尽管该国在近期历史中，没有证据表明有显性的同化压力要求任何人放弃其民族身份，但捷克社会中的大部分民族还是在发生着同化[4]。对此一个可能的解释是，中东欧地区的国家仍然处在现代化过程中，而现代国家在根本上是有较强的同化性力量的，而且无论是主体社会，还是少数人群体都认为同化是一件正常的事情，安静地或自愿地推动着同化，不将同化作为一个悲剧性的事情。在西欧和北美所提倡的后现代主义的多元文化的意识形态是在

---

[1] 参见欧盟网站，网址：http//europa.eu.int/comm/enlargement/slovakia/rep-10-99/b13.htm，2022-10-23访问。

[2] Martina Pisárová, "EC Report Crowning Achievement of 1999", *The Slovak Spectator* (Dec 20, 1999), https://spectator.sme.sk/c/20009279/ec-report-crowning-achievement-of-1999.html.

[3] Farimah Daftary and Kinga Gál, *The New Slovak Language Law: Internal Or External Politics?*, Flensburg: European Centre for Minority Issues, 2000.

[4] Jiří V. Neustupný and Jiří Nekvapil, "Language Management in the Czech Republic", *Current Issues in Language Planning*, Vol. 4, No. 3-4, 2003, p. 181.

20世纪90年代后才传到中东欧的,而且至今也还没有完全立足[1]。中东欧国家的语言政策、法律制度、学校教育、社会环境以及国家语言的认同优势、语言活力和语言能力等因素都促使少数民族转向国家语言。

斯洛伐克的调查显示,少数民族中学生对于斯洛伐克语具有较以往更高的认同,部分匈牙利族成员在有选择的情况下会将子女送入斯洛伐克语学校[2],这也印证了匈牙利族具有异常高的同化倾向这一研究结果[3]。拉脱维亚的调查显示,尽管日常交流中的语言使用变化很小,俄罗斯族依然在社会生活中主要使用俄语,但普查结果显示近年来以拉脱维亚语为母语的人群比例略有上升,而且更多的俄罗斯族正把子女送入拉脱维亚语学校。

塞尔维亚的国家语言认同建构面临着一些挑战,其中最主要的是西里尔字母的使用率在年轻人和私营领域下降的问题。该国存在的"双文双语"的现象导致了内部人群的分裂,即所谓的"强大的外部认同;软弱的内部认同"[4],而这显然是不利于提升国民同质性程度的。北马其顿因迫切加入欧盟的愿望,对少数民族语言,特别是阿尔巴尼亚语给予了第二官方语言的地位。这从短期看缓解了民族冲突,不过从长远看将会带来国家语言认同建构方面的重大挑战。与此同时,北马其顿除阿尔巴尼亚族之外的其他弱势小族群体,也正发生着向马其顿语的转用。

有意思的是,有的少数民族是在回到母国,却被母国人群视为外来者之后,表现出对国籍所在国官方语言的更高认同。比如斯洛伐克的匈牙利族,去匈牙利后被匈牙利本地人视为外来者予以排

---

[1] Jiří V. Neustupný and Jiří Nekvapil, "Language Management in the Czech Republic", *Current Issues in Language Planning*, Vol. 4, No. 3 - 4, 2003, p. 181.

[2] Zuzana Kusa, David Kostlan, Peter Dral and Jurina Rusnakova, *Ethnic Differences in Education in Slovakia: Survey Report*, Budapest: Edumigrom, 2010, p. 36.

[3] László Gyurgyík, L, *A Szlovákiai Magyarság Demográfiai Folyamatai 1989-től 2011-ig: Különös Tekintettel a 2001-től Napjainkig Tartó Időszakra*, Somorja: Fórum Kisebbségkutató Intézet, 2014, p. 87.

[4] Ranko Bugarski, *Jezik u Drustvenoj Krizi*, Belgrade: Cigoja, 1997, p. 35.

斥、对其匈牙利方言表示难以理解，并表现出歧视性态度，令匈牙利族感到失望。捷克的德意志族据说在德国人面前不好意思开口讲德语，因为他们知道他们的德语有较重的捷克口音。实际上在中东欧多国还存在这样一个群体，他们在第二次世界大战期间曾因各种原因被迁到苏联，冷战结束后回到母国，但其语言却因带有奇怪的口音而遭到歧视。这也揭示了一种过强的语言认同所带来的排外副作用，甚至可能对带有口音的本族语也产生连带歧视。

就从建构策略看，各国的实践既有类似的地方也有差异较大之处，显示出在国家语言的建构方面需要根据各国具体情况采取地方化的措施。

从法律地位上看，中东欧各国均通过立法手段赋予国家语言以最高的法律地位，但其相对地位往往取决于主体民族和少数民族之间的力量消长变化，从各国对语言法的反复修订也可以看出各国境内不同语言力量之间的博弈。斯洛伐克从《官方语言法》提升到《国家语言法》，后又对《国家语言法》进行多次修订。斯洛伐克本来不欲制定《少数民族语言法》，迫于国内外压力而制定，又在政府换届后进行修订，就是因为《少数民族语言法》影响了斯洛伐克语的相对地位。塞尔维亚于2021年制定《塞尔维亚语言在公共生活中的使用与西里尔字母的保护和保存法》是对西里尔字母受到威胁的被动应对。拉脱维亚于2018年修订《国家语言法》进一步挤压少数民族语言在教育等领域的使用地位，则是对俄语的持续定向降级。北马其顿赋予阿尔巴尼亚语第二官方语言地位，承诺在全国范围内使用阿尔巴尼亚语，实际上造成了马其顿语地位的相对下降。

从本体规划上看，各国的主要行动是关于各类词典、多卷本语法书、大部头百科全书的编撰，并通过教育、媒体等渠道将规范化的语言进行传播。值得注意的是，这些词典、语法和百科全书的编撰，并不是纯粹的学术研究，而是具有意识形态任务的。比如斯洛伐克7卷本的《斯洛伐克语历史词典》（1991—2005）就将18世纪甚至更早的一些斯拉夫词汇都纳入那时还不存在的斯洛伐克语，以支撑斯洛伐克《宪法》中所声称的千年历史。塞尔维亚对西里尔字母的坚持,并非因为其方便易用,而是因为它能体现与周边国家的区别性特征,是一个纯粹的政治选择。北马其顿近年来由文化部支持的数个重大项目,包括6卷本《马其顿语解释词典》编撰、6卷本的《马其顿语分类词典》编撰、135册马其顿文学作品外译、1000本英美高校教材内译等工作都由文化部长亲自背书,在全球举办推广活动,用其证实马其顿语独一无二、与众不同的特质与价值①,其政治意图非常明显。拉脱维亚国家百科全书项目由文化部长领导的国家百科全书理事会负责监督,聘请全国55名专家组成编辑委员会,聚焦于拉脱维亚过去30年的独立和复兴历程,其目的显然不仅是知识整理而是国家历史的重构。

从教育、媒体、行政等领域应用上看,各国的做法基本一致,即尽量扩大国家语言的应用范围,并在有限程度上赋予小族语言的应用权利,不过在实践中小族语言权利的实现程度又是另一回事。

中东欧国家均承诺对境内少数民族语言或部分语言提供母语教育,但对于不同语言支持力度大有不同。斯洛伐克不同少数民族语言在教育和研究方面的发展程度差异非常大,目前主要是匈牙利语等少数语言能在教育中有一定程度的应用,其他语言如保加利亚语等使用人数较少的语言基本没有被引入教育体系。欧洲委员会专家委员会多次敦促斯洛伐克成立一个全国性的少数民族语言教学督导中心,定期对全国的少数民族语言教学情况进行评估,并对外公布评估结果。但斯洛伐克政府至今没有成立这样一个中心,只是将该工作纳入国家教育视察工作,每年做一个内部报告②。塞尔维亚也有类似情况,使用小族语言接受教育的权利,受到相关法律的保障,然而在现实实践中不同语言所受到的重视程度并不相同,因为教育系统中默认将塞尔维亚语作为国家认同和统一的象征,将与其

---

① 参见北马其顿国家官方网站,网址:https://vlada.mk/node/10377? ln = en-gb,2022 - 11 - 12访问。
② 本小节数据均来自斯洛伐克第三轮《宪章》国家报告(2012),"教育"部分。

他语言的相互影响视为对塞尔维亚文化遗产的威胁[1]。北马其顿近年来对阿尔巴尼亚语的教育有一定提升，不过鉴于该国还未加入欧盟，其措施能否持久还要看其加入欧盟后的表现。拉脱维亚的教育语言问题则是一个更为有力的证据，即有的民族国家政府一旦认为某小族语言对主体民族语言形成了较大威胁，便会几乎光明正大地对其进行限制。

从法律条文上看，中东欧各国对于小族语言在司法、行政和公共管理等领域的使用均有较为全面的规定，并赋予较为充分的权利，但在实际应用中小族语言的使用概率很低，并未如各国承诺的那样获得实现。在司法诉讼过程中，无论是刑事诉讼还是民事诉讼，被告人使用其理解的语言参与审讯的权利一般都能得到满足。这在一定程度上因为得到公正审判的权利是人权中非常核心的重要部分，如果无法使用被告能理解的语言公正性会受到很大的质疑。但实际上在很多国家绝大部分小族群体成员在诉讼中并无权选择其母语，只有在其不会官方语言的情况下才能使用民族语言。欧洲委员会多次敦促中东欧各国在诉讼过程中取消"不会使用官方语言"这一限制，赋予被告人自由选择语言的权利，但很少得到积极回应。

在传媒、文化、经济活动、宗教活动、家庭等领域方面，各国都能给予少数民族语言一定程度的支持。鉴于这些都属于私人活动领域，国家权力一般很难侵入，要推广国家语言只能进行间接引导。比如塞尔维亚对在商业活动中使用西里尔字母的公司进行税务减免和补贴等激励措施。而拉脱维亚在1997年坚持要修订《语言法》以扩大政府对私营企业语言使用的管制，要求私营企业在日常运营中也使用拉脱维亚语，遭到了极大的抵制。欧洲委员会、欧盟、欧安组织等均批评该草案未将公共和私人领域区分开，涉嫌侵犯人权。

---

[1] Jelena Filipović, Julijana Vučo and Ljiljana Djurić, "Critical Review of Language Education Policies in Compulsory Primary and Secondary Education in Serbia", *Current Issues in Language Planning*, Vol. 8, No. 2, 2007, p. 222.

第八章

中东欧"国家语言"建构的时代特征

第一节 语言建构目标与国家转型步伐相一致

中东欧国家自20世纪90年代以来最重要的社会背景就是社会大转型，各国开展的"国家语言"建构工作，与民族国家地位的建构相互纠缠，共同面临着一系列同步发生的转型挑战——两个超级大国所主导的两极分裂世界的终结，导致英语在全球范围内一家独大；欧洲一体化的加速，推动欧洲各国外语教育的发展；全球化对世界资源的重新配置和反全球化力量的兴起，导致西欧国家对东欧劳动力和市场的争夺，催生语言培训市场兴起；欧洲范围内经济领域的放松管制，导致多语竞争加剧；欧洲人口自由流动导致的语言"超级多样性"现象。各国都试图在这一转型背景下增强统一语言的向心力量，但各国可用的手段已经不同于以往，需要跟国家转型的步伐保持一致，即向英美等西方国家所倡导的所谓西式民主和市场经济体制①靠拢，在语言领域的规划服从于这一总体目标，从政

---

① Jens Lowitzsch and Pal Pacherowa, "Das novellierte polnische und slowakische Insolvenzrecht [The Amended Polish and Slovak Insolvency Law]", *Zeitschrift Für Ostrecht Und Rechtsvergleichung* [*Journal of Eastern and Comparative Law*], 1998, No. 6, p. 211.

治、司法、文化、传媒、教育等方面向西方设定的欧盟标准靠拢。

在中东欧地区，实际上已经有接近一个世纪的语言同质化推进进程。1918年第一次世界大战结束后，以及1945年第二次世界大战结束后，英、法和美、苏等列强操纵下的边界划分导致了该地区大量的人口成为少数民族①，大部分国家都存在着相当数量成分复杂的少数民族。自1918年以来，该地区经历了强制教育、独裁统治、极权主义、强制边界变更、大规模驱逐、少数民族人口分散安置、强迫移民人口交换甚至大屠杀等种种遭遇，地区的社会和文化现实发生显著改变，部分国家的民族同质性得到了提升。但在20世纪后半叶，人权话语、多元主义理念、无处不在的电子大众媒体的兴起，使上述曾经有效的人口纯化手段变得不再可能。民族国家的建构，包括国家语言的建构，需要遵循新的意识形态、采取新的措施方法，并重新定义国家语言认同的内涵。

通过自上而下的方式建构单语主义的民族国家，在中东欧地区的政界和文化界，如今依然有很大的市场，但在国家转型的大背景下，也有精英分子提出全球化条件下新的语言价值定位。传统主义话语认为国家认同是建立在同质化的社会群体之上的，通过鼓吹语言保守主义和纯粹主义强调使用规范的标准语言承载宗教和道德价值。现代化主义则将语言作为促进民族团结和凝聚力的一个工具，认为现代化的民族国家是国家通过语言等手段建构的结果，倡导通过语言建构强化国家建构。全球化主义则将经济活动视为语言行为价值化的关键因素，力图促进语言多样性、文化多样性以及文化和语言资源的商业化。在中东欧地区，这三种理念同时存在，对民族国家的语言建构理念形成不同程度的撕扯，但在公共话语层面各国都对全球化主义理念表示支持。

总体而言，中东欧国家的国家语言建构都服从于国家转型的战略任务，管理主体更为多层、管理理念更为多元、管理方式趋向法

---

① 朱晓中：《东欧民族主义的复兴及其原因》，《东欧中亚研究》1992年第4期。

治、管理环境更为开放，可以看出各国民族政府虽然倾心于"国家、民族、语言同构"的理想国家建构模式，但都保持了很大程度的克制，尽力满足欧盟等国际机构提出的条件，认可欧盟的理念，并进行制度改革，在不影响加入欧盟的前提下开展国家语言强化工作。

第二节　语言关系与国际国内关系相交缠

在中东欧国家进行"国家语言"建构的过程中，有三大参与方具有足够力量影响这一规划进程，即以英美和西欧国家为主导的国际力量、中东欧各国的民族国家政府和各国境内的小族群体。中东欧各国国家认同建构的任务驱使着主体民族迫切地强化"自我"身份特征，但同时又要平衡好与国际组织、毗邻国家和小族群体这些"他者"的关系，以增强最大多数国民的向心力而非离心力。

中东欧国家要加入北约和欧盟等西方国家主导的区域组织和西欧共同市场，就意味着要接受欧盟、欧洲委员会、欧安组织等国际组织的规范和约束，还要在国内培养足够的外语人才以加强与西方国家的交流。以英美德法等传统强国为代表的西方力量，则希望在政治和体制上将影响扩大到中东欧国家，同时获得该地区广阔的市场和充裕的劳动力，而语言的推广是实现这两大目标的一个重要条件。这一战略需求与欧洲一体化进程相呼应，转化为欧盟官方的多语化政策，如"在校学生必须学习两门欧洲国家的语言"等（European Commission，1995）。这大大增加了英语、德语、法语等国际化语言在中东欧地区的市场价值与吸引力，西欧各国的资本力量纷纷进入中东欧国家，促成了遍地开花的双语学校。这也导致英语、德语、法语、意大利语等西欧语言在语言市场上的存在度很高，对中东欧各国小族语言甚至官方语言形成事实上的挤压态势。

但中东欧国家,特别是社会经济发展水平相对较高的中欧国家,长期以来都具有很高的文化自觉,试图立足于中东欧独特的文化土壤创造出足以与英美文化传统相竞争的人文思想[1]。中东欧各国从宪法表述上看大都属于民族国家,国家事务一般由一个主体民族所主导,并主要践行单语主义意识形态。中东欧地区部分国家在18世纪末19世纪初启蒙运动和民族觉醒时期便开始进行系统的国语教学,将语言作为民族—国家建构的工具。这些国家在社会主义时期的国家语言教学受到苏联语言平等主义的影响而有所倒退[2],但在苏联解体之后出现强力反弹。2004年加入欧盟之后,欧洲一体化进程也不断倒逼各国必须在教育系统中强化国语教学以保持其文化身份,平衡强势国际语言的侵蚀。各国均利用国家权力对其国语进行"合法化"(legitimation)和"制度化"(institutionalization)[3],不可避免地与国际语言和小族语言形成了一定竞争态势。

小族群体的利益诉求是左右中东欧国家语言政策的另一个重要力量。中东欧各国境内大都存在着很高比例的少数民族[4],各国小族群体与主体民族的关系极为复杂,是各国治理中的一大挑战[5]。欧盟声称"平等对待少数民族是统一的新欧洲的基石"[6],具有潜在民族争端的中东欧国家在申请加入欧盟的过程中需要被迫接受比西欧国家更为严苛的人权和民族政策标准,建立更为系统和彻底的人权和少数民族权利保护机制。小族群体使用母语接受教育的权利

---

[1] Marek Pieniążek and Stanislav Štěpáník, eds., *Teaching of National Languages in the V4 Countries*, Prague: Charles University, 2016, p. 12.

[2] Marek Pieniążek and Stanislav Štěpáník, eds., *Teaching of National Languages in the V4 Countries*, Prague: Charles University, 2016, p. 38.

[3] Stephen May, *Language and Minority Rights: Ethnicity, Nationalism and the Politics of Language*, London: Routledge, 2013, p. 32.

[4] Raymond Pearson, *National Minorities in Eastern Europe: 1848–1945*, London: Macmillan, 1983, p. 148.

[5] Stephan M. Horak, *Eastern European National Minorities, 1919–80: A Handbook*, Littleton, Colorado: Libraries Unlimited, 1984, p. 4.

[6] James A. Goldston, "Roma Rights, Roma Wrongs", *Foreign Affairs*, Vol. 81, No. 2, 2002, p. 146.

被视为保存和延续其文化身份的核心方式[1]，欧洲委员会和欧安组织均把维护小族群体的母语教育权利视为维护地区稳定和减少潜在冲突的重要措施。《欧洲区域或小族语言宪章》（1992年）和《欧洲保护少数民族框架公约》（1994年）机制的实施使中东欧各国政府不得不接受其国际义务的制约。中东欧国家的小族群体因此获得了较为完善的权利保障，得以在和国家语言和国际语言的竞争中获得更多的资源并使用各种法律手段维护其族群利益。同时，中东欧各国境内的小族群体一般还能在毗邻的母国得到支持。中东欧国家在小族语言问题的处理上，实际上需要同时处理与国际组织、周边邻国和境内小族群体的关系，其政策取向均是在考虑了历史和现实纠葛后所做出的不同权衡。

在全球化不断深化发展的条件下，要保持甚至提升语言使用的同质化程度，变得非常困难。人员流动、信息交流比过去更为频繁，形式更为多样，方向更为多元，不再像过去那样以国家公共组织为中心。这使民族国家政府很难顺理成章地保持在经济、文化和政治秩序中的中心地位。后现代话语的传播，使多元文化成为主流的国际价值，边缘人群成为注意的焦点。跨国公司成为经济活动的主导角色，其对社会生活的影响能力甚至不亚于民族国家政府。社会干预的权力从国家机构向私营企业转移，特别是在大众传媒和社交媒体领域。传统的国家公权力无法侵入私人活动领地，而媒体和通信业巨头则可以通过企业合并、战略联盟以及媒体和通信娱乐业的融合，改变信息传播的方式。在此背景下，国家在语言政策的制定和实施中的核心地位正受到挑战，而得以参与这一活动的主体则大幅增加。超国家层面的欧洲委员会、欧盟、欧安组织均对中东欧国家的语言政策形成有效干预和制约。国内小族群体则被赋予了更多的自治和参政议政权利，以语言权利等话语为依托声索更多的权

---

[1] Mary E. McIntosh, Martha Abele, Mac Iver, Daniel G. Abele and David B. Nolle, "Minority Rights and Majority Rule: Ethnic Tolerance in Romania and Bulgaria", *Social Forces*, Vol. 73, No. 3, 1995, p. 939.

利。如今中东欧各国的国家语言建构还面临着如下一些新的挑战：

第一，移民语言权利需要给予更多认可，各国均需妥善处理与周边国家关系。在2022年俄乌冲突发生后，大量难民涌向欧盟国家，移民语言权利的问题也显得更为急迫。欧洲具有悠久的人口迁徙历史，现代欧洲国家仍然持续接受外来移民，包括来自其他欧洲国家和欧洲以外的人群。2013年欧洲移民总数达7200余万，约占欧洲总人口的9.8%[1]，在很多国家移民的数量已经接近或超过法定少数民族的人口总量，而这一趋势在未来较长时间内仍将持续甚至加速。传统观念认为移民会放弃自己的语言，并转用目的国的官方语言，因为移民选择离开祖国就是自愿放弃了与其原国籍相关的权利[2]，欧洲现有法律框架对于移民群体的语言权利也采取了一种有意忽视的做法，希望会通过自然的过程同化这一群体。但近年来这一做法正在理论和实践上遭到挑战。在理论上，很多学者支持移民作为"少数人"群体，不仅应享有不受歧视的传统个体人权，也应享有国家的"承认性权利"[3]；同时他们也是潜在的长期公民，有权提出文化方面的权利主张[4]。在实际操作中，很多移民群体与世居少数民族同属一个民族，政府基本没有办法区分他们抵达的先后时间[5]。近年来大量移民群体呼吁在融入主体社会的同时保留其民族身份[6]，

---

[1] 参见联合国网站，联合国经济和社会事务部人口司报告，网址：http://www.un.org/en/development/desa/population/migration/data/estimates2/estimatestotal.shtml，2022-10-07访问。

[2] Will Kymlicka and Alan Patten, "Language Rights and Political Theory", *Annual Review of Applied Linguistics*, Vol. 23, 2003, p. 3.

[3] Will Kymlicka and Alan Patten, "Language Rights and Political Theory", *Annual Review of Applied Linguistics*, Vol. 23, 2003, p. 3.

[4] Bhikhu Parekh, *Rethinking Multiculturalism: Cultural Diversity and Political Theory*, Cambridge, MA: Harvard University Press, 2002, p. 103.

[5] Thomas Pogge, "Accommodation Rights for Hispanics in the U.S.", in Will Kymlicka & Alan Patten, eds., *Language Rights and Political Theory*, Oxford: Oxford University Press, 2003, p. 52.

[6] Will Kymlicka, & Patten, Alan, "Language Rights and Political Theory", *Annual Review of Applied Linguistics*, Vol. 23, 2003, p. 3.

欧盟开始在口头上对移民语言给予更多的承认[1]。

第二，国家语言面临内外压力，中小规模国家难以保持其国家语言的国际存在感。语言竞争中的马太效应使优势语言正获得越来越大的优势，而弱势语言的生存空间则持续受到挤压。在欧盟内部，英语的强势地位给法语、德语、西班牙语等语言施加了强大的压力，而这些较大语言又给小国语言和小族语言带来威胁。欧盟尽管有多达24种的官方语言，但各种语言的使用情况并不相同。德语、法语、英语、意大利语、西班牙语和波兰语是使用人数最多的6种语言，其中英语、法语和德语最为强势：英语是事实上的通用语言，法语已被很多机构确立为工作语言，德语是使用人数最多的语言。这三种语言都拥有强大的推广机构，英语是英国文化委员会，法语有法语联盟，德语有歌德学院；相比之下，很多中东欧语言则基本没有机构在国外进行语言推广，即使是在周边国家也很难说得上有什么影响力。

第三，多语主义理念难以实现，欧盟多语制在很多领域停留于纸面。多语制是欧盟自1957年欧共体成立之初就在法律上予以认定，并在行政和组织架构上系统执行的一项基本原则，然而多语制的推行正面临着效率和成本的考验。2009年生效的《里斯本条约》最终条款第7条[2]确立了所有语言版本的欧盟基础性条约同等有效的原则，欧洲法院随后明确指出这一原则适用于欧盟的次级立法[3]。欧盟机构中仅欧盟委员会每年就需翻译150万页资料，除了极高的翻译成本，法律翻译也存在难以克服的困难：欧盟新创的法律概念具有模糊性，难以翻译成各国语言；欧盟法律概念与各国术语之间

---

[1] 参见欧盟网站，欧盟多语主义专员2008年6月11日的讲话，网址：http://ec.europa.eu/commission_barroso/orban/news/docs/speeches/080611_Brussels/EN_Speech_launch_NPLD.pdf，2022-10-11访问。

[2] 参见《里斯本条约》最终条款第7条（Article 7, Final Provisions, *Treaty of Lisbon*），详情可参见欧盟网站，网址：http://eur-lex.europa.eu/legal-content/EN/TXT/?uri=CELEX:12007L/TXT，2022-11-02访问。

[3] Jacqueline Visconti, "European Integration: Connectives in EU Legislation", *International Journal of Applied Linguistics*, Vol. 23, No. 1, 2013, p. 44.

存在冲突；不同语言法律文本之间存在差异；以及难以避免翻译错误。这些障碍使欧盟多语制的推行困难重重，"民主赤字"进一步增加，而如果要修改1958年关于语言平等的1号条例，需要欧盟理事会全体成员的一致同意，而这几乎是不可能发生的。这意味着各中东欧国家面临着一个尴尬的局面，即在国内他们实施了比西欧国家更为严格的小族语言保护政策，导致部分小族语言具备与国家语言竞争活动空间，但在国际上却没有任何力量可以保护国家语言与强势国际语言的平等地位。

从马基雅维利时代起，就有一个很多人深信不疑的著名传言，那就是杀死一个国家最好的方法就是杀死他的语言。但在如今的全球语境下，已很难以强制的手段杀死一门语言。语言在中东欧地区仍然是族群、传统和"归属感"的核心，对邻国语言或境内小族语言的任何威胁、不尊重或攻击，都可能引起强烈情绪对抗甚至引发武装冲突。如何对语言的使用采取适当的管理，而不侵入公民的私人领域，不影响到国与国、民族与民族之间的关系，将所有公民都纳入国家建设进程之中，是中东欧国家政治制度设计者，特别是语言管理机制执行者，在未来数十年需要面临的一个重要挑战。

第三节 语言建构机制与社会治理模式相依赖

中东欧国家的国家语言建构，并不是狭义的语言管理行为，而是将其与国家各方面的治理制度结合起来，共同推进。在转型背景下，中东欧国家语言规划的主体转向多方参与、理念转向多元包容、方式转向法律约束、环境转向开放互通，各方面或主动或被动地进行着深刻的转变[1]。比如将语言调查与人口普查相结合，一方面获得相对准确的人口结构信息，另一方面则通过对数据的引导提

---

[1] 何山华：《中欧三国：国家转型、语言权利与小族语言生存》，商务印书馆2018年版，第92页。

升主体民族比例。我们以此为例对语言普查的宏观管理功能进行说明。

人口普查是一种具有悠久历史的国家行为，而将语言问题纳入普查范围则是一种相对较晚近的做法，始自十九世纪的比利时和奥地利等欧洲国家[①]。如今语言普查已成为世界范围内大部分国家的固定做法，自20世纪中叶以来全球有近150个国家或地区进行过语言普查，21世纪有86个国家和地区向联合国上报了通过人口普查获得的语言数据[②]。人口普查作为一种基于国家法律的全国性社会动员活动，兼具反映社会现实和建构社会现实的功能[③]。语言普查可以提供国家语言资源和民众语言认同等重要信息，有助于政府制定教育政策、保障语言权利、促进国家或地区的现代化，其本身就是一种自上而下的宏观语言管理活动。在世界范围内，语言普查的首要目标并非促进语言研究，而是辅助政府进行政策制定[④]。各国政府进行语言普查无不具有明确的战略目的，其宏观导向功能可以借鉴语言规划在元规划层面的三种路向进行理解，即语言问题、语言权利和语言资源[⑤]。

[①] Dominique Arel, "Language categories in censuses: Backward-or Forward-Looking?", in David I. Kertzer and Dominique Arel eds. *Census and Identity: The Politics of Race, Ethnicity, and Language in National Censuses* (*New Perspectives on Anthropological and Social Demography*), Cambridge: Cambridge University Press, 2001, p. 92.

[②] 语言普查可以指人口普查中的语言数据采集，也可以指为实现特定目的进行的全国范围的专门语言调查，本文主要讨论前者。联合国经济与社会事务部统计司自1948年起每年发布一期人口统计年鉴，以1945年为起点，每10年左右为一轮，统计各国人口普查情况；自1995年至今的人口统计数据可通过其网站下载。需要指出的是，联合国的统计是基于各国统计部门主动上报的数据，并非穷尽式搜集。

[③] Dominique Arel, "Language categories in censuses: Backward-or Forward-looking?", in David I. Kertzer and Dominique Arel eds. *Census and Identity: The Politics of Race, Ethnicity, and Language in National Censuses* (*New Perspectives on Anthropological and Social Demography*), Cambridge: Cambridge University Press, 2001, p. 92.

[④] John De Vries, "Language Censuses", in Ulrich Ammon, Norbert Dittmar and Klaus J. Mattheier, eds., *Sociolinguistics: An International Handbook of the Science of Language and Society*, Berlin: Walter de Gruyter, 2005, p. 1104.

[⑤] Richard Ruiz, "Orientations in language planning", *NABE journal*, Vol. 8, No. 2, 1984, p. 15,

传统的语言规划主要基于问题导向型理论模型，例如欧洲的"语言匡正理论"就将识别微观层面的语言问题作为语言管理的第一步，并将确认解决语言问题作为语言管理过程的最后一环[1]，现实中很多国家进行语言普查确实是为了解决迫切的语言问题。比如美国在语言普查方面并没有一贯的传统，20世纪上半叶只是在1916和1940年的人口普查中问及了母语情况，主要是为了翌年加入一战和二战做准备；二战后曾进行若干次连续的语言普查，但2010年之后美国因建立了较为完备的国民语言信息收集系统，便再次取消了语言普查。印度的语言普查也具有问题导向的特征，20世纪初期的普查主要是为境内语言分类提供基本信息；1951年的普查则为印度按语言重新划分邦界提供了数据依据；1961年对普查结果中大量小的语言或方言进行合并，到1971年则不再接受申报新的语言，则是为了应对逐渐兴起的分裂主义倾向[2]。

20世纪末逐步兴起的语言权利范式将"权利"作为语言规划的核心，而世界上绝大部分国家都根据"属地原则"分配语言权利，即为语言使用者在其聚居区赋予特殊的语言权利[3]。语言权利分配中最为重要的数据依据就是普查中的地区分布和人数统计，尽管各国设定的权利界限有所不同，比如奥地利规定某地区少数民族在人口普查中达到20%的下限即可享受相应的权利，在芬兰却仅需8%[4]。在中东欧地区，捷克《市镇法》（2000年）规定如果人口普查中少数民族居民人数达到当地居民总人口的10%或以上，

---

[1] Jiří Nekvapil and Tamah Sherman, "An introduction: Language Management Theory in Language Policy and Planning", *International Journal of the Sociology of Language*, Vol. 232, 2015, p. 1

[2] Braj B Kachru, "Linguistic Schizophrenia and Language Census: A Note on the Indian Situation", *Linguistics*, Vol. 15, No. 186, 1977, p. 17.

[3] Heinz Kloss, "Language Rights of Immigrant Groups", *International Migration Review*, Vol. 5, No. 2, 1971, p. 250.

[4] Dominique Arel, "Language Categories in Censuses: Backward-or Forward-looking?", in David I. Kertzer and Dominique Arel eds. *Census and Identity: The Politics of Race, Ethnicity, and Language in National Censuses (New Perspectives on Anthropological and Social Demography)*, Cambridge: Cambridge University Press, 2001, p. 92.

则可在市镇议会建立少数民族委员会，其邻国斯洛伐克《少数民族语言使用法》（2001年）则要求连续两年普查达到15%。需要注意的是，比利时于1846年在世界上第一个尝试在人口普查中设置语言问题，却在1947年后却取消了语言普查（1961年正式立法禁止），主要是为了防止法语和荷兰语的使用群体根据使用人数的变化提出新的权利主张，进而引发政治冲突[1]，可见进行语言普查可以确定权利边界，而取消语言普查则可以固化权利边界。

同样出现于20世纪下半叶的语言资源观倾向于将语言视为一种文化资源和经济资源，一方面主张语言多样化程度的提高可以增强语言生态系统的整体活力和可持续发展能力[2]，另一方面则指出语言具有经济学属性和经济价值，语言能力对于个人收入提高和国家经济发展有显著的促进作用[3]。这种思路指导下的语言普查会重点关注境内居民的语言种类和语言能力，比如我们所调查的80个国家中，有至少46个国家调查了国民的外语能力。很多中东欧国家在冷战结束后增加了外语调查的问题，将国民的外语能力视为国家弃东向西、融入欧洲的重要助力。

人口普查成本极高，导致普查问卷中问题的数量受到极大限制，一般只能询问1—2个语言相关的问题，因此各国政府无不对调查项目、提问形式和回答方式深思熟虑，以求获得最希望得到的数据[4]。需要注意的是，语言普查问卷的问题表述一般模糊而缺少说明，在调查中又主要依赖受访者自报结果，因此其结果的准确性

---

[1] John de Vries, "Language Censuses", in Herausgegeben von, Ulrich Ammon, Norbert Dittmar, Klaus J. Mattheier and Peter Trudgill eds. *Sociolinguistics: An International Handbook of the Science of Language and Society*, Berlin: de Gruyter, 2005, p.1104.

[2] Robert N. St. Clair, "Review of Rights to Language: Equity, Power, and Education", in Robert Phillipson ed. *Language Problems & Language Planning*, Vol.25, Issue 1, 2001, p.99.

[3] Franqois Grin, "Economic Approaches to Language and Language Planning: An Introduction", *International Journal of the Sociology of Language*, Vol.121, No.1, 1996, p.1.

[4] 何山华：《海外语言普查概况》，载国家语言文字工作委员会组编《中国语言生活状况报告》，商务印书馆2017年版，第259—265页。

常受到影响，不过其主要的优势在于覆盖范围广且多年一贯，可以看出总体趋势[1]。语言普查所提供的主要是社会学信息而非语言学信息，而如何通过统计反映语言使用频率、人群分布和习惯变化等宏观信息，或反映怎样的宏观画面，往往受到各国政府宏观管理目标的左右，也正是在这个意义上很多西方学者将官方统计数据称作"生产真相的技术"[2]。因此，语言普查中对于问题及其回答形式的技术设计不仅仅关乎数据准确性和统计效率，而且关乎普查目的能否实现。

联合国建议各国在人口普查中可以调查母语、常用语言、指定语言和主要语言等四类数据[3]，这里的每个项目都有不同的指示意义，各国多会根据自身需要选择1—2个进行调查。

"母语"在人口普查统计领域有"向前看"或"向后看"两种处理方式：前者认为母语是个人的第一语言，以受访者当前使用的语言为准；后者认为母语是民族共同语，以受访者父母或祖辈使用的语言为准[4]。这两种处理方式使"母语"具备不同的指示意义："向前看"意味着母语只是一种思维和交际工具，个人可以改换，其统计结果主要指向语言选择；而"向后看"意味着母语是民族身份的象征，个人无法改换，其统计结果主要指向民族认同。

在西欧地区，对于民族身份的界定更多基于地域归属，而非文

---

[1] Joshua A. Fishman, *Reversing Language Shift: Theory and Practice of Assistance to Threatened Languages*, Clevedon: Multilingual Matters, 1991, p. 40.

[2] Jacqueline Urla, "Cultural Politics in an Age of Statistics: Numbers, Nations, and the Making of Basque Identity", *American Ethnologist*, Vol. 20, No. 4, 1993, p. 818.

[3] 联合国在《人口和住房普查的原则和建议》（2008年，第二修订版）中建议各国调查母语、常用语言和其他指定语言三类数据，而最新的《人口和住房普查的原则和建议》（2015年，第三修订版）中则增加了"主要语言"一项，共计四类数据。

[4] Dominique Arel, "Language Categories in Censuses: Backward-or Forward-looking?", in David I. Kertzer and Dominique Arel eds. *Census and Identity: The Politics of Race, Ethnicity, and Language in National Censuses (New Perspectives on Anthropological and Social Demography)*, Cambridge: Cambridge University Press, 2001, p. 92.

化属性，因此一般不将语言与民族身份紧密挂钩①，把调查对象当前最为熟练的语言作为母语。属于西方文化的主要移民国家也多采取"向前看"的处理方式，加拿大将母语定义为："幼时在家庭中习得的第一种语言，且在采集普查数据时依然掌握这一语言。如果普查对象已不掌握第一语言，则将其习得的第二语言作为母语。"实际上这些国家较少调查"母语"，更多地调查"常用语言"或"主要语言"。

"常用语言"主要提供民众语言使用习惯的信息，这些信息具有很高的经济和政治价值，是"母语"项信息所不能取代的。在多语地区，或小族群体聚居的地区，很多人在工作和社会交往中往往使用当地的强势语言，但回到家中一般仍然使用自己的本民族语，因此各国在调查时一般会限定家庭或工作等使用场合。绝大部分国家调查"家庭语言"，其优势在于同样可以指示民族属性，同时可以反映语言认同倾向，而且相较于"母语"具有更低的民族联想意义，通过前后不同时期普查数据的对比还可以判断语言同化的进展和倾向。

"指定语言"所调查的对象一般是本国官方语言或主体民族语言。美、英、澳、加等传统英语国家一般调查英语的使用情况；俄罗斯、墨西哥、泰国和印尼等国也调查官方语言；非洲的马拉维和大洋洲的汤加等前英国殖民地国家同时调查本国官方语言和英语的使用情况，东帝汶则同时调查英语及其前殖民地国家语言葡萄牙语；加拿大和爱尔兰等双语国家分别调查了英语和法语，爱尔兰语和英语的使用情况。国民对于官方语言的掌握情况体现了其国语或国族认同水平，是政府极为关心的信息。

"主要语言"指受访者水平最高的语言，主要适用于多语言或

---

① Dominique Arel, "Language Categories in Censuses: Backward-or Forward-looking?", in David I. Kertzer and Dominique Arel eds. *Census and Identity: The Politics of Race, Ethnicity, and Language in National Censuses* (*New Perspectives on Anthropological and Social Demography*), Cambridge: Cambridge University Press, 2001, p. 92.

多民族国家。欧洲的英国、瑞士和列支敦士登以及非洲的几内亚比绍和布基纳法索,都调查主要语言。"主要语言"反映的是受访者最为依赖的语言,调查数据一般有利于社会强势语言证明并强化其优势地位。

在民族主义传统极为深厚的中东欧和中亚地区,"母语"项曾长期作为民族身份的唯一有效统计指征使用①,联合国的数据显示该地区有22个国家调查了"母语"项,且基本采取了"向后看"的处理方式。这种方式的优势在于可以将母语信息作为族裔身份的辅助指标,当部分人群瞒报民族身份时可以根据语言信息获得更为准确的数据;不过其缺陷在于无法提供普查对象当前的语言能力和语言使用习惯,无法显示语言转用的进程,会夸大某些语言社区的规模,而无法反映主流语言的使用情况。值得一提的是,在主体民族地位较为巩固的捷克和匈牙利等国家,允许民众填写2种母语,这实际上是鼓励小族群体的双语化。

第四节 国家语言建构推进个人多语主义发展

中东欧国家的国家语言建构在很大程度上符合现代化国家的国家建构逻辑,但鉴于其所积极融入的西方国家社会文化环境已经转向后现代思潮,中东欧国家也试图接受尊重个体、尊重边缘人群的后现代思想。各国的国家语言建构给个人留下了较大的个体选择空间,比如可以选择不止一种母语,可以选择手语作为母语等。实际上整个欧盟所鼓励的,正是个人的多语主义,即通过鼓励欧洲公民学习多种语言来确保小族群体母语的生存空间。

---

① Dominique Arel, "Language Categories in Censuses: Backward-or Forward-looking?", in David I. Kertzer and Dominique Arel eds. *Census and Identity: The Politics of Race, Ethnicity, and Language in National Censuses* (*New Perspectives on Anthropological and Social Demography*), Cambridge: Cambridge University Press, 2001, p.92.

一个人具备使用多种语言的能力,并非一种难以企及的梦想,正如英国语言学家库克所指出的,"只要有适宜的环境,讲两种语言就跟使用两个肺一样自然"①。若根据欧洲委员会的定义,一个人如果能够使用母语之外的任何语言或语言变体,则可以被认定为具有多语能力②;而根据库克的说法,只要会使用同一种语言的两个变体,比如文学语言和方言土语,也可以称为多语能力。从这个意义上讲,其实目前绝大多数人已经具备了一定的多语能力;不过我们如今所说的多语能力一般指的是使用一种或数种外语的能力,对于小族群体来说则首先需要掌握所在国的官方语言或通用语言,这种能力往往需要个人付出极大的时间和经济成本才能获得。随着全球化进程的加速和现代信息技术的飙进,多种语言信息的传播和交换正变得空前迅捷和频繁,单一语言能力越来越不能满足交流的需要,多语能力将很快成为个人在现代社会生存的必备技能。

从大处看,中东欧国家所处的现代社会正在经历一种前所未有的语言多样性的双重困境,即客观多样性的急剧减少和主观多样性的持续增加:前者指的是由于世界范围内文化和经济环境变化导致的大量小族语言的快速消亡和少量强势语言的广泛传播;后者指的是随着苏联解体、移民浪潮流动、国际组织扩张和全球化发展而导致的不同的语言和文化背景的人们接触的增多,使人们感知到的语言多样性程度不断上升③。在此形势下,世界各国学者及政府均在思考如何阻遏语言大规模衰亡的趋势,同时避免因广泛的语言接触带来的冲突,甚至如何从语言共存的复杂局面中获益。总体而言,无论是对于个人,还是语言社区,多语主义已成为各方共同的选

---

① 转引自 Michał B. Paradowski, "The Benefits of Multilingualism",来源:http://www.multilingualliving.com/2010/05/01/the-benefits-of-multilingualism-full-article/, 2022 – 10 – 02 访问。

② 参见欧洲委员会网站,访问地址:http://www.coe.int/t/dg4/linguistic/Division_EN.asp, 2022 – 11 – 25 访问。

③ Francois Grin, *Language Policy Evaluation and the European Charter for Regional or Minority Languages*, Hampshire: Palgrave Macmillan, 2003.

择。对于个人而言，获得多语能力可以使其在这个语言接触频仍，信息传递迅捷的时代，在多种语言间从容转换，获得更高的个人核心竞争力，以及更为全面的能力发展。对于社区而言，奉行多语主义包含两个维度：一是在社区内实行多语制（Multilingualism），让多种语言共存，以维护语言多样性；二是促进社区成员提高个人的多语能力（Plurilingualism），既可以促进不同语言群体间的交流与融合，降低冲突的风险，也有利于开展与外界的交流与合作，获得更多的发展机遇。如此看来，大范围地提高个人的多语能力，需要个人和社区双方面的努力：一方面个人需做出理性的选择，为此投入时间和精力进行学习；另一方面社区需要提供有力的政策支持和资源保障。多语化的趋势近年来呈加速发展的态势，越来越多的个人和政府正积极投入大量资源用于个人多语能力的提高。

　　对于中东欧社会的个人而言，具备多语能力的益处是显而易见的，比如可以更为便捷地获取更多的信息，具备更为开阔的视野，并带来更多的就业机会和更好的职业前景；而且这种技能将很快从一种高端技能变成大多数人均需具备的普通技能，而越早意识到这一点的人将越能从这一形势中获益。仅从经济角度而言，全球化的发展使世界各地的企业，无论是跨国公司还是本土企业，均以前所未有的程度紧密结合在一起，任何企业如果无法掌握其业务地区的语言将失去发展甚至生存的机会。欧盟委员会2007年的一项调查显示，对于企业来说如能掌握一国的语言将使在该国开展业务更为容易，大部分企业有兴趣投资于员工的语言技能。在此形势下，显然具有多语能力将为个人带来更多的机会；由于学习外语需要长期持续的投入，目前具备高水平多语能力的人仍然只占少数。加拿大2015年在就业市场的一项调查显示，一旦工作岗位要求二语能力，应聘者就会下降20%—39%[1]。如果从更为综合的角度看，学习外语并不仅仅使人获得语言方面的知识，或是带来职业上的发展机

---

[1]　参见中国社会科学网，访问地址：http://www.cssn.cn/yyx/yyx_yyshdt/201508/t20150825_2134589.shtml，2022-11-25访问。

遇，而是可以使学习者更大程度地发展自身的潜力，获得长期的全面收益。一名波兰学者①曾对学习外语的益处进行过系统的总结，提出了多达25个收益点，简要而言包括几个方面：一是可以提高一般意义上的语言能力，包括更高的认识和处理能力；二是可以提高母语学习和应用的水平，包括学习、理解和应用的能力等；三是可以提高语言之外的各种智力品质，比如记忆力、空间感知能力、抵制干扰能力和灵活的思维方式；四是文化理解能力，包括对自身文化的更深程度的理解和对别的文化的宽容，以及由此产生的更为成熟的自我意识和自尊感；五是更好的思维品质，如批判性思维的能力、从全新角度考察和解决问题的能力、承受压力的能力等。实际上，在欧洲，拉丁语教学就曾被作为一种思维训练，提高学习者多方面的认知和思维能力。总体而言，学习外语不仅是一种可以改善职业发展的急迫需求，更是一项可以获得综合收益的长远投资。

  对于中东欧国家而言，制定明确的政策，特别是教育政策，以促进社区成员的多语能力也变得越来越迫切。欧盟除了实行较为彻底的多语制，奉行成员国语言绝对平等，推动各成员国对境内小族语言的保护，同时也大力促进各国公民的个人多语能力，并在这方面制定了明确的措施，投入了大量的资源。欧盟自2002年起就确立了要让成员国儿童从小学习至少2门外语的目标。如今这一目标已经深入人心，2012年的调查显示②，有98%的调查对象认为掌握外语对于其子女是有利的，88%的人认为掌握外语非常有用，72%的人认可每人均需学习2门外语的目标，77%的人认为欧盟应将提高语言技能作为政策重点。如果考虑到欧洲的语言实际上只占全世界语言总数的3%这一点，我们可能会对多语能力的重要性有更深刻的认识。

---

  ① Michał B. Paradowski, "The Benefits of Multilingualism"，来源：http://www.multilingualliving.com/2010/05/01/the-benefits-of-multilingualism-full-article/，2022 - 11 - 25 访问。

  ② 参见欧盟网站，访问地址：http://europa.eu/pol/mult/index_en.htm, 2022 - 11 - 28 访问。

在现代的中东欧，随着人口流动的增加和通信技术的进步，语言接触将在更广的范围内和更高的层次上广泛发生，多语能力正在成为社会个体的必备技能。中东欧国家也已认识到这一点，同时推进国际语言、国家语言和小族语言的教育，积极提升社会成员的个人多语能力。而提升国民多语能力，也是人口规模相对较小的中东欧国家在激烈的国际语言竞争中赖以自保的措施之一。

参考文献

陈凤：《波罗的海三国的俄罗斯族政策演变分析》，当代世界与社会主义 2018 年版。

范俊军编译、孙宏开审订：《联合国教科文组织关于保护语言与文化多样性文件汇编》，民族出版社 2003 年版。

关健斌：《俄语在拉脱维亚再遇尴尬》，《中国青年报》2012 年 2 月 25 日第 4 版。

何山华：《海外语言普查概况》，国家语言文字工作委员会组编《中国语言生活状况报告》，商务印书馆 2017 年版。

何山华：《中欧三国：国家转型、语言权利与小族语言生存》，商务印书馆 2018 年版。

孔寒冰：《多种文明视角下的中东欧社会发展》，《国际政治研究》2010 年第 4 期。

李宇明：《提升国家语言能力的若干思考》，天津语测中心 2010 年工作总结暨"十二五"规划会议，天津，2010 年。

马戎：《语言使用与族群关系（民族社会学连载之三）》，《西北民族研究》2004 年第 1 期。

毛眺源：《论语言的生物属性及语言演化》，《语言学研究》2019 年第 1 期。

沈宗灵：《现代西方法理学》，北京大学出版社 1992 年版。

斯大林:《马克思主义与民族问题》,外国文书籍出版局 1931/1948 年版。

王希:《多元文化主义的起源,实践与局限性》,《美国研究》2000 年第 2 期。

肖建飞:《语言权利研究—关于语言的法律政治学》,北京法律出版社 2012 版。

中国社会科学院民族研究所主编:《斯大林论民族问题》,民族出版社 1990 年版。

朱晓中:《东欧民族主义的复兴及其原因》,《东欧中亚研究》1992 年第 4 期。

[德] J. G. 赫尔德:《论语言的起源》,姚小平译,商务印书馆 1998 年版。

[德] Willian A·威尔森:《赫尔德:民俗学与浪漫民族主义》,冯文开译,《民族文学研究》2008 年第 3 期。

A. Isakov, "Mađarski i hrvatski jezik kao izborni predmeti", Politika (November 2008), https://www.politika.rs/sr/clanak/62733/Србија/Мађарски-и-хрватски-језик-као-изборни-предмети.

Adrian Blackledge, "Monolingual Ideologies in Multilingual States: Language, Hegemony and Social Justice in Western Liberal Democracies", *Estudios de sociolingüística*, Vol. 1, No. 2, 2000.

Adrienn Győry, *The Slovak State Language Law and the Accomodation of Minority Rights: The Impact of International Organizations on the Resolution of Language Disputes*, Budapest: Central European University, Master Thesis, 2011.

AlainTouwaide, *A Census of Greek Medical Manuscripts: from Byzantium to the Renaissance*, Londres & New York: Routledge, 2016.

AleksandarBelić, *O Velikim Stvaraocima-Vuk Karadzic, Djuro Danicic, Petar II Petrovic Njegos, Branko Radicevic, Stojan Novakovic, Ljubomir Stojanovic*, Beograd: Zavod za udžbenike i nastavna sredstva,

1998.

AleksandrKuzmin, ed., *Language Policy of Latvia*, Riga: Latvian Human Rights Committee, 2020.

Andrejs Veisbergs and Monta Farneste, *Baltic Journal of English Language, Literature and Culture, Volume 1*, Riga: University of Latvia, 2011.

Andrejs Veisbergs, "Language Planning in Latvia as a Struggle for National Sovereignty", in Enest Andrews ed. *Language Planning in the Post-Communist Era*, Palgrave Macmillan, Cham, 2018.

Andress Wimmer and Yuval Feinstein, "The Rise of the Nation-State across the World, 1816 to 2001", *American Sociological Review*, Vol. 15, No. 5, 2010.

Anjali Roy, "Microstoria: Indian Nationalism's 'Little Stories' in Amitav Ghosh's The Shadow Lines", *The Journal of Commonwealth Literature*, Vol. 35, No. 2, 2000.

AnnaTriandafyllidou, National Identity and the 'Other', *Ethnic and Racial Studies*, Vol. 21, No. 4, 1998.

Anthony D. Smith, *The Ethnic Origins of Nations*, Malden, MA: Blackwell, 1987.

Anthony D. Smith, "The Nation: Invented, Imagined, Reconstructed?", *Millennium*, Vol. 20, No. 3, 1991.

Anthony I. Asiwaju, "The Conceptual Framework", in Anthony I. Asiwaju, ed. *Partitioned Africans*, New York: St. Martin's, 1985.

Anthony J. Liddicoat and Timothy Jowan Curnow, "Students' home Languages and the Struggle for Space in the Curriculum", *International Journal of Multilingualism*, Vol. 11, No. 3, 2014.

Arend Lijphart, *Democracy in Plural Societies: A Comparative Exploration*, New Haven, CT: Yale University Press, 1977.

BarbaraTörnquist-Plewa, "Contrasting Ethnic Nationalisms: Eastern Central Europe", in Stephen Barbour and Cathie Carmichael, eds., *Language and Nationalism in Europe*, Oxford: Oxford University Press, 2000.

Benedict Anderson, *Imagined Communities: Reflections on the Origin and Spread of Nationalism*, London: Verso, 1983.

Beretka Katalin, A Hatalmi Szintek Közötti Hatáskörmegosztás Problémaköre, Különös Tekintettel a Vajdaság Autonóm Tartomány Alkotmányos Jogállására és Jogalkotására, Ph. D. dissertation, Széchenyi István Egyetem, Állam-és Jogtudományi Doktori Iskola, 2014.

Beretka Katinka and Tamás Korhecz, "The Agreement between Serbia and Hungary on the Protection of National Minority Rights-Revision Welcomed", *Hungarian Journal of Legal Studies*, Vol. 60, No. 2, January 2019.

BerndRechel, "Introduction", in Bernd Rechel ed., *Minority Rights in Central and Eastern Europe*, London: Routledge, 2010.

Bhikhu Parekh, *Rethinking Multiculturalism: Cultural Diversity and Political Theory*, Cambridge, MA: Harvard University Press, 2002.

Bliznakovski, Laguage Policy in Mecedonia, Ph. D. dissertation, faculty of Social Science, Lubjana University, 2013.

Boriss Cilevičs, "Language Legislation in the Baltic States", in Matthias Koenig ed. *Democracy and Human Rights in Multicultural Societies*, London: Routledge, 2017.

Bořivoj Hnízdo, "State Language Policies and Language Behaviour of the Czechs in the 20th Century", *Central European Papers*, No. 1, 2016.

Braj B. Kachru, "Linguistic Schizophrenia and Language Census: A Note on the Indian Situation", *Linguistics*, Vol. 15, No. 186, 1977.

Branimir Stanković and Marija Stefanović, "Peeling the Onion Top-down: Language Policy in Serbia between Power and Myth", *Aegean Working*

Papers in Ethnographic Linguistics, Vol. 2, No. 1, 2018.

BranislavBrborić, Gačević, R. and Jasmina Vuksanovic, eds., Serbian Language Standardization Committee Documents, Belgrade: Institute for Serbian Language, 2002.

Brigitta Busch, New national languages in Eastern Europe, in Nikolas Coupland ed. Language and Globalization, Malden, Oxford: Blackwell, 2010.

Buzássyová Klára, "Slovenčina ako stredoeurópsky jazyk", Slovenčina na konci, No. 20, 1997.

B. S. Chumbow and Pius Tamanji, "Linguistic Identity across the Borders of the Cameroon Triangle", in Kweshi K. Prah ed. Between Distinction and Extinction: The Harmonization and Standardization of African Languages, Cape Town: CASAS, 2000.

Charles A. Ferguson, "Diglossia", Word, Vol. 15, No. 2, 1959.

Csilla Bartha and Anna Borbély, "Dimensions of Linguistic Otherness: Prospects of Minority Language Maintenance in Hungary", Language policy, Vol. 5, No. 3, 2006.

Cynthia H. Enloe, Ethnic Soldiers: State Security in Divided Societies, Athens: University of Georgia Press, 1980.

Dagnosław Demski and Dominika Czarnecka, Staged Otherness: Ethnic Shows in Central and Eastern Europe, 1850–1939, Budapest: Central European University Press, 2021.

Daniel Luther, "Ceska komunita v Bratislave 20. storocia (A Case Study from Bratislava)", Ministry of Education of the Slovak Republic and Slovak Academy of Sciences, No. 2, 2004.

Dardėl Georgo Elgerio, Dictionarium Polono-Latino-Lottauicum registro šaltinio, Vilnae: typ. Acad. S. I., 1683.

David Scott, "Culture in Political Theory", Political Theory, Vol. 31, No. 1, 2003.

DavidWelsh, " Domestic Politics and Ethnic Conflict ", *Survival*, Vol. 35, No. 1, 1993.

DebraSpitulnik, "The Language of the City: Town Bemba as Urban Hybridity", *Journal of Linguistic Anthropology*, Vol. 8, No. 1, 1998.

Dietrich Andre, Loeber, "Language Rights in Independent Estonia, Latvia and Lithuania 1918 - 1940", in Dietrich Andre, Loeber ed. *Ethnic Groups and Language Rights*, Dartmouth: New York University Press, 1990.

DimitrisLivanios, *The Macedonian Question: Britain and the Southern Balkans* 1939 - 1949, Oxford University Press, 2008.

Dirk Geeraerts, "Cultural Models of Linguistic Standardization", in René Dirven, Roslyn Frank and MartinPütz, eds. *Cognitive Models in Language and Thought*, Berlin: Mouton de Gruyter, 2003.

DominiqueArel, "Language categories in censuses: Backward-or forward-looking?", in David I. Kertzer and Dominique Arel eds. *Census and Identity: The Politics of Race, Ethnicity, and Language in National Censuses (New Perspectives on Anthropological and Social Demography)*, Cambridge: Cambridge University Press, 2001.

DragoljubPetrović, "Languages in Contact: Standard Serbian Phonology in an Urban Setting", *International Journal of Sociology of Language*, No. 151, 2001.

Dubravka Valić Nedeljković, "Education and Mass Media in the Languages of Ethnic Communities in Vojvodina", in Ranko Bugarski and Celia Hawkesworth eds. *Language in the Former Yugoslav Lands*. Bloomington, IN: Slavica, 2004.

Edward W. Said, *Orientalism*, London: Routledge & Kegan Paul, 1978.

Edwin Bakker, *Minority Conflicts in Slovakia and Hungary?*, Labyrint Publ, 1997.

Einar Haugen, " The Implementation of Corpus Planning: Theory and

Practice", in JuanCobarrubias and Joshua A. Fishman, eds. Progress in Language Planning-International Perspectives, Berlin: Walter de Gruyter, 1983.

ElieKedourie, "Young Turks, Freemasons and Jews", *Middle Eastern Studies*, Vol. 7, No. 1, 1971.

Elisabeth Bakke, "Čechoslovakizmus v školských učebniciach (1918-1938)", *Historický časopis*, Vol. 47, No. 2, 1999.

Eric J. Hobsbawm, *Nations et nationalisme depuis* 1780, Paris: Gallimard, 1990.

Ernest Gellner, *Language and Solitude: Wittgenstein, Malinowski and the Habsburg Dilemma*, Cambridge: Cambridge University Press, 1998.

Eurydice, *Key Data on Teaching Languages at School in Europe* (2017 Edition), Brussels: European Commission, 2017.

Euline Cutrim Schmid, "Potential Pedagogical Benefits and Drawbacks of Multimedia Use in the English Language Classroom Equipped with Interactive Whiteboard Technology", *Computers & Education*, Vol. 51, No. 4, 2008.

Eurydice, *Foreign Language Teaching in Schools in Europe*, Brussels: European Commission, 2001.

Farimah Daftary and Kinga Gál, *The New Slovak Language Law: Internal Or External Politics?*, Flensburg: European Centre for Minority Issues, 2000.

FerdinandUličný, "Etnonymy Sklávoi, Sclavi, Slovieni, Slováci, Slovania", *Historický časopis*, No. 2, 2012.

Fernand Joseph De Varennes, *Language, Minorities and Human Rights*, The Hague: Kluwer Law International, 1996.

Florence Benoît-Rohmer, "Le Conseil de l' Europe et les Minorités Nationales", in Katlijn Malfliet and Ria Laenen eds. *Minority Policy in Central and Eastern Europe: The Link between Domestic Policy, Foreign*

Policy and European Integration, Leuven, Belgium: Catholic University of Leuven Press, 1998.

Franqois Grin, "Economic Approaches to Language and Language Planning: An Introduction", *International Journal of the Sociology of Language*, Vol. 121, No. 1, 1996.

François Grin, *Language Policy Evaluation and the European Charter for Regional or Minority Languages*, Hampshire: Palgrave Macmillan, 2003.

Georg Dressel, *Vocabularium in vier Sprachen, teutsch, lateinisch, polnisch und lettisch*, Riga: Nöller, 1688.

George Schöpflin, "The Politics of National Identities", *International Review of Sociology*, Vol. 6, No. 2, 1996.

Georgius Mancelius, *Phraseologia Lettica*, Riga: Gerhard Schröder, 1638.

Gizella Szabómihály, "Language Policy and Language Rights in Slovakia", in Team of the Mercator-Legislation Programme, ed. "*Working Papers*" *Collection-Mercator-Linguistic Rights and Legislation*. Barcelona: Ciemen, 2006.

Giuditta Fontana, *Education Policy and Power-Sharing in Post-Conflict Societies: Lebanon, Northern Ireland, and Macedonia*, London: Palgrave Macmillan, 2017.

Göran Therborn, *European Modernity and Beyond: The Trajectory of European Societies* 1945 – 2000, London: Sage, 1995.

Goro Christoph Kimura, "Polnisch im Kontext der Arbeitnehmerfreizügigkeit in der deutschpolnischen Grenzregion", in *Polnisch in Deutschland-Zeitschrift der Bundesvereinigung der Polnischlehrkräfte*, Vol. 1, 2013.

Goro Christoph Kimura, "Language Management as a Cyclical Process: A Case Study on Prohibiting Sorbian in the Workplace", *Slovo a slov-*

esnost, Vol. 75, No. 4, 2014.

Grant D. McConnell and Jean-Denis Gendron eds., International Atlas of Language Vitality, Volume 1: Constitutional Languages of India, Québec: International Center for Research on Language Planning, 1993.

Gregory Feldman, "Development in Theory: Essential Crises: A Performative Approach to Migrants, Minorities, and the European Nation-State", *Anthropological Quarterly*, Vol. 78, No. 1, 2005.

Grigorij Mesežnikov, "*Nationalism has Simply Asserted Itself Much Easier*", Institute for Public Affairs, 2008.

Gyurgyek, l. Gyurgyik, A szlovákiai magyarság demográfiai folyamatai 1989-től 2011-ig: különös tekintettel a 2001-től napjainkig tartó időszakra, Fórum Kisebbségkutató Intézet, Somorja, 2014.

Hacer Hande, Lia Plakans, Uysal and Svetlana Dembovskaya, "English Language Spread in Local Contexts: Turkey, Latvia and France", *Current Issues in Language Planning*, Vol. 8, No. 2, 2017.

Halford John Mackinder, "The Geographical Pivot of History", *The Geographical Journal*, Vol. 23, No. 4, 1904.

Hamit Xhaferi and Mustafa Ibrahimi, "The Implementation of Multilingualism at the SEE University: A model for the Multicultural Balkans", *Jezikoslovlje*, Vol. 12, No. 2, 2012.

HansKohn, "The Age of Nationalism", *Naval War College Review*, Vol. 15, No. 7, 1962.

HaraldHaarmann, "Language Planning in the Light of a General Theory of Language: A Methodological Framework", International Journal of the Sociology of Language, Vol. 95, 1990.

Heinz Kloss, "Notes Concerning a Language-Nation Typology", in Joshua A. Fishman, Charles Albert Ferguson andJyotirindra Dasgupta, eds. Language Problems of Developing Nations, New York: Wiley,

1968.

Heinz Kloss, "Language Rights of Immigrant Groups", *International Migration Review*, Vol. 5, No. 2, 1971.

Horace G. Lunt, "A Survey of Macedonian Literature", *Harvard Slavic Studies*, Vol. 1, 1953.

IvoPranjković, "The Croatian Standard Language and the Serbian Standard Language", *International Journal of the Sociology of Language*, No. 147, 2001.

JacquelineUrla, "Cultural Politics in an Age of Statistics: Numbers, Nations, and the Making of Basque Identity", *American Ethnologist*, Vol. 20, No. 4, 1993.

James A. Goldston, "Roma Rights, Roma Wrongs, *Foreign Affair*s", Vol. 81, No. 2, 2002.

Jan Blommaert andJef Verschueren, "The Role of Language in European Nationalist Ideologies", in Bambi B. Schieffelin, Kathryn A. Woolard and Paul V. Kroskrity, eds. *Language ideologies: Practice and theory*, New York: Oxford University Press, 1998.

Jan Blommaert andJef Verschueren, *Debating Diversity: Analysing the Discourse of Tolerance*, London: Routledge, 1998.

Jarold K. Zeman, "Czech-Slovak", In Hans Goebl, Peter H. Nelde, Zdenek Stary and Wolfgang Wölck eds. *Kontaktlinguistik. Ein Internationales Handbuch Zeitgenössischer Forschung*, Berlin: Mouton de Gruyter, 1997.

JelenaFilipović, Julijana Vučo and Ljiljana Djurić, "Critical Review of Language Education Policies in Compulsory Primary and Secondary Education in Serbia", *Current Issues in Language Planning*, Vol. 8, No. 2, 2007.

JelenaFilipović, and Julijana Vučo, "Language Policy and Planning in Serbia: Language Management and Language Leadership", *Anali*

Filološkog fakulteta, Vol. 24, No. 2, 2012.

JensLowitzsch and Pal Pacherowa, "Das novellierte polnische und slowakische Insolvenzrecht [The amended Polish and Slovak insolvency law]", *Zeitschrift Für Ostrecht Und Rechtsvergleichung* [*Journal of Eastern and Comparative Law*], 1998, No. 6.

Jiří Nekvapil, "The Integrative Potential of Langauge Management Theory", in Jiří Nekvapil and Tamah Sherman, eds. *Language Management in Contact Situations: Perspectives from Three Continents*, Frankfurt am Main: Peter Lang, 2009.

Jiří Nekvapil, "From Language Planning to Language Management: J. V. Neustupny's Heritage", *Media and Communication Studies*, Vol. 63, 2012.

Jiří Nekvapil, "Language Management Theory as One Approach in Language Policy and Planning", *Current Issues in Language Planning*, Vol. 17, No. 1, 2016.

Jiří Nekvapil and Tamah Sherman (eds.), *Language Management in Contact Situations: Perspectives from Three Continents*, Frankfurt am Main: Peter Lang, Vol. 1, 2009.

Jiří Nekvapil and Tamah Sherman, "An Introduction: Language Management Theory in Language Policy and Planning", *International Journal of the Sociology of Language*, Vol. 232, 2015.

Jiří V. Neustupný, "Basic Types of Treatment of Language Problems", in Joshua A. Fishman, ed. *Advances in Language Planning*, The Hague: Mouton de Gruyter, 1974.

Jiří V. Neustupný, "Problems in Australian-Japanese Contact Situations", in John B. Pride, ed. *Cross-Cultural Encounters: Communication and Mis-Communication*, Melbourne: River Seine, 1985.

Jiří V. Neustupný, "Language Management for Romani in Central and Eastern Europe", New Language Planning Newsletter, Vol. 7,

No. 4, 1993.

Jiří V. Neustupný, "Gengokanri to Komyuniti Gengo no Shomondai [Language Management and the Problems of Community Languages]", in Kokuritsu kokugo kenkyujo, ed. Tagengo, Tabunka Komyuniti no Tameno Gengokanri [Language Management for Multicultural Communities], Tokyo: Bonjinsha, 1997.

Jiří V. Neustupný, and Jiří Nekvapil, "Language Management in the Czech Republic", Current Issues in Language Planning, Vol. 4, No. 3 - 4, 2003.

Joan Rubin and BjörnJernudd, eds., Can Language be Planned?: Sociolinguistic Theory and Practice for Developing Nations, Honolulu: University Press of Hawaii, 1971.

Joan Rubin, Björn H. Jernudd, Jyotirindra DasGupta, Joshua A. Fishman and Charles A. Ferguson. eds., Language Planning Processes, The Hague: Mouton Publishers, 1977.

John P. Sydoruk, "Herder and the Slavs", AATSEEL Journal, Vol. 13, No. 3, 1955.

John de Vries, "Language Censuses", in Herausgegeben von, Ulrich Ammon, Norbert Dittmar, Klaus J. Mattheier and Peter Trudgill eds. Sociolinguistics: An International Handbook of the Science of Language and Society, Berlin: de Gruyter, 2005.

John Robert Victor Prescott, The Geography of Frontiers and Boundaries, London: Routledge, 2014.

Joshua A. Fishman, "The Sociology of Language: An Interdisciplinary Social Science Approach to Language in Society", in Joshua A. Fishman, ed. Advances in the Sociology of Language, The Hague: Mouton de Gruyter, 1971.

Joshua A. Fishman, Reversing Language Shift: Theory and Practice of Assistance to Threatened Languages, Clevedon: Multilingual Matters,

1991.

Judit Molnár Sansum and Dobos Balázs, "Cultural Autonomy in Hungary: Inward or Outward Looking?", Nationalities Papers, Vol. 48, No. 2, 2020.

JakubGroszkowski and Mariusz Bocian, "The Slovak-Hungarian Dispute over Slovakia's Language Law", Osw Commentary, Vol. 30, No. 2, 2009.

Karlsson, K.-G., Petersson, B. and Barbara Törnquist-Plewa, B, Collective Identities in an Era of Transformations: Analysing Developments in East and Central Europe and the Former Soviet Union, Lund: Studentlitteratur, 1998.

Kevin Deegan-Krause, "Populism, Democracy, and Nationalism in Slovakia", Populism in Europe and the Americas: Threat or Corrective for Democracy, 2012.

Ķīlis Roberts et al eds., Sustainable Development Strategy of Latvia until 2030, Riga: Saeima, 2010.

Kimete Canaj, "Language Policy and Language Planning in Kosova", International Journal of Teaching and Education, Vol. VIII, No. 2, 2020.

KingaGál and Farimah Daftary, "The New Slovak Language Law: Interntal or External Politics?", ECMI Working Papers, Flensburg: European Center for Minority Issues, 2000.

KristinHenrard, "Devising an Adequate System of Minority Protection in the Area of Language Rights", in Gabrielle Hogan-Brun and Stefan Wolff eds. Minority Languages in Europe: Frameworks, Status, Prospects, London: Palgrave Macmillan, 2003, pp. 37-55.

LászlóGyurgyík, A szlovákiai magyarság demográfiai folyamatai 1989-től 2011-ig: különös tekintettel a 2001-től napjainkig tartó időszakra. Fórum Kisebbségkutató Intézet, 2014.

LaszloVincze et al, "Ethnolinguistic Identity, Coping Strategies and Language Use among Young Hungarians in Slovakia", European Journal of Applied Linguistics, Vol. 9, No. 2, 2021.

Laurie Bauer, and Trudgill Peter, Language Myths. New York: Penguin Putnam Inc, 1998.

Leonard Bloomfield, Language, New York: Taylor & Francis, 1965.

Brborić B. "Predistorija i sociolingvistički apsekti", in Radovanović, M, ed. Srpski jezik na kraju veka, Beograd: Institut za srpski jezik SANU, Službeni glasnik, 2016.

Lenore A. Grenoble, Language policy in the Soviet Union, Springer Science & Business Media, 2003.

LiliyaMarkova, "Nationalism and Ethnic Origin in the Western Balkans vs Euro Integration: The Case of the Republic of Macedonia", in Marjan Gjurovski, ed. Security System Reforms As Precondition For Euro-Atlantic Integrations, Skopje: University St. Kliment Ohridski-Bitola, 2018.

M. LynnLandweer, "Indicators of Ethnolinguistic Vitality-Case Study of Two Languages: Labu and Vanimo", in Nicholas Ostler, ed. Proceedings of the Second FEL Conference: Endangered Languages-What Role for The Specialist? Bath: The Foundation for Endangered Languages, 1998.

M. Paul Lewis and Gary F. Simons, "Assessing Endangerment: Expanding Fishman's Gids", RevueRoumaine de Linguistique, Vol. 55, 2010.

Manuela Guilherme, Critical Citizens for an Intercultural World: Foreign Language Education as Cultural Politics, Vol. 3, Multilingual Matters, 2002.

MarekPieniążek and Stanislav Štěpáník eds., Teaching of National Languages in the V4 Countries, Prague: Charles University, 2016.

Martin Votruba, "Linguistic Minorities in Slovakia", in Christina Bratt-Paulston, ed. Linguistic Minorities in Central and Eastern Europe, London: Multilingual Matters, 1998.

Mary E. McIntosh, Martha Abele, MacIver, Daniel G. Abele and David B. Nolle, "Minority Rights and Majority Rule: Ethnic Tolerance in Romania and Bulgaria", Social Forces, Vol. 73, No. 3, 1995.

MarkoSamardžija, "146. New Approaches to Standardization in the South Slavic Language Area", in Karl Gutschmidt, Tilman Berger, Sebastian Kempgen and Peter Kosta, eds. Halbband2, Berlin, München, Boston: De Gruyter Mouton, 2014.

Matica Slovenská, Prehl' ad dejinspiso slovenciny, Ministerstva kultuiry Slovenskej republiky, 2006.

Michael Alexander Kirkwood Halliday, Mcintosh Angus and PeterStrevens, The Linguistic Sciences and Language Teaching, London: Longman, 1964.

MichaelBillig, Banal Nationalism, London: Sage Publication, 1995.

Michael Gene Smith, Language and Power in the Creation of the USSR, 1917–1953, Berlin: Mouton de Gruyter, 1998.

Michael A. Schuman, Serbia and Montenegro (Nations in Transition), New York: Facts on File, 2004.

Mihael Antolović, "Modern Serbian Historiography between Nation-building and Critical Scholarship: The case of Ilarion Ruvarac (1832–1905)", Hungarian Historical, Vol. 5, No. 2, May 2016.

MikeFalke, Community Interests: An Insolvency Objective in Transition Economies?, Frankfurt: Frankfurt Institute for Transformation Studies, 2002.

Miklós Kontra, "English Only's Cousin: Slovak Only", Acta Linguistica Hungarica, Vol. 43, No. 3–4, 1995/1996.

Milica V. Petrushevska, "Language Policy and Nationalism in the Republic of Macedonia, Us Wurk, Vol. 63, No. 1 - 2, 2014.

Milroy James, "Language Ideologies and Consequences of Standardization", Journal of Sociolinguistics, Vol. 5, No. 4, December 2002.

Mira Na, "Closely-Related Languages in Contact: Czech, Slovak, 'Czechoslovak'", International Journal of the Sociology of Language, Vol. 183, 2007.

MiraNábělková, "Closely-Related Languages in Contact: Czech, Slovak, 'Czechoslovak'", International Journal of the Sociology of Language, No. 183, 2003.

MiriamMeyerhoff, "Hans Goebl, Peter H. Nelde, Zdeněk Starý, Wolfgang Wölck (eds.), 1997, Kontaktlinguistik/Contact Linguistics/Linguistique de contact: Ein internationales Handbuch zeitgenössischer Forschung/An International Handbook of Contemporary Research/Manuel International des Recherches Contemporaines, Vol. 2", International Journal of Applied Linguistics, Vol. 10, No. 2, 2000.

Mukul Saxena, "Construction and Deconstruction of Linguistic Otherness: Conflict and Cooperative Code-Switching in (English/) Bilingual Classrooms", English Teaching: Practice and Critique, Vol. 8, No. 2, 2009.

Neville Alexander, "The Politics of Language Planning in South Africa", Language Problems and Language Planning, Vol. 28, No. 2, 2004.

Nicholas Stern, The Transition in EasternEurope and the Former Soviet Union: Some Strategic Lessons from the Experience of 25 Countries over Six Years, London: European Bank for Reconstruction and Development, 1997.

Nick Dyer-Witheford, Cyber-Marx: Cycles and Circuits of Struggle in High-Technology Capitalism, Chicago and Springfield: University of Illinois Press, 1999.

Nils Muiznieks andIlze Brands Kehris, "The European Union, Democratization, and Minorities in Latvia", in Paul Kubicek, ed. The European Union and Democratization, London: Routledge, 2004.

Nina Janich and AlbrechtGreule, eds., Sprachkulturen in Europa: ein internationales Handbuch, Tübingen: Narr, 2002.

Paul L. Garvin, "The Standard Language Problem: Concepts and Methods", Anthropological linguistics, Vol. 1 No. 3, 1959.

Paul RobertMagocsi, "A new Slavic Language is Born, Rusyn Society of Slovakia", Revue des Études Slaves, Vol 67, No. 1, 1995.

Paul V. Kroskrity, "Language Ideologies", in Alessandro Duranti, ed. A Companion to Linguistic Anthropology, Malden, MA, USA, Oxford, UK, Victoria, Australia: Blackwell Publishers, 2004.

Penelope Gardner-Chloros, "Code-switching: Language Selection in Three Strasbourg Department Stores", in Nikolas Coupland and Adam Jaworski, eds. Sociolinguistics a Reader, New York: St. Martin's Press, 1997.

Peter Trudgill, Greece and European Turkey: From Religious to Linguistic Identity, in Barbour, Stephen and Cathie Carmichael, eds. Language and Nationalism in Europe, Oxford: Oxford University Press, 2000.

Péter Medgyes and Katalin Miklósy, "The Language Situation in Hungary", Current Issues in Language Planning, Vol. 1, No. 2, 2000.

Pille Petersoo, "What does 'We' Mean?: National Deixis in the Media", Journal of Language and Politics, Vol. 6, No. 3, 2007.

Pisárová, M., 20 – 26 December. EC Report Crowning Achievement of 1999. The Slovak Spectator, 1999.

Priit Järve, "Two Waves of Language Laws in the Baltic States: Changes of Rationale?", Journal of Baltic Studies, Vol. 33, No. 1, 2002.

Ranko Bugarski, Jezik U Društvenoj Krizi, Belgrade: Čigoja štampa, 1997.

Ranko Bugarski, "Language, Identity and Borders in the Former Serbo-Croatian Area", Journal of Multilingual and Multicultural Development, Vol. 33, No. 3, 2012.

RenataTreneska-Deskoska, "Accommodating Multilingualism in Macedonia", Social Inclusion, Vol. 5, No. 4, 2017.

Raymond Pearson, National Minorities in Eastern Europe: 1848 – 1945, London: Macmillan, 1983.

Eric A. Rice: Language Politics in Bosnia, Croatia, and Serbia, Master's thesis, Naval Postgraduate School, 2010.

Richard B. Baldauf, "Introduction-Language Planning: Where Have We Been? Where Might We Be Going?", Revista Brasileira de Linguística Aplicada, Vol. 12, No. 2, 2012.

Richard Jenkins, Social Identity, London: Routledge, 1996.

Richard Ruiz, "Orientations in language planning", NABE journal, Vol. 8, No. 2, 1984.

Rob BJ Walker, Inside/Outside: International Relations as Political Theory, Cambridge University Press, 1993.

Robert B. Kaplan, "Language Management Theory: From the Prague Circle to the Present", Journal of Multilingual and Multicultural Development, Vol. 32, No. 1, 2011.

Robert N. St Clair, Review of "Rights to Language: Equity, Power, and Education", in Robert Phillipson, ed., Language Problems & Language Planning, Vol. 25, No. 1, 2001.

Robert B. Kaplan, and Richard B. Baldauf, Language Planning: From Practice to Theory, Clevedon: Multilingual Matters, 1997.

Robert L. Cooper, Langauge Planning and Social Change, New York: Cambridge University Press, 1989.

Robert William Seton-Watson, A History of theRoumanians, from Roman Times to the Completion of Unity, Cambridge: Cambridge University Press, 1934.

Ronald Winston Harmer, "Insolvency Law and Reform in the People's Republic of China", Fordham Law Review, Vol. 64, No. 6, June 1996.

Rosalyn Cohen, "The Concept of Statehood in United Nations Practice", University of Pennsylvania Law Review, Vol. 109, No. 8, 1961.

Roy Harris, "Implicit and Explicit Language Teaching", in MichaelToolan ed., Language Teaching: Integrational Linguistic Approaches, New York: Routledge, 2009.

Rudiger Verfurth, "A Combined Conjugate Gradient-Multi-Grid Algorithm for the Numerical Solution of the Stokes problem", IMA Journal of Numerical Analysis, Vol. 4, No. 4, 1984.

RudolfKrajčovič, Vývin Slovenského Jazyka a Dialektológia, Bratislava: Slovenské Pedagogické Naklandatel'stvo, 1988.

Samuel Holm, Latvian Language Policy: Unifying or Polarizing? Reconstructing the Political Debate on Language Reform in the Latvian Education System, Master thesis, Linköping University, 2020.

Saundor Janos Tóth, "The Impact of Hungarian on Slovak Language Use in Bilingual Milieu", Yearbook of Finno-Ugric Studies, Vol. 14, No. 2, 2020.

Sergiu Constantin, "Linguistic Policy and National Minorities in Romania", NovesSl Revista De Sociolingüística, Vol. 3, No. 3, 2004.

Sharon Fisher, "Ethnic Hungarians Back ThemselvesInto a Corner", Transition 1, No. 24, 1995.

Sharon L. Wolchik, "Democratization and Political Participation in Slovakia", in Karen Dawisha and Bruce Parrott, eds. The Consolidation of Democracy in East-Central Europe, Cambridge: Cambridge University Press, 1997.

Standard Languages, "History of Standard Languages: Slovak", Slavische Standardsprachen, No. 106, 1918.

Stephan M. Horak, Eastern European National Minorities, 1919 - 80: A Handbook, Littleton, Colorado: Libraries Unlimited, 1984.

StefanTroebst, "Makedonische Antworten auf die Makedonische Frage 1944 - 1992: Nationalismus, Republiksgründung, nation-building", Comparative Southeast European Studies, Vol. 41, No. 7 - 8, 1992.

Stephen Barbour and Cathie Carmichael, eds., Language and Nationalism in Europe, Oxford: Oxford University Press, 2000.

Stephen Barbour, "National Language and Official Language", in Ulrich Ammon, Norbert Dittmar, Klaus J. Mattheier and Peter Trudgill, eds. Sociolinguistics, Berlin-New York: Walter de Gruyter, 2004.

Stephen May, "Language Rights: The 'Cinderella' Human Right", Journal of Human Rights, Vol. 10, No. 3, 2011.

Stephen May, Language and Minority Rights: Ethnicity, Nationalism and the Politics of Language, New York: Routledge, 2013.

Sue Wright, "Language Policy and Language Planning", in Carmen Llamas, LouiseMullany and Peter Stockwell, eds. The Routledge Companion to Sociolinguistics, London: Routledge, 2006.

Susan Gal and Kathryn Woolard, Languages and Publics: The Making of Authority, Manchester: St. Jerome Publishing, 2001.

Studies Eurydice, "Foreign Language Teaching in Schools in Europe", Brussels: European Commission, 2001.

Studies Eurydice, "Key Data on Teaching Languages at School in Europe (2012 Edition)", Brussels: European Commission, 2012.

Studies Eurydice, "Key Data on Teaching Languages at School in Europe (2017 Edition)", Brussels: European Commission, 2017.

TanjaPetrović, Srbija I Njen Jug: "Južnjački Dijalekti" Između Jezika, Kulture I Politike. Beograd: Fabrika knjiga, 2015.

Thomas Pogge, "Accommodation Rights for Hispanics in the U. S.", in

WillKymlicka & Alan Patten, eds., Language Rights and Political Theory, Oxford: Oxford University Press, 2003.

TomaszKamusella, The Politics of Language and Nationalism in Modern Central Europe, New York: Palgrave Macmillan, 2009.

Tove Skutnabb-Kangas and Robert Phillipson, "Linguistic Human Rights, Past and Present", in Tove Skutnabb-Kangas and Robert Phillipson, eds. Linguistic Human Rights: Overcoming Linguistic Discrimination, Berlin: Mouton de Gruyter, 1994.

TraianStoianovich, "The Pattern of Serbian Intellectual Evolution, 1830 – 1880", Comparative Studies in Society and History, Vol. 1, No. 3, March 1959.

Uldis Ozolins, The Impact of European Accession upon Language Policy in the Baltic States, Netherlands: Language Policy 2, 2003.

ValentinaMironska Hristovska, " МАКЕДОНСКОТО АЗИЧНО ПРАШАЊЕ ВО ЛИТЕРАТУРНИОТ 19 ВЕК ", Филолошки студии, No. 6, 2008.

VesnaПОŽGAJ HADŽI, "Language Policy and Linguistic Reality in Former Yugoslavia and Its Successor States", Inter faculty, Vol. 5, 2014, p49.

Victor Friedman, "Macedonian Language and Nationalism During the Nineteenth and Early Twentieth Centuries", Balcanistica, Vol. 2, No. 98, 1975.

Viesturs Pauls Karnups, "Latvian-Japanese Economic Relations 1918 – 1940", Humanities and Social Sciences Latvia, Vol. 24, No. 1, 2016.

Visconti Jacqueline, "European Integration: Connectives in EU Legislation", International Journal of Applied Linguistics, Vol. 23, No. 1, 2013.

Walker Connor, Ethnonationalism: TheQquest for Understanding, Princeton: Princeton University Press, 1994.

WillKymlicka, Multicultural Citizenship: A Liberal Theory of Minority Rights, Oxford: Clarendon Press, 1995.

WillKymlicka and Alan Patten, "Language Rights and Political Theory", Annual Review of Applied Linguistics, 2003, Vol. 23.

Wilhelm von Humboldt, "Briefan Charlotte vom 21. August 1827", in Briefe von Wilhelm von Humboldt an eine Freundin, Teil 1, Leipzig, 1848/2018.

Wilhelm von Humboldt, On Language: On the Diversity of Human Language Construction and Its Influence on the Mental Development of the Human Species, Cambridge: Cambridge University Press, 1999.

William Arnold Stewart, "Sociolinguistic Typology for Describing National Multilingualism", in Joshua A. Fishman, ed. The Readings in the Sociology of Language, The Hague: Mouton de Gruyter, 1968.

WilliamLabov, Language in the Inner City, Philadelphia: University of Pennsylvania Press, 1972.

Xabier Arzoz, "Accommodating Linguistic Difference: Five Normative Models of Language Rights", European Constitutional Law Review, Vol. 6, No. 1, 2010.

Zsuzsa Csergo, Talk of the Nation: Language and Conflict in Romania and slovakia, NewYork: Cornell University Press, 2007.

Zuzana Kusa, DavidKostlan, Peter Dral and Jurina Rusnakova, Ethnic Differences in Education in Slovakia: Survey Report, Budapest: Edumigrom, 2010.

后记

中东欧地区见证了千年历史激荡，经历了持续文明交汇，并自20世纪末开启了新一轮的社会大转型，探索人类社会多样的可能发展模式，为国际社会学研究提供了宝贵的样本。

我从2012年起开始关注这一地区，主要从语言政策的角度切入，完成了博士论文、国家社科基金课题和国家语委课题共计三个项目，分别描述和分析了该地区民族国家的民族语言、国家语言和国际语言管理情况。在此过程中，我得到了国内戴曼纯、李宇明、周庆生、文秋芳等老师的指导，还有很多国际同仁的支持。在最近数年的研究中，我得到了捷克查理大学Jiri Nekvapil教授、德国雷根斯堡大学Marek Nekula教授、斯洛伐克科学院语言所Slavomír Ondrejovič教授、拉脱维亚统计局社会科学司副司长Sigita Puron Cid博士、北马其顿教育科学部部长Renata Deskoska博士、中国驻塞尔维亚使馆和驻捷克使馆教育处组老师的支持，获得了大量一手的资料。研究过程中与北京第二外国语学院陈欢欢和刘建荣、上海外国语大学宋霞、山东科技大学林化平、大连民族大学李丹等诸位老师开展了长期的合作。我的研究生鲍辰、朱凯、周悦、刘玥、王珏、汪晓霞、齐赛明、陈鑫、朱佳琪、赵轶凡、赵靓、桑文洁、罗海、戚新哲等在不同阶段参与了资料收集整理和文献查证。在完稿后得到了北京外国语大学董希骁、彭裕超、张传玮、吕岩、陈巧等专家的指导，在此一并致谢。因本人水平有限，以及后期受疫情影响实地调查的计划未能如期完全实现，书中所有错漏讹误之处，均是我本人的责任。

本研究至今虽已积有20余万字，但深感中东欧国家的语言政策研究仍有极大空间可以开拓，本书难尽百一。蒙首都师范大学王春辉兄不弃，将本书纳入"语言治理与国家治理研究丛书"，有幸与国内同道一起为国家语言治理能力提升贡献微薄之力，在此谨致谢意。期待国内同行共同努力，继续深化开拓这一研究领域。